透视并购

——上市公司投资并购六大原则指引

杨仁贵◎著

中国金融出版社

责任编辑：肖　炜　董梦雅
责任校对：孙　蕊
责任印制：丁淮宾

图书在版编目（CIP）数据

透视并购：上市公司投资并购六大原则指引/杨仁贵著．—北京：
中国金融出版社，2022.1
ISBN 978 - 7 - 5220 - 1465 - 4

Ⅰ．①透…　Ⅱ．①杨　Ⅲ．①上市公司—企业兼并—研究—中国
Ⅳ．①F279.246

中国版本图书馆 CIP 数据核字（2021）第 279204 号

透视并购：上市公司投资并购六大原则指引
TOUSHI BINGGOU：SHANGSHI GONGSI TOUZI BINGGOU LIUDA YUANZE
ZHIYIN

出版
发行　中国金融出版社

社址　北京市丰台区益泽路 2 号
市场开发部　（010）66024766，63805472，63439533（传真）
网上书店　www.cfph.cn
　　　　　　（010）66024766，63372837（传真）
读者服务部　（010）66070833，62568380
邮编　100071
经销　新华书店
印刷　河北松源印刷有限公司
尺寸　169 毫米×239 毫米
印张　18.25
字数　228 千
版次　2022 年 1 月第 1 版
印次　2022 年 1 月第 1 次印刷
定价　68.00 元
ISBN 978 - 7 - 5220 - 1465 - 4
如出现印装错误本社负责调换　联系电话（010）63263947

序言一

杨仁贵曾任职于中国人民银行系统，也是我的学生。我与仁贵相识多年，深知他是一个专注且好学、勤奋的人。他的专注，在于认定的事情能够深刻投入，不做好决不罢休，并至臻完善。更难能可贵的是，多年以来，这种专注还能坚持如斯。我想，仁贵之所以能够取得如今的成就，也多半缘于他这种专注的性格。此外，他一直非常虚心好学，在忙碌的工作之余，还不断学习和进修，拿到了日内瓦大学的应用金融博士学位。有此等心思和毅力，确非一般人所能相比。

仁贵离开人民银行系统后，专注于投资并购领域，该领域情况之复杂，我是有着亲身体会的。我在证监会工作期间，是中国资本市场开始起步的第一个十年。其间，西方国家资本市场上的很多理念、方法和操作模式陆续传到国内，国内也逐渐开始有企业向西方市场探索。并购重组也就是在那个时候被引入中国资本市场中，并且随着中国资本市场的不断发展而不断扩大。现如今，并购重组不仅已经成为上市公司实现行业整合和产业升级的重要方式，也是资本市场服务实体经济的重要途径。

转变经济发展方式，离不开并购重组。经济发展动力转换、方式转变和结构调整，本质上都是要通过经济要素、创新驱动、资产结构、股权结构、组织结构以及管理模式等方面的经营运

1

作，促进资源配置最优化和整体功能最大化。近年来，中国经济运行逐渐步入新常态，上市公司需要借助并购重组，尽快实现新旧动能的转化。在此过程中，证监会因势利导，通过简政放权和从严监管并行推进，使得政策环境得以优化，工具手段不断丰富，实现路径更加灵活。其中，既有国资企业为去产能、促转型而迈出的改革步伐，亦有传统蓝筹拥抱新兴产业的跨界之举；既有新兴蓝筹为追求更新技术、更新产品增添的发展动能，亦有绩差公司"穷则思变"的华丽转身。在企业通过并购重组实现由旧向新、由弱变强的背后，是并购重组助力国民经济在新常态下革故鼎新、转型升级的时代脉搏。

并购的道路千万条，重组的方式千万种，但如何抽丝剥茧、条分缕析，迅速找到最关键的原则，从而实现问题的解决、发展的突破？这就需要把握并购重组的一般规律，明白重组的目的、条件、方法和注意事项。仁贵的这本书，从他自身多年来的并购投资经验出发，总结出了成功进行并购重组的六大原则。我相信，这种源于自身经验的总结，无论是对资本市场上的并购重组从业者，还是对证监会等监管部门，都会有所帮助。

中国证监会原党组书记、副主席
中国人民银行原副行长
清华大学五道口金融学院教授

2021 年 10 月 8 日

序言二

　　仁贵同志曾经在人民银行系统工作多年，然后又伴随着改革与经济发展的大潮，从央行系统投入商海，离开公务员队伍进入商业领域，并且很快做出成效。通过这些年对他的了解，他是个很爱学习和研究问题的人，在知天命的年龄仍孜孜不倦地学习或钻研问题。他身上有两个十分显著的特点，一是善于总结，无论是对于自己亲身经历的工作事项，还是虽然不是自己亲身经历但特别富有指导和学习意义的工作事项，总是在工作事项结束之后及时进行总结，并能够吸取教训，从而能够更加进步，在以后遇到类似事项的时候更加得心应手。二是乐于分享，仁贵在央行系统的多年工作，奠定了金融和资本市场的基础；然后又投身商业领域，摸爬滚打很多年，加深了对商业和资本市场的理解，将政策和实践融合在一起，可谓是做到了知行合一。仁贵还能够在繁忙的工作之余，将自身的并购投资经验总结出来，并写成书，实在是难能可贵。

　　投资并购的产生取决于宏观经济动因和企业战略动机，并购从19世纪末已经开始，到现在已经一百多年了，其对社会进步、经济发展、产业结构调整、资源科学合理利用发挥着重要作用。企业通过投资并购，能够促进战略结构的调整，有助于拓展综合化经营平台，并且能够快速实现市场扩充，推进国际化转型发展。并购是企业进行资本运作和经营的一种行为，包含兼并和收购两种含义，有企业合并、资产收购和股权收购三种方式。我认为在并购的时候需要考虑和战略抉择的，最主要的应该从哪个方向出发。现在无论是企业合并或资产收购还是股权收购，在各个行业表现是不同的。不能说哪一种方式更科学，哪一种方式更合理，鞋的大小只有自己知道。特别是改革开放以来，特别是加入世界贸易组织以来，这三种方式对中国企业的发展和做大做强，包括打造综合性的企业集团都发挥了重要的作用。

对于大型企业而言，最大的挑战就是能不能适应盈利模式的调整，客户需求的转变，包括互联网金融带来的竞争和提升全球服务能力。这个挑战应该说在2011年显得尤为迫切。大型企业从那时开始考虑综合化经营平台的建设以及推进国际化转型发展的问题。应该说，投资并购是搭建综合化经营平台和完善全球化布局的重要手段。在策略上，主要是通过两条主线来进行综合化的布局和全球化的服务。一是在新地区、新领域做增量。在进入当地市场的时候，无论是境内市场还是境外市场，都可以通过并购的方式快速地进入市场。因为自设机构非常困难，而且自设机构尤其是国际机构在审批上的效率也是非常低的。所以在新的地区和领域，在增量上通过并购，通过资本收购、资产进入，这样可以迅速地拓展为综合化经营平台。二是在已进入地区及领域做好"存量"。对于已经进入的领域可以通过进一步的横向并购，包括资产的重组、资本的切入，从而增加存量。所以并购始终是推进综合化经营和境外综合化服务的有效手段，无论是提升增量还是存量，都起了非常大的作用。

当然，并购是一项系统工程，面临的风险比较多，包括战略风险、市场风险、管理风险、国别风险、财务风险、操作风险和法律风险等，尤其需要关注的是以下四个方面的风险。一是并购需求不符合公司战略和经济需要。不能为了一时的利润而进行并购，要考虑是战略上需要，还是经济上需要；要从长远看，特别是应该从战略层面考虑。二是文化差异大，难以实现战略协同。特别是在境外并购中，能不能适应文化差异在很大程度上关系到并购后是否可以稳定和持续发展的重要考量因素。三是并购后经营能力不足。并购不可能都是一帆风顺的，包括并购的企业经营状况、盈利能力等，都存在风险。四是投资规模大，财务力量支撑不够。并购的初期往往很不适应，如果经营能力不足，很难把并购单位、并购企业、并购项目经营好，包括投资多大规模、财务力量支撑够不够等问题，都需要在并购风险防范方面认真考虑。

应对并购风险防范的方法和措施主要体现在交易前、交易中和交易后这三个方面。在交易前，要密切跟踪当地市场走势，合理把握投资时机，在专业中介机构协助下，深入开展市场调研，对投资目标进行全面尽职调查，详细了解业务、财务、法律、风险管理、信息技术、人力资源管理等情况，充分做好可行性研究，同时做好对并购标的的风险数据加总的评估工作。在交易中，在并购协议中尽可能通过保证、承诺等重要条款来防范和化解风险，合理设计交易架构和筹资方案，控制交易的财务风险，严格履行各项内外部审批程序，执行相关信息披露制度，做好舆情监测工作。交易后，特别要高度重视对并购标的进行有效整合，包括公司治理、经营管理层、业务结构、盈利模式等，保证业务、客户、人员的稳定，同时针对潜在重大风险制定风险防范预案。

上述这些内容，是国际上大型财团和跨国公司实践经验的归纳，从中可以得出并购是一种复杂的商业行为，任何冲动和缺乏经验的并购活动，都会给公司和市场造成波动，甚至触发机构危机。企业的决策者们应该了解更多并购知识、技术和宏观经济环境，把握好企业发展战略和实现路径，在千百条道路中，寻找出最适合自己的那一条，才有希望实现企业的最终目标。以上观点和看法基本在杨仁贵这本书里都有所体现，也希望每一位读者都能从中受益。

中国建设银行原董事长、党委书记
东北亚经济研究所所长
清华大学五道口金融学院教授
东北财经大学教授

2021 年 11 月 16 日

序言三

　　杨仁贵先生的力作《透视并购——上市公司投资并购六大原则指引》即将付梓，嘱我作序，盛意难却。

　　仁贵是我在清华大学五道口金融学院学习期间的同学，他在并购投资领域有着丰富的实践经验，对资本市场有着极为深刻且独到的见解。令人敬佩的是，他在紧张忙碌的工作和学习之余，还保持长期阅读和深度思考的习惯。

　　资本追求流动与效率。社会经济的繁荣和发展，离不开资本的推动。经济发展动力转换、方式转变、结构调整，本质上都是要通过经济要素、创新驱动、资产结构、股权结构、组织结构以及管理模式等方面的经营运作，促进资源配置的最优化和整体功能的最大化。近年来，中国经济运行逐渐步入新常态，经济运行既有促转型而迈出的改革步伐，也有拥抱创新的管理赋能，社会经济更需要资本的驱动，以尽快实现新旧动能的转化，并购重组的重要作用由此日益显现。在通过并购重组实现由旧向新、由大到强的背后，是并购重组助力国民经济在新常态下革故鼎新、转型升级的时代脉搏。

　　法律追求公平与正义。资本背后有着严谨的法律秩序，法律的执行也是源自多方面利益的平衡与博弈，资本市场的健康发展也离不开法律的支持。尽管市场可以自发形成资本关系，但在缺乏法律保护的情况下，市场自发形成的资本关系会存在信息不对称和代理冲突问题，进而导致较高的交易成本。法律能够通过统一的社会契约，以强制力作为依托，降低整体交易成本。也就是说，只有在明确产权界限的情况下，资本金融才有可持续发展的基础。而法律的意义就在于强化契约保护，保证契约执行，促进产权明晰。

2020 年至今，新冠肺炎疫情给中国乃至全球带来一场巨大的考验和挑战，与此同时，国际环境、市场环境的巨大改变，互联网经济、人工智能技术的蓬勃发展都使资本市场对法律服务的需求发生了颠覆性的改变，不仅为资本市场上的并购投资业务创新提出了深刻的课题，也对专业法律服务提出了更高要求。

仁贵的这本书，从他自身多年所积累的并购投资实践经验出发，深刻剖析投资者在面对并购交易时的痛点与难点，将各类复杂的并购交易要点提炼概括为成功进行并购重组的六大原则。我相信，这种源于自身经验的总结，无论是对资本市场上的并购重组从业者，还是对我们法律专业人士，一定都深具积极的启示及借鉴意义。

中华全国律师协会会长
金杜律师事务所全球主席

2021 年 11 月 18 日

目　录

1

第一章 携手共舞

——中国上市公司并购投资概述

导 读

综观国内外的经验，我们不难发现，那些成功实现产业升级并最终引领全球市场的大公司和大企业，都是通过多次并购重组取得目前的市场地位。即使从中国本土实践来看，在沪深两市的4300多家上市公司中，市值超过500亿元的上市公司大多是通过并购重组成长起来的，几乎没有一家大公司是完全基于内生增长而发展壮大起来的。大量事实表明，并购重组是实现企业产业升级、提高经济发展质量和效益、推动我国"双循环"战略实施的重要动力。

然而，对于企业，尤其是上市公司而言，并购重组是一把双刃剑。如果操作不当，可能导致公司背上沉重的负担，甚至亏损和破产。在新的国际经济形势和当前我国经济"双循环"战略意图下，上市公司想要高质量、高效率发展，同时在构建现代化经济体系中发挥重要作用，就必须要创新进取稳扎稳打，努力在更大的空间、更高的层次、更广的范围内谋求更大的作为。

可以说，并购是科学与艺术的结合。要取得成功，必须把握其内在规律，因地制宜，科学实施和治理。

第一节　并购重组主要内容

一般来说，在并购重组交易过程中，没有完美的交易方案，只有兼顾各方利益的最优方案。这种最优的并购重组方案，应当能够反映并购重组交易各方的需求，解决并购重组交易各方的顾虑。这是因为，并购重组交易不仅会涉及各级监管机构、上市公司及控股股东以及公众股东、标的公司及其股东、并购双方的管理层、债权人和员工等，还涉及作为上市公司并购方的注册登记地方政府等诸多方面。最终可以达成最优的兼并重组方案，必须最大限度平衡各方利益，打消各方疑虑，尽量让各方满意。

例如，在支付方式的安排上，如果标的方偏好现金支付，可以要求并购方在交易支付方式中尽可能安排现金支付；如果并购方认为标的资产未来经营存在重大不确定性或风险，则在设计交易支付方式时可考虑采用分期购买或分期付款方式；如果并购交易双方在交易价格或标的资产未来盈利能力存在较大差异，可以在设计交易方案时加入业绩承诺协议，安排对赌条款；如果并购方担心交易完成后标的方核心人员离职，则可以在交易方案设计中加入核心人员离职补偿条款和竞业禁止条款。这些条款的订立，都需要并购各方反复沟通并最终达成协议。当上述交易计划构成重大资产重组时，还须经交易所或中国证监会审核后方可实施。

因此，并购重组交易方案设计的核心，在于交易合规性和商业盈利能力之间的平衡。中介机构在并购重组过程中参与并购重组交易的价值，在于帮助并购双方找到这种平衡。这个平衡点也可以说是撬动整个并购交易的支点。为了找到这个平衡点，最大限度地平衡各方利益，就需要明确并购重组的主要内容，从而了解并购重组交易的实质；

然后，在了解并购重组交易实质的基础上，掌握促进并购重组交易成功的原则。

本节将从估值与定价确定、支付方式安排、业绩承诺与补偿安排、融资方案设计等方面阐述并购的主要内容，以及如何设计重组交易方案。

一、估值定价确定

在现行的《上市公司重大资产重组管理办法》中，对标的资产进行估值的依据主要包括两种：一种是根据具有证券从业资格的资产评估机构出具的资产评估结论；另一种是根据估值机构出具的估值报告。其中，资产评估机构出具的作为评估依据的资产评估结论，受资产评估方法和资产评估相关行业标准和规定的约束，相对更容易获得监管部门的批准和市场的认可，因此，成为目前并购重组交易过程中所使用的最主流的方法。

在标的资产的具体估值和定价方法方面，目前市场上常见的估值方法主要有资产基础法、收益法和市场法三种。考虑到产业并购一般购买盈利性资产，收益法便成为三种方法中应用最广泛的评估方法。此外，市场法中还包括可比交易法和可比公司法，这是西方成熟市场中最常见的估值方法。目前，市场法在 A 股市场的应用越来越多。在意向谈判阶段，双方一般采用市盈率法达成共识。市盈率法也属于市场规律评估的范围。估值是双方交易协商的结果，可能受多种因素影响。股票的发行价格、标的公司所在行业的成长性、盈利预测、增长率、方案设计等各种因素都会对估值产生影响。市场化并购中的估值不是一个独立的单一要素，而是多角度综合评判。

对于估值定价的确定，通过从标的公司层面、并购公司层面、方案设计层面进行解释。

1. 标的公司层面

对标的公司层面的估值和定价影响较大的因素，主要包括标的公司所在行业的成长性和盈利预测。具体而言，指的是业绩对赌，即向并购方承诺利润或利润增长率。交易双方将根据静态市盈率和动态市盈率对标的公司进行初步估值。当市场形势乐观或资产处于卖方市场时，一般采用动态市盈率法测算标的公司的估值。现在市场上使用这种估值方法的案例越来越多，尤其是对于新兴业态的、互联网行业相关的、尚处于业绩增长爆发期的标的公司。

一般情况下，公司未来的业绩增长率与市盈率存在一定的匹配关系，高估值需要高增长率的支持。增长率为 20% 左右，市盈率倍数通常有 8 ~ 10 倍；增长率为 25% 左右，市盈率倍数一般有 10 ~ 12 倍；增长率为 30% 左右，市盈率倍数一般有 12 ~ 15 倍。未来盈利预测的总盈利占估值的比重，一般在 30% ~ 40%。当然，还有很多特殊情况，这与标的公司所处的行业、特殊的商业模式、企业发展阶段有关。在某些情况下，部分案例甚至还会根据付款进度在不同时间点进行估价。如东成药业（002675.SZ）收购安利克 100% 股权时，将现金收购部分的估值，分成两个阶段来分别确定。

2. 并购公司层面

在并购公司层面，主要是在使用股份支付或部分使用股份作为支付手段的情况下，并购公司的股价及其合理性。并购双方提议的股票发行价格，将对标的公司的定价和估值产生一定的影响。在这种情况下，标的公司股东最终获得的对价即是被收购公司新发行的股份。

然而，将标的公司的估值与被收购公司本身的股价水平和拟发行股票的价格分开考虑是非常片面的。目前比较合理的方法，是考虑并购完成后并购方公司的市值和标的公司股东持有的股份比例，对标的公司进行反向估值，这个方法目前被大家广泛接受。

3. 方案设计层面

在方案设计层面，风险和收益通常是相等的。支付方式、对赌安排和锁定期安排都会对定价和估值产生影响。一般情况下，现金支付且无对赌安排的估值会低于股份支付且有对赌安排的估值，且锁定期长的估值高于锁定期短的估值。此外，在对标的公司进行定价和评估时，也会考虑税收成本。

对标的公司的估值是一个相对复杂的过程，最终结果取决于并购公司对标的公司价值的判断以及并购各方之间的博弈。此外，还需要考虑市场和监管机构对标的公司估值的心理底线。如果进行片面的高估值，势必面临标的公司业绩能否得到支撑，以及市场和监管部门是否认可的问题。因此，合理的估值必须是兼顾各方利益的最优估值。

二、支付方式安排

并购过程中的重要内容之一是支付方式的安排，目前比较常见的支付方式主要有股份支付和现金支付。这两种支付方式可以形成三种支付组合：全额现金支付、全额股份支付、部分现金与部分股份的混合支付。在上市公司并购重组过程中，上市公司选择哪种支付方式，通常需要考虑以下因素。

一是交易规模。小规模并购交易一般采用现金支付，大规模并购交易一般采用股份支付或混合支付。

二是上市公司股权结构与控股股东控制情况。如果上市公司的控股股东持股比例较高，那么在并购重组过程中通常倾向于采用股份支付。

三是上市公司估值与市盈率。当上市公司估值较高时，上市公司更倾向于采用股份支付，标的公司股东可能更倾向于接受现金，反之亦然。

四是上市公司的资本充足程度和融资能力。如果上市公司资金紧张、融资能力较弱，通常会选择股份支付。

五是交易对手的身份和需求。一般而言，标的公司的实际控制人更可能接受股份支付，而财务投资者尤其是一般 PE 机构会更关注短期兑现，希望接受现金支付。

六是锁定交易对手的需求。股份支付更容易绑定交易对手的管理层以获得长期利益关系，也有利于履约承诺的实现。

七是交易标的的性质。根据中国证监会现行政策，亏损资产不得采用股份支付，少数股权采用股份支付必须具备一定条件。

八是税收方面的考虑。对于较大比例的股份支付，可以采取特殊的税收重组政策，实现合理延迟纳税。

九是审计程序和审计压力。现金交易不需要证监会审核，股份支付需要证监会审核，存在审核不通过的风险。

此外，不同的支付方式会导致并购对上市公司的财务状况、股权结构和未来经营产生不同的影响。

1. 全额现金支付

第一种是全额现金支付。上市公司采用全额现金支付具有程序相对简单、无须证监会审批、无须新股稀释每股收益、不会稀释大股东权益等优点。但这种支付方式的缺点是不能通过股权锁定标的公司股东，不能将对方的收益与上市公司的长期利益挂钩，不利于业绩对赌的履约。此外，对于标的公司的股东而言，也不可能通过这种方式获得上市公司未来股票增长所产生的收益。

为解决这一问题，上市公司在交易方案设计中一般明确要求交易对方直接增持上市公司股份，同时锁定这部分股份。具体操作方式有两种：一是向大股东购买；二是直接从二级市场增持。向大股东收购可分为协议收购和大宗交易两种方式。按照现行规定，只有持有总股份5%以上的人才可以协议转让。这样做的好处是可以锁定对方增持股份的价格，不会因为股价上涨而增加持股成本，反而会降低大股东的持股比例。如果本次交易明显对上市公司有利，其股价就会上涨，实际上变相损害了大股东的利益。此外，这种方式也有可能被市场质疑为大股东借机套现。大股东无法取悦双方，丧失自身利益，还会受到市场质疑。在二级市场上直接增持的好处是不会引起针对大股东套现的疑虑，也不会降低大股东的比例。但是，二级市场上的股票价格是变化的，如果交易刺激上市公司股价大幅上涨，将影响交易对手的持有成本。

2. 全额股份支付

第二种是全额股份支付方式。在并购重组市场，采用这种方式的案例很少。如果上市公司看好未来，且交易对手有足够的资金缴纳税款或相关费用，则采用这种全额股份支付方式。而且，如果标的公司股东获得较大份额的上市公司股份，也可能稀释上市公司原股东的股份。

3. 混合支付

第三种是混合支付。越来越多的上市公司在并购重组过程中开始使用这种支付方式，主要是因为标的公司股东迫切需要套现。例如，私人投资者或私募股权基金股东可能需要在其资金到期时纳税。采用混合支付方式时，现金部分的资金来源问题可以通过发行股份筹集资金来解决。在实践中，现金支付比例可以根据目标公司的特点和目标公司股东的需求灵活调整。方案设计时，现金支付节奏也可以根据利润实现分期支付。根据《上市公司重大资产重组管理办法》第十三条、第十四条和第四十四条规定，上市公司发行股份购买资产，募集配套资金比例不超过拟购买资产交易价格100%的，它将被并购重组委员会审查，这导致市场出现较多现金支付比例比较高的情况。例如，海南瑞泽（002596.SZ）收购江西利丰和江门旅顺，采用50%股份和50%现金的混合支付方式，而50%的现金比例通常是混合支付方式中现金支付的最高比例。

此外，在混合支付方式中，并购方股东还可以为同一只股票设置不同价格的交易结构。在这种交易结构中，愿意参股的股东和管理团队的重要成员，会给予相对较高的交易对价或支付股权比例，这也是责任、权力和利益的综合体现。目前，这种交易结构在市场上较为普遍，接受程度较高。这是因为，这种同种股票不同价格的交易结构设计值得理解。简单来说，就是在标的整体估值不变的情况下，为不同的交易对象设计不同的交易价格。比如，标的公司总估值10亿元，创始人和管理层占80%。如果他们接受股份支付并愿意承担对赌，就可以把价格定得更高，将80%的股权估值为8.5亿元；财务投资者20%的股权需要现金支付，不参与对赌，则可定价为1.5亿元。当然，具体需要以协商结果为准。

三、业绩承诺及补偿安排

业绩承诺和薪酬安排是并购重组计划中非常重要的一部分。《上市公司重大资产重组管理办法》对上市公司重大资产重组行为是否需要进行业绩补偿作出了明确规定。第三十五条第一款规定：收益现值法、假设发展法以及其他以预期未来收益为基础购买资产的方法，以评估或估值作为定价参考依据的，上市公司应当合并重组完成后3年内，就相关资产的实际利润与利润预测的差异在年度报告中单独披露，并由会计师事务所核对且出具专项意见；对于相关资产的实际利润低于盈利预测的情况，交易对方应与上市公司签订明确可行的补偿协议。

同时，第三十五条第三款进一步规定了是否提供绩效补偿的条件：即"上市公司向控股股东、实际控制人或者其控制的关联人之外的特定对象购买资产且未导致控制权发生变更的，不适用本条前二款规定，上市公司与交易对方可以根据市场化原则，自主协商是否采取业绩补偿和每股收益填补措施及相关具体安排。"由此可见，是否需要业绩补偿是可以经过协商的，只有在某些情况下才必须进行业绩补偿。市场上也有不进行业绩补偿的情况，但为了更容易通过监管部门审核，保护上市公司中小投资者，大部分还是设置了业绩补偿条款。

关于是否需要进行业绩补偿，可以通过以下四个维度来判断。

1. 重组行为

重组行为是指需要明确重组行为的情形，到底是资产购买行为还是资产出售行为。明确重组性质的原因是业绩补偿仅针对购买资产，而出售资产的行为一般不需要业绩补偿。以广州乳业实施的资产置换为例，上市公司将标的资产支付给原华联股份和远程咨询股权，没有进行业绩补偿，但广州乳业对拟购买的资产设置了一级补偿。

2. 评估方法

《上市公司重大资产重组管理办法》明确规定，只有采用收益法、假设开发法等基于未来收益预期方法，对拟购买标的资产的评估或估值为定价参考依据的，才需要进行业绩补偿。例如，在 2016 年中国电力（600482.SH）的重大资产重组中，标的资产包括广汉电力等 18 项资产。在 18 项标的资产中，部分资产采用资产法估值，部分资产采用收益法估值。在基于未来收入预期的收入法的这部分评估中，约定了业绩补偿条款。而对于部分采用资产基础法估值的标的资产部分，没有约定相应的业绩补偿条款。

3. 交易对方

无论标的资产是否受交易对手控制，或其他交易是否给予过桥等临时性的安排，上市公司控股股东实际控制或控制关联人，其取得的股份和现金均要用来补偿。在标的资产的交易价格采用资产基础法估值的情况下，如果资产基础法对一项或多项资产采用未来收益法估值方法，则上市公司为实际控制人或控制人的关联人，也应对这部分业绩作出补偿。

4. 收购股比

由于证监会在审查重大资产重组时，往往侧重于上市公司对标的公司全部股权的收购，因此市场上收购少数股东股权的并购案例，多为收购标的公司控股子公司的少数股东股权，这些交易中的大多数都没有安排业绩承诺协议。对于一般构成重大资产重组的并购重组，上市公司作为并购方，往往会出于对自身利益的保护，要求标的方作出业绩承诺。

四、融资安排

融资安排是并购重组的重要组成部分。目前，并购重组过程中的主要融资渠道包括借款、债权融资、股权融资、并购基金以及上述四种方式的组合。

1. 借款

借款主要包括银行贷款及向控股股东借款。银行并购贷款在并购交易购买价格中的比例需要符合商业银行并购贷款风险管理指引的规定，并考虑在此基准利率的基础上，并购贷款的利率会上升，并且付息周期按月合计计算，需抵押或质押担保。银行并购贷款在并购融资方面实际上并不具有比较优势。此外，是控股股东的资金借贷。控股股东资金出借，是指股东向上市公司出借资金用于购买资产。在被收购方对交易时间和现金要求比较高的情况下，可以考虑此类方案。在境外收购等情况下，对于交易时间和现金要求可能高于中国。因此，这种情况下可能会有更多的借贷行为，或者大股东可能直接完成对境外资产的收购。

2. 债权融资

债权融资主要包括公开发行公司债券和非公开发行公司债券。公开发行公司债券利率低，但累计额度受限于净资产的40%，需要中国证监会审核，不适合净资产较小的公司；公司债券非公开发行额度不受限制，但利率较高。此外，非公开发行公司债券具有融资速度较快的优势，可作为更换控股股东和借入资金的解决方案。

3. 股权融资

股权融资是目前市场上最常见的并购支付方式之一，在融资新规后，非公开发行的路径受到发行规模和时间间隔的严格限制。新规要求发行股份不得超过原股份规模的20%。非公开发行股票自前次发行起需18个月，因此，在收购资产时可能会更多地考虑发行股份购买资产，而不是通过单独发行资金购买资产。

4. 并购基金

如果公司计划整合产业链或收购不太成熟的基础资产，发起并购基金将是一个不错的选择。这种方法也经常用于国内公司收购境外目标的情况，比如长江健康（002435.SZ）收购海灵化药，木林森（002745.SZ）收购明芯光电，就很好地利用了并购基金的力量。

5. 融资安排影响因素

在并购重组过程中，面对多种融资方式，选择哪种融资方式，选择哪种融资机构，必须由公司根据各种影响因素来判断，主要包括以下几个方面。

一是并购的动机。如果并购公司的并购重组动机主要是长期持有标的公司，则其可能向标的公司注入长期资金，从而形成较为密切的生产经营合作关系。如果只是为了通过并购获得一定的财务收益，那么在进行融资决策时可能会以投资为主，从而采取相对激进的融资政策。

二是并购公司的资本结构和风险态度。并购公司的资本结构决定了其未来的融资方向，主要表现在两个方面：融资方式和融资期限结构。如果并购公司自有资金比较充裕，那么使用自有资金是最好的选择；如果债务已经很高，那么尝试使用股权融资；如果未来前景较好，又不想被股东权益稀释，那么可以选择债权融资；如果短期资金充裕，尽量选择短期资金借入，规避长期风险。同时，并购公司对风险的态度也会影响到其筹集资金的方式。有财务风险的公司会采取更激进的融资方式，选择更多的短期资金来源。而有经营风险的企业则倾向于选择审慎的融资政策，选择更多的长期资金来源。

三是并购的支付方式。如果选择现金作为支付方式，那么在现金收购的情况下，公司的融资安排必须以获取现金为目的。如果并购公司为了缓解一次性支付的困难，往往会安排分期支付，这可能会影响并购融资的期限结构。如果选择股份支付方式，一般是通过上市公司发行股份，那么发行股份的方式就需要考虑控制权被稀释的风险。

四是融资环境。企业在融资时，融资的难易程度以及融资的成功与否都会受到融资环境的影响。融资环境涉及多个方面，主要包括资本市场的成熟度、货币汇率以及相关的并购融资法律等。围绕这些并购的融资环境，将直接或间接影响并购融资方式的选择。

五是融资成本。企业在选择融资方式时，还要考虑各种融资方式的成本。债务融资成本包括利息和融资成本；发行股票的资本成本，主要是发行成本和支付的股息。由于受到诸多因素的制约，一般情况下，企业会采取多种融资方式，往往通过各种组合，为企业选择最合适的融资方式。

第二节　投资并购成功的六大原则

一、投资并购的核心

在既定的战略方向下，投资并购的核心主要包括四个方面。这些不能只靠中介，还需要有自己的独立判断。

1. 团队

团队是保证投资并购成功的首要因素，尤其是团队领导和核心管理人员的格局、胸怀和思维方式更为重要。俗话说"格局成就事业，胸怀吸引人才，思维引导方向"。如果团队领导和核心管理人员缺乏格局、胸怀和思维，那么就不可能建立一个目标明确、团结稳定的团队。没有一支目标明确、团结稳定的团队，无论资金再多，规划再好，市场再广，都无法保证投资并购的成功。

2. 财务真实性

财务真实性是目前大多数公司面临的关键问题之一。无论是在并购重组过程中，还是在日常经营过程中，如果不能真实、准确地反映公司的经营成果和现金流量，那么公司的价值就会令市场产生怀疑，进而影响对于公司价值的评判。

3. 未来增长的可持续性

公司未来增长的可持续性是数据指标上最难判断的问题，也是除团队之外第二重要的问题。在当前的并购重组市场中，有很多标的公司股东承诺更高的业绩水平，以提高估值获得财务回报，但此类承诺的更高业绩目标往往最终没有实现，导致上市公司商誉减值，股价下跌。这种因标的公司虚假的高性能承诺而造成的损失，可能是收购多少个企业也无法弥补的。

4. 交易结构的设计

交易结构设计问题最为复杂，但可以在投资并购过程中整体把握。复杂性在于面对不同的交易对手和交易环境，需要设计不同的交易结构；其整体把握能力体现在相对清晰的整个过程的总体原则，即控制、融资、业绩、分配、分拆和税收，六大核心原则是交易结构设计的关键。

二、投资并购的三个阶段

以上交所和深交所相继成立为开端，在此后的三十年里，中国资本市场经历了快速发展的过程。同时，中国资本市场的投资并购，也可以分为三个不同的阶段：封闭创新阶段、开放引进阶段和开放创新阶段。

1. 封闭创新阶段

上海证券交易所和深圳证券交易所相继成立，标志着中国资本市场的正式建立。中国资本市场的前十年，一直处在摸着石头过河的探索过程中。在这个过程中，中国资本市场取得了与中国国情和制度背景相适应的成就。现阶段，我国资本市场在相对封闭的状态下基本完成了自主创新。

2. 开放引进阶段

在封闭创新阶段之后，中国资本市场逐渐开放，开始在国外资本市场引入相应的机制，包括市场定价机制、注册制、熔断机制等。这一阶段已经到了中国资本市场开放状态下引进国外经验和技术的阶段。

3. 开放创新阶段

在开放引进阶段，虽然引入了注册制度，但经历了很多曲折，现在注册制在科创板中成功落地，创业板也成功实施注册制，主板和中小板合并后注册制也将很快实施。注册制不再是虎头蛇尾，资本市场心平气和地接受，中国资本市场已经进入一个全面开放创新阶段。

在投资的过程中，只有准确把握我们要并购、投资的公司所处的阶段，才能确定给它配置什么样的资源，投资多少资金。如果你不掌握这些阶段，你的投资可能会失败。因此，我们需要有效地分析我们公司发展的各个阶段，以及各个阶段宏观经济和产业结构的变化。天上不会掉馅饼，做产业就是要踏踏实实，只有进行有效的分析，才能准确投资、规避风险。

三、投资并购的三大能力

市场上流传着一种说法：天使是做慈善，VC是炸金花，PE是斗地主。如果按照这种说法，并购是什么呢？本书认为并购是自己做庄。因为做并购需要掌握自己的命运。并购投资整合者必须具备下面三种核心能力，只有具备这三种能力，才能把控全局，做命运的掌握者。

1. 战略管理能力

需要理解的是，公司有做不大的可能，不仅包括很多小型未上市的公司，而且还包括 A 股市场上很多小型公司和空壳公司。虽然企业规模的标准不一，难以统一，但这些靠自身发展或过度依赖老板的企业，大多是不可能做大的。这些公司做不大，是因为它们有自己的基因，归根结底是因为格局不够。胸怀吸引人才，格局成就事业。由于地域和成长过程的限制，这些小公司的老板通常缺乏组织格局。格局是什么？通俗地说，就是战略制定、行业洞察力和管理能力。因此，要想掌握自己的命运，首先要具备战略管理能力。中国 A 股市场已经有 4300 多家上市公司，其中，有一半左右上市公司的市值低于 50 亿元。上市公司本身就是通过不断淘汰和并购来实现生存和发展的，准确把握行业战略、发展战略、并购战略意图尤为重要。

2. 资本运作能力

如果仔细观察，其实很容易发现，世界上所有公司的成长，尤其是已经成长起来的大公司，都有两种成长路径：一种是靠技术，另一种是靠资本。靠技术成长起来的企业，必须依靠先进、原创的技术，具备较高的技术壁垒，才能在行业中保持持续领先地位。只有这样，企业才能真正发展壮大。现实中有很多这样的公司，也有很多投资者投资了这样的公司。通常这些公司觉得自己并不缺钱，因为想投资这类公司的投资者太多了。但是，在这类企业的成长过程中，也离不开资本工具的全方位运用。而资本驱动下成长起来的公司，一旦依靠资本驱动成长，就必须具备强大的资本运作能力。我们不能狭义地认为资本运作就是上市。资本运作包括运用各种金融工具和多渠道融资，以确保融资成本最低。比如现在靠流量带动的互联网企业和大型消费连锁企业，一旦客流量通过资本推动达到一定程度，就会进入良性循环。

3. 资源整合能力

在并购重组过程中，首先要确定并购交易的目的是什么？我认为，并购交易的目的是最大化协同效应。但伴随着并购重组，产业链也在不断扩大，因此必须具备整合资源的能力。只有具备强大的资源整合能力，才能顺利推进兼并重组进程，发挥协同效应的最大化。

很多中小上市公司在初期发展都立足于一个区域市场和细分市场。它们可能会发展得很好。一旦它们进入资本市场，则拥有更多的资金和广泛的融资渠道，因此它们希望扩大规模生产，进入新的行业领域和市场。此时，上市公司自身的战略能力、运营能力、资源整合能力不足，会出现很多问题。这是上市公司优胜劣汰、并购市场广阔的根本原因，也符合经济发展的基本规律。并购投资者必须具备三个能力：战略管理能力、资本运作能力和资源整合能力。需要特别指出的是，单个投资者很难同时具备这三种能力，因此需要组建一支投资团队。只要投资团队具备这三项能力，就能在资本市场继续投资并购，大展宏图。

四、投资并购的六大原则

投资并购过程是一个从目标选择到交易结构设计，再到并购整合和战略发展的整体过程。因此，有必要厘清投资并购的核心是什么，投资并购最终能够成功，主要有以下六大核心原则。

1. 管理控制原则

管理控制是并购投资战略管理能力的综合体现，并购投资过程中的第一原则是管理控制原则。并购投资过程中的管理控制原则主要体现为四个关键点：估值与定价、支付方式的选择、股份锁定期的设计与安排、交易完成后对目标公司的管理与控制。这四点是管理控制原则的核心要点。

2. 理性融资原则

并购投资对资金的需求非常旺盛，并购投资过程中所需要的资金，不可能全部由并购投资人或合伙人自己承担，这是不经济、不科学的。在并购投资的过程中，杠杆融资是大多数并购投资者的选择。虽然目前的重点是去杠杆，但去杠杆并不意味着没有杠杆。在杠杆融资过程中，还需要了解并购的融资方式以及影响并购融资方式选择的主要因素。同时，还要明确配套资金的设计和运用，以及配套融资的特殊事项，以带动并购成功，真正做到合理融资。

3. 业绩目标合理原则

在目前的并购投资过程中，比较流行的做法是要求目标股东签订业绩承诺协议。签订业绩承诺协议是对并购双方的一种保证。如何设定一个合理的绩效目标是平衡对赌协议的艺术。在并购投资过程中签订业绩承诺协议时，如何保证业绩目标设定的合理性，设定业绩目标时什么样的条款最为合理，这些都需要投资者在并购中慎重考虑。然而在现实中，一些投资者，尤其是一些 PE 投资者，往往把投资希望寄托在对赌上，对企业发展的短板没有深刻认识。仅仅注重利润指标而忽视现金流管理，最后一地鸡毛。

4. 利益分配公平原则

在并购投资过程中，需要组建投资并购团队，组建的投资并购团队需要具备战略管理能力、资本运作能力、资源整合能力。在团队中，有出钱多的，有出力多的，只有利益分配公平，才能保障团队前行。

在并购投资完成后，如何在团队之间进行公平分配？如果分配事项处理不当，并购投资团队将很难一直走在这条路上。被并购的企业在并购完成后的团队激励问题，也是重中之重。毕竟控股股东变了，但公司的管理团队还在。管理团队要保持并发挥更大的积极性，团队激励计划的设计非常重要，这也是体现利益公平分配的核心原则。

5. 便于分拆原则

分拆是资本市场优化资源配置、深化并购重组功能的重要手段。分拆分为投资股东投资与权益的分拆，以及考虑公司未来可持续发展的独立进入资本市场融资机会的分拆。这些分拆，在投资和并购过程中都需要有详细的计划。并购投资完成后，并购方的资产板块也将增加，规模逐步扩大。但是，作为并购投资企业，在并购投资的过程中必然会有大量的融资，这也决定了并购投资完成后需要撤回融资。因此，易于分拆不仅是并购投资完成后必须考虑的重要原则，而且在进行过程中也是如此。

6. 税收优化原则

并购投资过程中涉及大量的税收征管环节。如何优化税收是并购投资过程中非常重要的内容。需要强调的是，税收优化不是逃税漏税，而是通过交易结构的设计和交易环节的规划，优化税收方案。

结 语

进行并购投资，需要并购投资者不断思考并购的本质。并购投资的本质是什么？我认为并购投资者是命运的控制者。不管是做 PE、VC还是天使投资，其实都是在把自己的命运托付给别人。但做并购就是掌握自己的命运，自己坐庄。这也就决定了在这个过程中，有可能输，也有可能赢。

并购投资中最实质的动作，是要实现控制权的转移。事实上，在投资过程中，尤其是在并购投资过程中，一般意义上的财务控制、风险控制、业务控制都是后退。并购投资的本质不是投资对象，而是投资人。在交易结构设计过程中，可以通过六大原则来检验交易设计结构的合理性。在接下来的章节中，本书将通过上述六大原则来透视并购重组的本质。

第二章　管理控制原则

——战略能力的综合体现

导　读

无论是快速成长的公司，还是已经相对成熟的公司，它们都可能面临一个问题：缺乏能够带领士兵作战的将军。这里所说的"缺乏"，不是指人员的缺乏，而是管理能力的缺乏。这也就是为什么在实践中，我们经常会听到身边的朋友们抱怨"我们这里没有管理""我们的领导不会管理"。造成此类问题的根本原因就在于企业管理者管控能力的缺乏。

与企业经营过程中的管理类似，管理控制在并购重组过程中尤为重要。尤其是并购重组交易完成后的估值与定价、支付方式的选择、股份锁定期的设计与安排以及对我方公司的管理和控制等几个要点。只有明确了并购重组过程中的这些管理控制要点，才能保证并购重组进展顺利。

第一节　管理控制概念与内容

一、管理控制的概念

战略主要描述组织为实现其目标而采取的行动计划和总体方向，

管理控制是企业组织为了确保战略得到执行，以及如何实施战略以促进组织目标的实现而实施的若干计划和控制行为之一。它也是管理者为影响企业组织的其他成员实施企业组织战略的过程。

在组织行为中，战略往往是通过管理控制、组织结构、人力资源管理和文化管理来实现的，这就决定了管理控制过程不是机械化的，而是系统化的；管理控制不是独立发生的，而是需要人与人之间的协作。管理控制有多种行为，如需要规划组织应该做什么、协调组织内多个部门的行为、进行信息传递等。管理控制系统影响成员的行为，系统应该以一致的方式影响行为。目标一致性受非正式程序和正式程序的影响，这些非正式因素既是组织内部的，也是组织外部的。

管理控制中包含个人目标，在帮助他们实现组织目标的同时引导他们找到要实现的个人目标，即组织中的个人目标应该尽可能与组织目标保持一致。管理控制系统的中心目标是尽可能确保目标的一致性。目标一致性是指人们按照自己的意愿做出符合组织利益的行动。

二、管理控制的重要性

管理的关键是控制。管理控制作为现代管理的一个重要问题，贯穿于并购投资的全过程。在并购投资活动中，战略控制居于最重要的位置，是整合组织内部资源、增强组织发展协同效应、促进组织可持续发展的关键，也是并购投资成功的重要保障。

从根本上说，当前组织存在的各种问题都可以归结为管控失灵。组织要做大做强，必须依靠管理控制体系的建设和实施。管理控制系统是一个非常复杂和庞大的系统。在这个体系中，战略控制是第一位，也是最高层次的管理控制。战略的制定将决定一个组织的发展思路和成长目标、战略管控体系的建设水平和实施效果，也影响财务、人力资源等管控子系统的发展和创新。

目前，越来越多的组织正逐渐意识到战略管理的重要性，缺乏战略管理意识和战略控制水平低已成为制约组织发展的重要因素。如何构建完整的战略管控体系，依靠战略手段规范管控体系，增强组织的战略控制能力，已成为组织在经营发展过程中面临的紧迫问题。

三、并购过程中的管理控制

管理控制原则是企业战略能力的综合体现，管理控制贯穿战略控制过程的事前、事中和事后控制。在并购投资过程中，事前、事中和事后的管理控制主要体现在预估值上，它关系到定价、交易方式的选择、事件中股份禁售期的设计和安排，以及事后公司的管理和控制。

第二节　并购管控要点之一：估值与定价

在并购投资过程中，管理控制的重要前提之一，是对标的公司的估值和定价。事实上，目标公司的估值和定价是两个不同的概念，它们既有区别又相互关联。对于目标公司的估值，简单来说就是评估目标公司的价值。目标公司的估值是其定价的基础。只有明确了目标公司的估值，并购交易各方才能最终根据目标公司的估值确定并购交易的价格。

目标公司的估值和定价是一个相对复杂的过程，最终取决于上市公司对目标公司价值的判断以及并购交易双方的博弈。同时，还需要考虑市场和监管机构对目标公司估值和定价的心理底线，合理的估值和定价也是兼顾各方利益的最佳估值和定价。

一、标的公司的估值定价

《上市公司重大资产重组管理办法》第二十条规定，重大资产重组相关资产以资产评估结果为依据的，资产评估机构应当按照相关资产评估标准和规定开展执业活动；上市公司董事会应当对评估机构的独立性、评估假设的合理性、评估方法的相关性和评估目的、评估定价的公平性等发表明确意见。

相关资产未以资产评估结果为定价依据的，上市公司应当在重大资产重组报告书中详细分析说明相关资产评估方法、参数以及其他影响评估结果的指标和因素。上市公司董事会应当就估值机构的独立性和估值假设的合理性、估值方法和估值目的的相关性发表明确意见，并结合相关资产的市场可比交易价格和市盈率、同行业上市公司比率或市净率等常用指标，在重大资产重组报告中，详细分析交易定价的公平性。

有前两种情形的，评估机构、估值机构原则上应当采用两种以上的方法对标的资产进行评估或者估值；上市公司独立董事应当出席董事会就财产评估或估值假设的合理性、交易定价的公允性发表独立意见，并单独披露。

从上述规定可以看出，在现行的《上市公司重大资产重组管理办法》的框架下，对标的资产进行估值的依据有两种：一种是基于资产评估机构出具的资产评估结论具有证券从业资格；另一种是根据估值机构出具的估值报告。目标公司的估值可以由独立财务顾问或注册会计师进行。但是，目前利用估值机构出具估值报告的案例还比较少见，它们主要用于目标公司存在第三方公允价格的情况下。例如，A 股上市公司吸收 H 股上市公司时，采用估值报告的情况就有很多种。目前已有类似的多个案例可供参考，主要包括深圳赤湾（000022.SZ）收购招商局港口（0144.HK），上市公司聘请估值机构中信证券出具估值报告等。同样，中粮地产（000031.SZ）收购大悦城地产（0207.HK）时，也聘请安永出具估值报告。

在现有案例中，当前对目标公司估值的主流，是以具有证券业务资格的资产评估机构出具的资产评估结论为定价依据。常用的评价方法有资产法、收益现值法和市场比较法。其中，资产基础法是从企业资产置换的角度衡量企业价值，以置换原则为基本假设。收益现值法的主要模型包括贴现企业自由现金流模型和贴现股权自由现金流模型，其中大部分仍采用收益现值法。市场比较法（包括可比交易法和可比公司法）是成熟市场最常用的估值方法。将估值对象与可比公司或可比案例进行比较来确定估值对象的估值方法，在A股市场上使用也开始增多。

以上几种估价方法都需要基于大量的数据，进行多次测算才能最终算出。既然如此，大家可能会疑惑，监管部门对内幕交易的控制如此严格，并且允许并购交易停牌的时间越来越短。那么，并购交易的双方是如何在如此短的时间内达成估值一致意向的呢？

事实上，在实际操作过程中，在意向性协商谈判阶段，并购交易双方一般采用合理的市盈率来计算目标公司的近似估值。根据市场上可比案例的市盈率情况，并综合考虑目标公司的特殊情况，选择相对合理的市盈率区间对目标公司进行初步估值，在此基础上双方进行初步协商。当然，最初的议价和后续的成交价并不是绝对一致的。这是因为目前监管部门对估值合理性和公平性的审查非常严格。企业不仅要与自己的历史情况进行比较，还要与同行业的企业进行比较。各项指标和参数的使用都需要有合理的依据，在技术层面上能否达到双方约定的估值存在一定的不确定性。因此，目前并不强制要求在预案阶段披露估计值。

二、标的公司估值定价的影响因素

1. 技术手段与方案设计

在对目标公司的估值和定价过程中，不仅要考虑使用技术手段计算目标资产的价值，还要考虑目标资产的支付方式和其他方案设计协议。如果以股票或可转债作为支付方式，那么股票的定价也是需要考虑的问题。由于上市公司股价随时波动，这就决定了上市公司股价是否在合理范围内，或者在法定条件下选择哪个价格，将直接影响目标股东最终获得对价的实际价值。

此外，其他交易条款的设置也会影响估值和定价，例如并购计划中是否设置了业绩承诺条款。从本质上讲，估值和定价的核心原则只有一个，那就是责任和义务的相对一致性。在其他条件相同的情况下，有业绩承诺条款的估价通常高于不带业绩承诺条款的估值；长期股票锁定期的交易对价通常高于短期股票锁定期的交易对价；以现金支付的交易价格通常低于以股票支付的交易价格。

在估值和定价过程中，除了目标公司的估值和定价之外，上市公司股价的确定是最重要的因素。因此，为了更好地理解估值定价，需要从整体上梳理和解读上市公司股票定价的要求。

《上市公司重大资产重组管理办法》第四十五条对上市公司股票定价作出明确规定，上市公司发行的股票价格不得低于市场参考价格的90%。市场参考价格为公司股票在董事会资产决议公告前20个交易日、60个交易日或120个交易日的平均交易价格之一。本次发行股份购买资产的决议应当载明市场参考价格的选择依据。

前款所述平均交易价格的计算公式为：董事会决议公告前若干交易日公司股票交易的平均价格＝公司若干交易日股票交易总额/决议公告前若干交易日的公司股票交易总额。

　　董事会关于发行股份购买资产的决议中可以明确，在中国证监会正式批准之前，如果上市公司股价较初始发行价格发生重大变化，董事会可以调整按照既定的调整方案对发行价格进行一次调整。

　　前款规定的发行价格调整方案应当明确、具体、可操作，并明确拟购买资产的定价、发行股份数量及相应调整的原因，并在公告日充分披露。在首次董事会决议公告，并按规定提交股东大会审议。股东大会作出决议后，董事会按照既定方案调整发行价格的，上市公司无须按照本办法第二十八条的规定，重新向中国证监会申请。

　　关于上市公司股价，必须明确两个问题：一个是如何按规定选择《上市公司重大资产重组管理办法》中的三种价格，另一个是关于价格调整。现行规定规定了三种价格选择，公司股票在董事会关于发行股份购买资产的决议公告前 20 个交易日、60 个交易日或 120 个交易日的交易均价。这三种价格在股价大幅波动时会存在较大的差异，因此需要综合考虑市场因素和股票本身的因素。曾经一度在证监会的审核过程中，必须反馈证监会提出的一个问题，那就是为什么选择了 20 天均价、60 天均价或 120 天均价？

　　至于为何做出选择，更多来自对市场和个股走势的判断，以及并购交易双方的商业谈判。在价格差异不大的情况下，一般会采用低价原则，原因是考虑到上市公司股东权益摊薄的影响差异不大，而低价原则主要是从促进交易达成的角度考虑的。一般来说，只要上市公司股价的市盈率高于目标公司的市盈率，那么上市公司股东以公司股票作为对价，就会获得明显的利润。但是，如果价格差异比较大，则不能一概而论，必须具体问题具体分析。如果波动幅度过大，低价原则会给上市公司带来隐性损失。监管机构也可能会怀疑是否存在任何利益转移。如果采用高位原则，一旦股价下跌，整个并购交易可能会失色。所以，在综合考虑市场因素和个股因素的情况下，选择一个双方都觉得比较合适的价格，才是后续项目成功的一个重要原因。

2. 价格调整机制

影响目标公司估值和定价的另一个重要因素是价格调整机制，也就是俗称的业绩承诺协议。《上市公司重大资产重组管理办法》规定，上市公司股价与证监会核准前的初始发行价相比发生重大变化的，董事会可以按照已经制定的调整方案对发行价进行一次调整。发行价格调整方案应当明确、具体、可操作。

2018年9月7日，中国证监会发布了《关于发行股份购买资产价格调整机制的答疑解惑》，其中对价格调整机制的相关表述如下。

问：如何理解《上市公司重大资产重组管理办法》第四十五条第四款关于"发行价格调整方案应当明确、具体、可操作"的规定？

答：上市公司发行股份购买资产的，可以按照《上市公司重大资产重组管理办法》第四十五条的规定设立发行价格调整机制，保护上市公司股东的利益。发行价格调整方案的设置应当符合以下要求。

①发行价格调整方案应根据市场和同行业指数变化，上市公司股价与初步确定的发行价格相比，必须同时发生重大变化。

②发行价格调整方案应有利于保护股东权益，建立双向调整机制；如仅向一个方向调整，应说明理由，是否有利于保护中小股东。

③价格调整的基准日要明确、具体。股东大会授权董事会就发行价格调整作出决定的，董事会应当在价格调整条件触发后审慎、及时地履行职责。

④董事会决定在重组方案中设立发行价格调整机制时，应充分评估发行价格调整方案可能产生的影响、是否有利于保护股东并进行信息披露。

⑤价格调整条件触发后，董事会将根据股东大会的授权决定是否调整发行价格。作出发行价格调整决定的，应当充分披露评估、论证发行价格调整可能产生的影响、价格调整的合理性、是否有利于股东

保护等信息；董事会还应当在本决定中披露董事会的勤勉尽责情况；决定不调整发行价格的，应当披露原因、可能产生的影响、是否有利于股东保护等，并应当在本决定中披露董事会的勤勉尽责情况。

独立财务顾问和律师应当对上述情况进行核查并发表明确意见。

《问题与解答》主要是对《上市公司重大资产重组管理办法》的解释，以便更好地执行。结合《问题与解答》，符合要求的价格调整机制必须满足以下条件。

首先，要明确三个指标：市场指标（选择股票所在证券交易所指数，如中小板综合指数（399101.SZ））、行业指数（如电气机械指数（883135.WI）），以及个股的股价波动。三者可以组合，一般来说，三个指标同时作为参考指标是比较严格的。不过，一般情况下，监管部门不愿意随意调整价格。价格调整背后通常存在诸多的利益冲突。很多企业即使满足调整的条件，也没有进行调整。更为重要的是，股价的波动窗口相对较窄，而并购交易的完成通常需要 6～12 个月。当股票交付时，很难准确预测当前的股票价格。那监管机构为何给出调整的可能呢？原因主要是为了应对股市的涨跌，尽可能地方便交易。例如，当股市处于衰退时，股价不断下跌，尤其是在大幅下跌的情况下，从停牌到上会的过程中，不少上市公司可能已经将股价拦腰砍半了。如果此时不调整交易价格，交易将不可避免地终止。如果期待将来调整价格，可以选择一个两两组合的方式。对此，可以参考后文露笑科技（002617.SZ）收购顺宇股份的案例。

其次，价格调整机制原则上应双向调整。简单来说，如果股价低了，就必须调整，但不能只是单方面的；如果股价上涨，也必须调整。如果不进行调整，可能会损害中小投资者的利益。但在实际操作过程中，上调交易价格的情况一般不太可能出现，主要是目标公司不会接受。毕竟股价是波动的，在仅有一次调整机会的情况下，虽然当前股价已经上涨，但如果未来股价再次下跌，又要怎样处理？因此，在双向调价机制下，如果触发向上调整的情况，一般上市公司会放弃调整。市场上也有一些情况只做单向调整，在审核过程中，会询问是否符合《问题与解答》的要求。如果有足够的理由，也将允许单向调整。尤其是在市场低迷的情况下，单向调整有利于促进交易。

最后，任何协议都必须有充分依据和充分论证，不得损害中小股东的利益。董事会必须勤勉尽责，程序必须执行到位。

三、标的公司估值定价的最终确定

一般情况下，通常情况是以估值结果作为交易价格，同时选取三种股票价格中最低的一种。一些国有企业在收购国有资产时，也会选择最高价格，以保护中小股东的利益，总之要选择一个大家都满意的价格。但在实际经营过程中，由于股利或注册资本未到位，或其他影响目标公司净资产的因素，将对目标公司进行评估，综合考虑上述因素后确定交易价格。

考虑到实际确定的影响因素，交易价格不会超过调整后的估值。也有在草案阶段价格高于估值的情况，主要是因为未来存在巨大的商机，而这个机会的确定性不足以让评估师将这部分机会计入要评估的资产类别。但在上会前及延长评估后，评估结果仍高于成交价。监管机构目前仍然不鼓励高于估值的交易价格，因为无法对未来的交易机会做出判断，所以，他们不建议对不确定的未来交易机会进行估值和定价，这对审核来说是一个挑战。可参考华铭智能（300462.SZ）收购国政通的案例。

一笔交易，一个标的，在一个时间点只有一个估值，但可能有很多个交易对手，并且交易对手有自己的需求。例如，目标公司的实际控制人，必须是锁定对象。因为它可能是获益最多的一方，上市公司也必须牵制它。因此，目标公司的实际控制人可能是承担最多义务的一方，比如要承担对赌业务，要承受较长期间的股票锁定，从而承受市场的波动等。而财务投资者因自身商业逻辑，尽量不承担义务，实现合理利润即可。因此，为了平衡各方的权利和义务，差异化定价应运而生。从上面可以看出，差价折扣一般在 10%～20%。业绩承诺方肯定认为收购方得到的越少越好。但是，如果太低，收购方也不会这样做，在很多情况下，小股东也会有一定的影响力，10%～20% 是可以接受的合理区间。

另外，还有一种更极端的情况，就是 PE 方的价格可能高于业绩承诺方的价格。这种情况的发生主要是目标公司本身的问题，PE 方进入时，目标公司可能对未来有更高的预期，因此给出了更高的估值。出售给上市公司时，由于市场原因或其他因素，其估值低于 PE 进入时的估值。为保证 PE 能够维持资本或获得合理利润，权利义务可能发生倒转。这种情况比较少见，市场中可以参考罗顿发展（600209.SH）收购易酷易供应链的案例。在该项案例中，交易实行差异化的定价，标的公司评估值为 19.98 亿元；购买宁波德稻持有的易酷易供应链 51% 股权，对应易酷易供应链 100% 股权的对价为 19 亿元；并收购了易酷易科技、宁波软银、嘉兴星河、宏文网络、宏文信息、永德企业管理咨询（深圳）有限公司、和谐创投、詹立东、郑彤、薛东方、深圳前海合雀资本管理有限公司。标的公司和江景峰持有易酷易供应链 49% 的股权，对应 100% 股权的对价定价为 21 亿元。

四、审核中关于估值定价的重点关注问题

审计中有关估值合理性、公允性的问题，将不仅限于估值报告或估值报告本身。一般会沿以下思路进行询问。首先，报告本身注重评估假设的合理性和报告中使用的所有参数的合理性，尤其是与收益法评估结果相关的主要参数。其次，审核还将关注报告是否采用了改变

公司发展历史轨迹的假设，不确定性是否转为确定性，以及继续享受所得税优惠和财政补贴的假设是否充分。

参数方面，主要关注收入增长率、毛利率、费用率、营运资金、折现率等关键指标，例如收入增长率是否符合企业发展规律，是否符合市场发展规律，毛利率是否与同行业可比差异较大，是否高于或低于同行业水平，预测毛利率与历史毛利率的匹配度，未来毛利率的基础是否充足，资本支出是否做出合理判断，营运资金是否符合要求，关注折现率是否有充分依据，是否与同行业可比案例具有可比性，是否存在差异，存在差异的原因是什么等问题。如果采用市场法，将关注可比公司选择的标准、可比性和修正数据的确定。

此外，报告本身也会跳出审核流程，从多角度论证交易价格的合理性和公平性。关注标的资产在历史沿革中历次作价差异的合理性及原因，要求说明每次估值的背景、依据和合理性，以及本次交易的价格是否与可比案例具有可比性。如果有二级市场价格，仍会关注交易价格与二级市场价格的差异，并要求说明相关安排是否有利于保护上市公司权益和中小股东。如果估值和交易定价低于可比案例，也会关注是否有其他利益输送。

五、相关案例：露笑科技

为应对本次交易因整体资本市场波动和行业周期变化可能带来的不利影响，保护交易双方的利益，按照《上市公司重大资产重组管理办法》的有关规定，各方同意上市公司发行股份价格的调整机制如下。

1. 价格调整方案对象

调整对象为本次发行股份购买资产的股票发行价格，不调整标的公司定价。

2. 价格调整方案生效条件

根据中国证监会和深圳证券交易所的有关规定，上市公司董事会、股东大会审议通过了本次调价方案。

3. 价格调整期

上市公司审议本次交易的股东大会决议公告日至本次交易获得中国证监会核准前。

4. 价格调整的触发条件

①下调价格的触发条件

价格调整期间，发生下列情形之一的，上市公司董事会有权在上市公司股东大会审议通过本次交易后召开会议，审议是否调整股份发行价。

调价期内，中小板综合指数（399101.SZ）在任一交易日前连续20个交易日中至少有10个交易日高于上市公司收盘点位交易定价基准日前一天（即2019年1月29日）跌幅达到或超过10%，且露笑科技股价在任一交易日前连续20个交易日中至少有10个交易日。交易日（即2019年1月29日）除权除息收盘价（即每股3.41元）下跌10%以上。

调价期内，电机指数（883135.WI）任一交易日前连续20个交易日均出现至少10个交易日收盘点位，高于上市公司前一交易日收盘点位。交易价格基准日（即2019年1月29日）收盘点位下跌10%以上，且露笑科技股价在任一交易日前连续20个交易日中至少有10个交易日较露笑科技到期以本次交易定价基准日（即2019年1月29日）除权除息收盘价（即每股3.41元）下跌10%以上。

②上调价格的触发条件

价格调整期间，发生下列情形之一的，上市公司董事会有权在上市公司股东大会审议通过本次交易后召开会议，审议是否调整股份发行价。

在调价期内，中小板综合指数（399101.SZ）在任一交易日前连续20个交易日中至少有10个交易日（即2019年1月29日）涨幅达到或超过10%，且任一交易日前的连续20个交易日中露笑科技股价至少有10个交易日。由于本次交易定价基准日之前的前一交易，露笑科技的价格高于露笑科技的价格。当天（即2019年1月29日）除权除息后收盘价（即每股3.41元）上涨10%以上。

在调价期内，电机指数（883135.WI）任一交易日前连续20个交易日至少有10个交易日收盘点位高于上市公司收盘点位本次交易基准价前一个交易日。点数（即2019年1月29日）上涨10%以上，且在任一交易日前连续20个交易日中露笑科技股价，至少有10个交易日高于露笑科技到期日以本次交易定价基准日（即2019年1月29日）除权除息收盘价（即每股3.41元）上涨10%以上。

③向上调价触发条件

价格调整期间，发生下列情形之一的，上市公司董事会有权在上市公司股东大会审议通过本次交易后召开会议，审议是否调整股份发行价。

调价期内，中小板综合指数（399101.SZ）在任一交易日前连续20个交易日中至少有10个交易日（即2019年1月29日）涨幅达到或超过10%，且任一交易日前的连续20个交易日中露笑科技股价至少有10个交易日由于本次交易定价基准日之前的前一交易日（即2019年1月29日）除权除息后收盘价（即每股3.41元）上涨10%以上。

调价期内，电机指数（883135.WI）任一交易日前连续20个交易日至少有10个交易日收盘点位高于上市公司收盘点位本次交易基准价前一个交易日（即2019年1月29日）上涨10%以上，且在任一交易日前连续20个交易日中露笑科技股价至少有10个交易日高于露笑科技到期日以本次交易定价基准日（即 2019 年 1 月 29 日）除权除息收盘价（即每股 3.41 元）上涨 10% 以上。

5. 调价基准日

调价期内，以首次调价触发条件达成日（即首次满足调价触发条件的任一交易日）为调价基准日。

6. 发行价格调整

在调价期内，当上述调价情况触发时，上市公司有权在满足调价触发条件之日起 10 个交易日内召开董事会审议决定是否发行价格本次发行购买的资产按照调价方案进行调整。如果上市公司董事会审议决定不调整发行股份购买资产的股份发行价格，上市公司未来将不再调整上述股份发行价格。

在价格调整期间，当达到"价格调整触发条件"时，上市公司董事会可以且仅对发行价格进行一次调整。

上市公司董事会决定调整发行价的，可以选择将本次交易的发行价调整至不低于上市公司价格调整基准日前 20 个交易日股票交易均价的 90%。

7. 已发行股份数量的调整

发行价调整后，目标公司的交易价格保持不变。

向交易对方发行的股份数量 = 交易对方持有的目标公司的交易对价 ÷ 调整后的发行价格。

8. 调价基准日至发行日期间除权除息事项

在调价基准日至发行日期间，上市公司实施派发股利、送股、资本公积金转增股本、配股等除权除息事项的，将按照中国证监会和深圳证券交易所的相关规定对本次发行股份的价格和数量将作相应调整。

9. 董事会对发行价格调整机制的说明

根据中国证监会发布的《关于发行股份购买资产发行价格调整机制的相关问题与解答》，上市公司董事会发布了《露笑科技股份有限公司关于发行股份购买资产发行价格调整机制的说明》，就本次重组发行股份购买资产发行价格调整机制发表如下意见。

①本次重组发行价格调整机制基于市场和行业指数的变化，同时公司股价与初步确定的发行价格相比必须发生重大变化，符合相关法律法规的要求。

②本次重组发行价格调整机制设置了双向调整机制，有利于保护公司股东权益。

③本次重组发行调价机制调价基准日明确、具体。如果价格调整条件被触发后，董事会将审慎、及时地履行职责。

④如果在价格调整条件触发后，董事会根据股东大会的授权调整股票发行价格，从而对本次重组拟发行的股份数量产生影响。当发行价格高于最初确定的发行价格时，公司发行的股份数量将减少；而当发行价格低于最初确定的发行价格时，公司发行的股份数量将增加。本次重组设立的发行价格调整机制，是为了更好地应对公司所处行业资本市场波动、行业周期变化等因素导致的公司股价可能变动，有利于降低重组的不确定性，并降低重组被终止的风险；同时，本次重组构成关联交易，在价格调整条件触发后，董事会根据股东大会的授权决定是否调整发行价格时，相关董事将回避表决。

综上所述，上述发行价格调整机制安排有利于保护中小股东利益。

六、实操建议

可能有人会问，目标公司的估值和价格，怎样才是合适的呢？对于这个问题，很难有统一的答案。这是因为没有绝对的倍数是合适的标准。总之，基本原则是让并购双方都认可。

估值时应充分考虑此类问题：是否把所有的真相都告诉了中介机构？是不是太乐观了？是否存在未充分评估市场风险的情况？中介机构能否对标的公司所在行业及未来发展做出合理预测？上市公司是否充分了解目标公司及其行业？是否具有一定的独立判断预测能力？

因此，在实践中，应根据企业的实际经营情况进行合理的估值和定价。估值过高或与标的公司经营状况不一致，甚至与行业周期和基本情况相悖的估值，虽然能够在短期内获得较大收益，但对上市公司和标的交易均存在较大风险。

① 高估值必然带来高商誉。如果未来无法按照预测数据发展，则商誉大幅减值将抵消上市公司当期利润，进而拖累上市公司当期业绩。

②不符合实际情况和行业逻辑的估值可能会引起监管部门的关注，甚至可能导致无法过会；如果上会不能通过，一切将归零，过高的估值将毫无意义；更有甚者，还有可能因为存在利益输送嫌疑而被立案。

③如果发展不及预期，很可能触发业绩补偿条款，从而减少业绩承诺方实际收到的对价。同时，这对目标公司的管理层来说也是一个比较大的负面因素。极端情况下，可能会陷入失去公司，失去对价，失去一切的境地。

简而言之，寻找具有保值和增值潜力的合理支付对价，是目标公司应考虑的关键问题。因此，目标公司应尽量避免高估值和高业绩承诺的情况，理性对待估值问题。当然，对于上市公司来说，买到质优价廉的物件绝对是最开心最幸福的事情，但在信息相对公开的资本市场，很难找到这样的标的。让买到的东西物有所值，这是上市公司应该努力的目标。

第三节　并购管控要点之二：支付方式的选择

在并购交易过程中，支付方式是并购交易双方博弈的核心问题。在确定支付方式时，对于标的资产的持有方来说，往往会考虑尽快获得交易对价，并尽量在没有附加义务的情况下获得支付对价，以免夜长梦多。当然，在如今的并购重组市场上，这种事情已经是家常便饭。对于并购方来说，除了自身的融资能力外，重点应该放在如何设计支付方式来满足交易对手的需求，从而快速锁定和完成交易，同时降低交易风险。

接下来介绍并购过程中的主要支付方式，总结选择支付方式时应考虑的主要因素，以便在决策时进行充分考虑。

一、并购支付方式

目前上市公司进行并购交易的支付方式主要有现金支付、股份支付、混合支付、定向可转换债券以及权证等少数创新支付方式。一般来说，一笔交易可以使用一种或多种支付方式，这也是混合支付方式存在的前提。上市公司一般综合考虑交易总对价、审批程序、交易对手要求等因素综合制定方案。为此，应熟悉每种支付方式可能涉及的相关问题，并了解这些支付方式可能带来的商业效果，从而协助客户制定更完整的方案。

1. 现金支付

上市公司全现金收购是诸多收购方式中流程相对较为简单的方式，且广泛适用于上市公司境内、境外收购。一般来说，如果现金收购的金额达不到《上市公司重大资产重组管理办法》要求的需要报证监会核准的标准，那么上市公司可自行通过交易，无须交易所、证监会的审批。

现行构成重大资产重组的标准为：①交易标的资产总额及营业收入占上市公司最近一个会计年度相关金额的50%以上；②交易标的的净资产超过上市公司最近一个会计年度净资产的50%且超过5000万元。虽然不符合上述条件的现金收购审批程序相对简单，但全现金支付无疑对上市公司的流动性要求更高。

现金支付是指并购双方确定交易价格后，并购方使用现金（如银行转账、汇票等）支付交易对价。这种支付方式的特点是：①现金支付通常只涉及目标公司的价值评估程序，操作简单快捷；②目标公司股东可及时获得股权转让收益，丰富其持有的现金流；③与股权支付方式相比，目标公司股东无须承担股权贬值风险。

但是，现金支付方式的缺点也比较明显：对于收购方而言，单纯使用现金支付会给企业带来较大的财务压力，可能影响企业的正常经营；对于交易对手而言，现金支付也会带来较重的所得税负担。在目前的并购交易过程中，采用现金支付的小规模并购重组交易比例较高，但在一些大型并购交易中，多元化支付方式更为流行。

除上市公司自己累积的资金外，许多进行现金收购的上市公司会选择非公开发行股份募集资金来筹集交易所需的资金，或偿还交易相关的借款。现金类的非公开发行需要取得经证监会核准，且申请非公开发行股票的数量不得超过发行前总股本的20%。2018年10月，证监会向券商下发《再融资审核财务知识问答》与《再融资审核非财务知识问答》，在业界称为"再融资33条"。

再融资33条对上市公司募集的资金投向作出了进一步的指导性规定，明确了上市公司募资不得用于投向落后产能，应当围绕主营业务，原则上不得跨界投资影视或游戏，且如果再融资用于收购标的，其估值的可靠性应予以重点关注等重要原则。对于境外投资，再融资33条提出审核应重点关注上市公司是否已根据《企业境外投资管理办法》取得发展与改革部门的核准或备案文件，是否完成商务部门核准或备案并取得其颁发的企业境外投资证书。

企业利用自有资金或借贷进行现金收购，再通过非公开募资补充资金，后者是否能够顺利通过审批原本就存在一定风险。而再融资33条发布后，如果上市公司计划用非公开募资的方式筹集并购交易对价中的现金的，应当特别注意并购标的所处的行业是否满足上市公司再融资新规中的相关原则。

对于构成重大资产重组的并购来说，全现金的比例相对较小，那么为什么有些并购仍然采用全现金的方式呢？原因有以下几点：①海外资产并购。海外资产并购一般采用全现金方式，海外交易逻辑与国内交易逻辑不同，有时交易节奏非常快，来不及审查。②标的规模小，交易对手也需要现金。③避免被ST或退市。保壳上市公司来不及审核，急需利润，以免被ST或退市。

为了更好地利用现金交易程序简单、审查压力低的优势，更好地约束交易对手，降低上市公司并购交易的风险，一般对全现金交易进行以下改进：

（1）分期支付交易价款。可根据业绩实现进度分期付款。如不能达到业绩水平，可及时调整付款进度。对于一些非履约性业绩承诺，原则上应尽可能延长现金支付时间。一方面可以让上市公司有时间应对资金压力，另一方面也可以将上市公司的风险损失降到最低。付款进度没有严格规定，更多的是商业谈判。在无业绩对赌的情况下，支付期限一般不超过一年。

（2）要求交易对方动用部分现金直接增持上市公司股权。具体渠道可以从二级市场购买，也可以直接向大股东或其他股东协议转让或大宗交易。但是，由于目前新的减持规定，很多方式也受到了一定的限制。而且，从大股东手中接股票，不仅会稀释控制权，大股东还可能受到趁机套现的质疑。直接在二级市场增持的好处是，不会引起大股东套现的疑虑，也不会减少大股东的比例。不利的一面是二级市场的股价不断发生变化，如果并购交易刺激上市公司股价出现大幅上涨，将影响交易对手的持有成本。

一般来说，市场上多是股票和现金支付相结合，全现金支付的案例相对比较少。全现金支付的情况，可参考富春股份（300299.SZ）购买摩奇卡卡。并购中需要一定数量的现金来支付中介机构的各种税费，或者部分交易对手期限有限，不能用股票来支付对价。由于并购重组可以支持集资，除了上市公司自有资金或间接融资外，直接融资可以解决很大的问题。关于配套募集资金，将在后续专题中讨论。

2. 股权支付

股权支付最显著的特点是"以股权换股权/资产"，即收购方为收购目标公司的股权或资产，使用公司发行的新股或其控股公司的股权或股份作为交易对价的一种支付方式。与现金支付相比，一方面，股权支付可以避免占用收购方大量流动资金，有效减轻企业财务压力，降低经营风险；另一方面，采用股权支付的交易双方可以选择适用财税〔2014〕116号文或〔2009〕59号文关于所得税处理的优惠政策，在很大程度上可减轻并购双方的税负。而且，更重要的是，有可能将目标公司的核心人员与上市公司的命运联系在一起。新发行股份的锁定期安排可用于控制主要交易对手取得交易对价的实际进度和实际价值，以确保目标公司按照承诺的业绩发展。

当然，股权支付方式改变了公司的资本结构，稀释了原股东的股东权益和控制权，新股发行过程复杂、耗时长，容易导致收购方错失最佳收购机会，从而增加收购失败的风险。因此，收购方需要从股权结构、公司治理、并购整合等方面综合考虑股权支付方式的选择。在控制权比例不高、收购对象体量较大时，控制权的稳定性成为审计的重点。简单来说，很多行业可能都是风口。如果不抓住风口，没有在市场上占据好位置，可能无法获得未来发展的有利局面。

换股收购是另一种比较常见的收购方式，是指上市公司向交易对手发行股份以支付收购对价。一般来说，只要涉及新发股份，即使交易不符合重大资产重组标准，上市公司也需要报中国证监会审查。因此，与非重大资产重组交易相比，股权支付在重大资产重组交易中的应用更为广泛。发行股份购买资产涉及的审批程序较为烦琐，须报中国证监会上市公司并购重组委审核并报中国证监会批准后方可实施。但证监会推出的"小额快速"审核机制，为不符合重大资产重组标准的交易开辟了更快捷的换股方式。

不适用"小额快速"的交易有两种：一种是募集配套资金用于支付交易现金对价或配套资金超过5000万元；另一种是属于"分道制"下审慎审查类别的交易。对符合"小额快速"条件的交易，证监会受理后直接报并购重组委审核，取消发行股份购买中的"预审—反馈—沟通"环节资产，大大加快审批流程。

"小额快速"审批制度推出后，市场反应迅速。拓尔思（300229.SZ）在新规出台后立即修改了收购广州科运大数据科技有限公司的交易方案，减少了配套资金的募集，满足了小额快速审批标准。在不到一个月的时间获得了审批。随后，中科院、东方中科、宜昌交通等上市公司分别于2018年底和2019年初提交了"小额快速"并购交易审批。

对于不构成重大资产重组的换股收购活动而言，"小额快速"审批制度能够带来极大的便利。值得注意的是，与此前要求不一致，为了满足小额快速的要求，企业通过它们自己筹集交易对价的现金部分，而以往发行股份购买资产同时募集来的配套资金，可用于支付交易对价。但证监会于2018年10月12日发布了《关于配套募集资金的问答》，明确了公司发行股份募集的配套资金，可以用于补充上市公司流动性和偿还债务。因此，"小额快速"审批通道获得的配套资金虽然不能直接用于支付收购对价，但可以弥补上市公司的流量和偿还债务。

3. 混合支付

除了以上两种主要支付方式外，实践中还有使用现金、股权、证券、资产等灵活组合的混合支付模式。企业在设计并购支付方案时，还必须掌握多种支付方式。可以根据公司的特点和优劣势，根据自身情况，综合市场、财务、税务、法律等因素，灵活设计适合公司的支付模式，为企业并购活动的成功清除障碍。

越来越多的案例采用这种支付方式，主要是因为目标公司股东迫切需要进行套现。例如，私人投资者或私募股权基金股东可能需要在其资金到期时纳税。采用混合支付方式时，现金部分的资金来源问题，可以通过发行股份筹集资金来解决。在实践中，现金支付比例可以根据目标公司的特点和目标公司股东的需求灵活调整。方案设计时，现金支付节奏也可以根据利润实现分期支付。《上市公司重大资产重组管理办法》第十四条、第四十四条规定，上市公司发行股份购买资产，募集配套资金比例不超过拟购买资产交易价格的100%，它将被并购重组委员会审查，这导致了市场中出现很多现金支付比例比较高的情况。例如，海南瑞泽（002596.SZ）收购江西利丰和江门旅顺，采用50%股份和50%现金的混合支付方式，50%的现金比例通常是混合支付方式中现金支付的最高比例。

此外，在混合支付方式中，还可以为一只股票设置不同价格的交易结构。在这种交易结构中，股东和管理团队的重要成员，会给予相对较高的交易对价或支付股权比例，这也是责任、权力和利益的综合体现。目前，这种交易结构在市场上较为普遍和可接受。这是因为，这种同种股票不同价格的交易结构设计值得理解。简单来说，就是在标的整体估值不变的情况下，为不同的交易对象设计不同的交易价格。比如目标公司总估值 10 亿元，创始人和管理层占 80%。如果他们接受股份支付并愿意对赌，他们可以把价格定得更高，把 80% 的股权估值给到 8.5 亿元；财务投资者 20% 的股权需要现金支付，不参与对赌，则可定价为 1.5 亿元。当然，具体需要以协商结果为准。

4. 其他方式

除上述现金支付、股权支付、现金与股权混合支付之外，还有其他的支付方式，如子公司资产或上市公司资产等。这种方法本质就是以物易物，一般可以在一个体系内实现。例如，在天坛生物（600161.SH）并购重组案中，以控股子公司成都蓉生的股权作为收购标的资产的对价。不以上市公司的股票或可转换债券作为支付手段。只要交易不构成借壳，就可以不去证监会审查。相对而言，审核流程简单，审核压力较小。这种方式非常适合国有上市公司自救，或者尽快实现国有资产资本化。未来，这些标的资产的持有人可以利用上市公司控股子公司的少数股权换取上市公司的股票，发行股份购买上市公司少数股东股权的可能性远高于直接收购标的的可能性。

2018 年 11 月，证监会提出"试点支持上市公司并购的定向可转债"，进一步推动了市场通过使用可转债进行募集配套融资的节奏。2018 年 11 月 8 日，赛腾股份（603283.SH）公告《发行可转债、股份及支付现金购买资产及筹集配套资金方案》，并于 2019 年 3 月 2 日公告中国证监会核准批复。从审批流程来看，本次收购赛腾股份虽然不符合重大资产重组的条件，但本次交易涉及发行定向可转换债券和公司股票，仍按照发行股份审批流程进行资产收购，即经并购重组委审核，且经中国证监会核准。从转股价格来看，这些债券的初始转股价格是指发行股份购买资产的定价标准，即遵循《上市公司重大资产重组管理办法》的要求：上市公司发行股票的价格不得低于市场参考价格的90％，市场参考价格为董事会发行股份购买资产的决议公告前20个交易日、60个交易日或120个交易日公司股票的平均交易价格之一。此外，赛腾方案还全面设置了转股价格向上向下的修正条款，以及强制转股和提前收回条款，以实现债券持有人与上市公司股东之间的股权合理分配。从业绩补偿协议来看，赛腾计划中的债券期限与业绩补偿期限挂钩，以确保可转债作为业绩补偿的第一顺位，对上市公司进行补偿。从担保和评级的角度来看，赛腾股份有限公司发行的债券不进行担保或评级。

2019年3月7日，长春高科公布了《发行股份及可转债购买资产及募集配套资金及关联交易预案》，也沿用了类似思路。当股市相对低迷，但市场对中短期复苏有一定信心时，可转债是对上市公司和交易对手而言一种比较理想的交易方式。一方面，上市公司在股价下跌时可能不需要大量发行公司股票作为交易对价；另一方面，交易对手可以期望从股票价格上涨中获得一部分转换收益。

定向可转换债券是指公司向特定对象发行的可转换债券。债券持有人可以选择按约定的时间和价格将债券转换为上市公司股票，也可以选择按约定的时间和利率支付持有债券的本金和利息。定向可转债始于2014年，国务院发文明确"允许符合条件的公司发行优先股，定向发行可转债作为并购重组的支付方式"，真正的大规模推行始于2018年11月。2018年11月1日，中国证监会提出试点可转债作为并购支付手段，支持上市公司发展。由于2019年市场不太景气，可转债同时具有债性和股性，足够灵活，能够满足各方的风险偏好和股权要求。因此，这种方式颇受交易对手的青睐。从目前的审核来看，定向可转债还不能单独作为配套的融资工具。换句话说，如果想用可转债筹集资金，交易对手就不得不用其中的一部分作为支付对价。目前，对股票与可转换债券的比例没有要求。

关于定向可转换债券的发行条件，目前明确应符合《证券法》第十六条第三款的规定，不适用公开发行可转换债券的要求，比如三年加权平均净资产收益率不低，比如要求 6%。转换价格是指股票的定价，可以选择三个价格之一，可以安排向上和向下修正。业绩承诺及锁定安排见《上市公司重大资产重组管理办法》，定向可转换债券的存续期应涵盖履约承诺期和锁定期，票面利率、担保和评级可根据市场化协商确定。一般利率很低，并且没有担保或评级。

二、选择支付方式需要考虑的因素

1. 交易规模

一般来说，小规模并购通常采用现金方式，大规模并购通常采用股份或混合方式。

2. 上市公司股权结构及控股股东控制权状况

如果控股股东持股比例高，上市公司倾向于使用股份；一般来说，上市公司用股票购买目标公司的资产是划算的。至少目前来看，A 股的市盈率还是有一定优势的。但如果上市公司控股股东持股比例低，或者上市公司本身市值不大，而标的公司规模较大，则俗称"蛇吞象"。一般来说，现金支付的比例较高，同时尽可能保持控制权。可以参考沃施股份（300483.SZ）收购中海沃邦的案例，这是典型的"蛇吞象"成功案例。

3. 上市公司估值及市盈率情况

当上市公司估值较高时，上市公司股东更倾向于使用股份，而目标公司股东更倾向于接受现金；反之亦然。究竟选择哪种支付方式，主要考虑支付方式的购买力，谁购买力强谁就用谁，但对于受让方，拿股权的风险更大。

4. 上市公司资本结构、资金充裕程度和融资能力

在上市公司资金不足的情况下，也很难从外部获得银行贷款。当上市公司资金紧张、融资能力较弱时，没有现金支付能力，上市公司更倾向于使用股票或可转债进行支付。从实际来看，除非上市公司非常着急，或者目标公司的股东只要有现金，或者有其他不能动用的原因，一般情况下，上市公司不会花费大量现金去购买标的，即使上市公司有很多钱。

5. 交易对方的身份和需求

交易对手方一般分为两类，一类是创业团队，包括实际控制人和高管，另一类是财务投资者。创业团队更可能接受基于股份的支付，一方面，股份支付也是上市公司圈住标的公司管理层的重要手段，另一方面，如果标的公司做得好，创业团队不仅会从当前标的资产的出售中受益，还有股票升值的收益。在过去的几年，股票升值效应非常明显，复牌后不时出现多个涨停的情况。现在信息披露更为及时，停牌时间更短，投资者更加理性，股票波动相对稳定。如果部分投资者不批准交易，复牌后不仅可能不会上涨，甚至可能会大幅下跌。而财务投资者想得到更多的钱离开，这取决于所在行业的运作方式。基金一般都有存续期，不允许长期锁仓，无法变现，导致产品到期无法赎回。

6. 锁定交易对方的需要

股份支付更容易绑定交易对手的管理层以获得长期利益，也有利于履行业绩承诺。因此，对于创业团队而言，上市公司更倾向于使用股份或可转债来支付。

7. 交易标的性质

根据中国证监会的政策，亏损资产不宜采用股份支付。《上市公司重大资产重组管理办法》要求，收购要提高上市公司的盈利能力。收购亏损公司不仅会稀释每股收益，还会带来过会的障碍。使用股份支付收购少数股份需要满足一定条件。2018 年 9 月 10 日，中国证监会印发《关于〈上市公司重大资产重组管理办法〉第四十三条"经营性资产"相关问题与解答（2018 年修订）》。

《上市公司重大资产重组管理办法》第四十三条第一款第（四）项规定，"充分说明并披露上市公司发行股份所购买的资产为权属清晰的经营性资产，并能在约定期限内办理完毕权属转移手续"。当上市公司发行股份拟购买的资产为少数股权时，应如何理解是否属于"经营性资产"？

上市公司拟发行股份购买的资产为公司股权时，原则上应当在交易完成后取得对标的公司的控股权。需要购买少数股权的，应当同时具备以下条件。

①少数股份与上市公司现有主营业务具有显著协同效应，或本次拟购买的主要目标资产属于同行业或密切相关的上下游行业，通过本次交易的联合注入将有助于提升上市公司的独立性和上市公司整体素质的提高。

②交易完成后，上市公司需要具备特定的主营业务和相应的持续经营能力，不存在净利润主要来源于合并财务报表范围以外的投资收益的情况。

少数股权对应的经营机构为金融企业的，应当符合金融监管机构和其他主管机构的有关规定；且最近一个会计年度对应的营业收入、总资产、净资产三项指标不得超过上市公司合并报表对应的同期指标的 20%。

上市公司重大资产重组涉及收购股权的，还应当具备上述条件。因此，在收购损失或少数股东权益的情况下，更多地使用现金支付。

8. 税负考虑

股权支付最显著的特点是将上市公司新发行的股份作为对标的公司的对价支付。与现金支付相比，股权支付可以避免占用收购方大量流动资金，有效减轻企业财务压力，降低经营风险；股权支付的交易双方可选择适用财税〔2014〕116 号文件或〔2009〕59 号文件的所得税处理优惠政策，更大限度减轻合并双方的税负压力。

9. 审核程序与时间

全现金交易在不构成借壳的情况下，无须经过中国证监会审查，时间较短，手续简单。使用股票或可转换债券购买资产，存在一定的审查风险。

第四节　并购管控要点之三：股份锁定期的 设计与安排

作为重要的监管手段，《上市公司重大资产重组管理办法》《公司法》《证券法》、中国证监会部门规章、证券交易所《上市规则》等一系列规范性文件规定了禁售期安排的相关要求。并购交易结构中的禁售期安排，是未来以怎样的节奏与标的方继续合作，以及在多大程度上保障上市公司和中小股东利益的重要安排，避免出现无票可赔的极端情况。

关于锁定期安排问题，从法律上讲，对于不同身份以及不同持有期的交易对手，已经有比较明确的规定。除法律规定外，商业谈判以及审查中的政策导向也应在此基础上加以考虑。

一、关于锁定期的法律规定

1. 《上市公司重大资产重组管理办法》

《上市公司重大资产重组管理办法》第四十六条规定特定对象通过资产认购取得的上市公司股份，自股票发行结束之日起 12 个月内不得转让；且有下列情形之一的，锁定期较严格，要求 36 个月内不可转让。

（一）具体对象为上市公司控制的控股股东、实际控制人或者关联方。

（二）特定对象通过认购本次发行的股份取得对上市公司的实际控制权。

（三）特定对象取得本次发行股份时，对用于认购股份的资产继续享有权益的时间不足 12 个月。

此外，在本办法第十三条第一款规定的交易情形下，原控股股东、原实际控制人及上市公司控制的关联方以及当事人直接或间接接受转让上市公司股份的具体标的，应当公开承诺在交易完成后 36 个月内不转让上市公司股份；收购人及其关联方以外的特定对象应当公开承诺，通过资产认购方式取得的上市公司股份，自本次股票发行结束之日起 24 个月内不得转让。

《上市公司重大资产重组管理办法》第四十八条规定上市公司发行股份购买资产，导致特定对象持有或者控制的股份达到法定比例的，应当按照《上市公司收购管理办法》（证监会令第 108 号）的规定履行相关义务。

上市公司向控股股东、实际控制人或其控制的关联方发行股份购买资产，或者发行股份购买资产导致上市公司实际控制权发生变化的，具体标的认购股份应当纳入发行股份购买资产的报告中公开承诺：本次交易完成后 6 个月内上市公司股票连续 20 个交易日收盘价低于发行价的，或交易完成后 6 个月期末收盘价低于发行价，其持有公司股票的锁定期自动延长至少 6 个月。

前款规定的具体对象，还应当在发行股份购买资产的报告中公开承诺：交易涉嫌提供或者披露含有虚假记载、误导性陈述或者重大遗漏的信息的，由公安机关依法追究刑事责任或被中国证监会立案调查的，在案件调查结论明确之前，不得转让其在上市公司的股份。

2. 《证券法》

《证券法》第九十八条规定上市公司收购，约定收购人持有的被收购上市公司股票，自收购完成之日起十二个月内不得转让。

3. 《上市公司收购管理办法》

《上市公司收购管理办法》第七十四条规定上市公司收购过程中，收购人持有的被收购公司股份，自收购完成之日起 12 个月内不得转让。

此外，还规定同一实际控制人控制的不同主体之间转让被收购公司的被收购公司股权不受上述 12 个月限制，但应符合本办法第六章的规定。

4. 《上市公司非公开发行股票实施细则》

《上市公司非公开发行股票实施细则》第九条规定发行标的有下列情形之一的，具体发行标的及其定价原则由上市公司董事会非公开发行决议确定，并经股东大会批准；锁期为自发行结束之日起 36 个月内不可转让。

① 上市公司控制的控股股东、实际控制人或关联方。

② 通过认购本次发行的股份取得对上市公司实际控制权的投资者。

③ 董事会提议引入的境内外战略投资者。

二、法规解读及审核重点问题

1. 交易对方取得标的资产及上市公司股份的时点

如上所述，交易对手取得上市公司发行的股份时，用于认购股份的非现金资产继续持有权益的期限不得超过 12 个月，锁定期限应为 36 个月。那么，特定对象取得标的资产股权和上市公司已发行股份的时间应如何确定？

《关于上市公司发行股份购买资产同时募集配套资金的相关问题与解答》（2018 年修订）有明确规定。

问："根据《上市公司重大资产重组管理办法》第四十六条，"特定对象取得本次发行的股份时，对其用于认购股份的资产持续拥有权益的时间不足 12 个月"的，特定对象以资产认购而取得的上市公司股份，自股份发行结束之日起 36 个月内不得转让。标的资产为公司股权时，如何确定前述特定对象"持续拥有权益时间"的起算时点？

答：上市公司发行股份购买的标的资产为公司股权时，"持续拥有权益的时间自公司登记机关就特定对象持股办理完毕相关登记手续之日起算。特定对象足额缴纳出资晚于相关登记手续办理完毕之日的，自其足额缴纳出资之日起算。"

交易对方取得上市公司发行的股份的时点是中国证券登记结算公司办理完毕股份确定登记手续的时点。

2. 穿透锁定安排的问题

穿透式锁定安排出现的背景，部分交易对象为了逃避锁定安排，通过资管产品等其他形式进行股票认购。《上市公司重大资产重组管理办法》仅规定上市公司的交易对方参与发行股份购买资产交易时，于锁定期内不得减持其直接持有的上市公司股份，但并未禁止或限制直接或间接持有交易对方的投资者在锁定期内通过转让交易对方上层权益份额的方式达成间接转让上市公司股份之目的，存在一定监管盲区，可能导致上市公司股份结构在锁定期内出现较大隐性变化而不被察觉。

上市公司发行股份购买资产案的反馈显示，当参与上市公司发行股份购买资产的交易对手为为本次交易和/或本次交易专门设立的有限合伙企业或资产管理计划时持有标的资产的目的，除有限合伙企业或资产管理计划本身在锁定期内按照《上市公司重大资产重组管理办法》需要直接取得的股份外，其投资者还需要承诺不在有限合伙或资产管理计划的股份锁定期内转让其持有的股份。合伙财产或资产管理计划财产份额。

比如：东诚药业收购安迪科案例中，关于锁定安排如下：

由守谊、鲁鼎志诚承诺：36 个月，如本次交易完成后 6 个月内公司股票连续 20 个交易日的收盘价低于认购股份发行价，或者本次交易完成后 6 个月期末公司股票收盘价低于认购股份发行价的，自动延长至少 6 个月。

耿书瀛、罗志刚、李毅志、李泽超、戴文慧、钱伟佳、南京世嘉融、天津玲华、天津诚正、天津壹维、陆晓诚安、瑞禾吉亚等承诺：36 个月。

温昊、中融鼎新承诺：取得本次交易中认购的东诚药业新股时，持有安迪科股权的时间若不足 12 个月的，在本次交易中所认购的东诚药业股份限售期为 36 个月；已满 12 个月的，为 12 个月。

南京世嘉融、天津玲华、天津诚正、天津壹维、陆晓诚安、瑞禾吉亚、鲁鼎志诚的合伙人承诺：自承诺签署之日至合伙企业在本次交易中所认购的东诚药业股份上市之日起 36 个月内，不以任何方式转让所持合伙企业份额。

中融鼎新代表的鼎融利丰 39 号私募基金份额持有人承诺：自承诺签署之日至北京中融鼎新投资管理有限公司代表私募基金在本次交易中所认购的东诚药业股份上市之日起 36 个月内，不以任何方式转让所持私募基金份额。

本次交易募集配套资金发行对象所认购的股份自新增股份上市之日起 12 个月内不得转让。

3. 老股锁定问题

上市公司控股股东或实际控制人在重组中增持上市公司股份，其或其一致行动人持有的上市公司老股是否需要锁定问题态度还是比较明确的，主要担心大股东套利，一边低价认购，一边市价抛售。当然，从法规角度讲《证券法》和《上市公司收购管理办法》，在上市公司收购中，收购人持有的被收购的上市公司的股票，在收购行为完成后的 12 个月内不得转让。

这里的股票包括老股和新认购股份。证监会在 2016 年第一期关于并购重组的保代培训中强调："上市公司控股股东或实际控制人作为上市公司并购重组之交易对方的，应如实披露本次交易前所持的上市公司老股的锁定期安排，原则上按照《证券法》第九十八条和《上市公司收购管理办法》第七十四条，其所持的上市公司老股的锁定期应为 12 个月。"

因此，在实践中，证监会并购重组委在审核上市公司发行股份收购控股股东旗下资产项目时，常会关注在本次交易前控股股东或实际控制人所持上市公司老股的锁定期安排。

三、实操中主要锁定安排

相关法律法规对锁定期只有最低要求，在实际交易方案中，重大资产重组交易对收购上市公司股份的锁定期提出了更高的要求。

上市公司的锁定期安排主要分为以下类型：36 个月及以上锁定期、12 个月锁定期、按简单百分比分期解锁、按承诺利润百分比分期解锁。

1. 锁定 36 个月及 12 个月的情形

露笑科技（002617.SZ）收购顺宇股份。本次交易的交易对方东方创投与董飚约定，其在本次交易中获得的露笑科技新股，自该新股上市之日起至到期日 36 个月届满之日以及履约承诺方履约补偿义务履行完毕之日（以较晚者为准），将不以任何方式转让，包括但不限于通过证券市场或协议公开转让，也不委托他人管理其持有的露笑科技股份；以本次交易所获得的露笑科技新股为基础，露笑科技派发股票股利及资本公积金转增股本的股份，也应符合上述股份限制安排。

交易对方金熹投资和宏丰汇投资同意，通过本次交易所获得的露笑科技的新股，自该等股份上市之日起 12 个月内不以任何方式转让。若金熹投资和宏丰汇投资收购露笑科技股份时，所持有的顺宇清洁能源股份不足 12 个月，本次发行认购露笑科技股份为原第二次发行股份不得转让自本次发行结束之日起 36 个月内以任何形式，包括但不限于通过证券市场公开转让或协议转让，不得委托他人管理其所持有的露笑科技股份。

2. 按照简单百分比解锁

华明智能（300462.SZ）收购国正通。陈放及其一致行动人通过本次交易获得的上市公司新股自该等新股上市之日起 12 个月内到期，且均已履行 2016 年、2017 年、2018 年业绩承诺或全部履行完毕偿付义务后，可转让股份数量不超过本次发行所获全部股份的 10%；通过本次交易获得的上市公司新股自该新股上市之日起 36 个月内到期，且在履行 2017 年、2018 年和 2019 年业绩承诺或全部履行完毕后补偿义务的，可以转让本次发行所获得的全部剩余股份。

除陈放及其一致行动人外，本次交易获得的上市公司新股自该新股上市之日起 12 个月内不得以任何方式转让。

3. 按照利润实现进度进行解锁

华鼎股份（601113.SH）收购通拓科技。廖新辉、邹春元、通维投资明确承诺自发行之日起 12 个月内转让，业绩承诺期将分三个阶段解除，解禁比例计算如下。

第 N 次解禁比例 = 目标公司利润补偿期第 N 年承诺实现的净利润数÷各利润补偿期承诺实现的净利润总数

第一次、第二次解禁股数为利润补偿期第一、第二年按上述解禁比例计算的解禁股数扣除业绩补偿股数后的总股数。

第三次解除股份数量为扣除利润补偿期第三年业绩补偿股份数量和资产股份数量后，按上述解除比例计算的减值补偿之后的股份总数。若扣除当年应补偿股数后实际可解禁股数小于或等于 0，则当年实际可解禁股数为 0，次年可解除的股份数量也应减去该差额的绝对值。

综上所述，就股份锁定期个别条款的设计而言，需符合相关法律法规、问答或窗口指导要求，需准确判断是否持有期超过 12 个月的相关规定。在法律层面上，规定较为明确。交易双方可以博弈的点是基于法律之上，如何牢牢掌握对方并锁定尽可能多的股份，以避免后续无法赔偿的情况。

当然，如果解锁周期过长，对方的接受度就会很差。毕竟，过于远期的股价的影响因素太多，比如，宏观环境、市场变化等诸多因素已经失控，落袋为安是最好的安全措施。如果未来是可以预见的，他们更愿意接受一个时期的赌注。至于后续，每年平均解锁这个方案的使用率相当高，按业绩解锁也是合理的。如果觉得未来表现可能存在不确定性，只要对方愿意，直接要求对方锁定 36 个月也可以。归根结底，还是一个利益平衡的博弈过程，需要找到一个双方基本能接受的点。

第五节　并购管控要点之四：交易完成后我方公司管控

一、并购中控制权过渡风险

在并购过程中，会存在企业控制权转移的风险。根据并购交易的时机，并购中控制权的转移风险可分为短期风险和长期风险。短期风险主要是交易风险，体现在交易后一年内。长期风险主要是并购后的整合风险，大部分需要在交易后几年内体现出来。

1. 并购中控制权过渡的短期风险

根据控制权的含义，并购重组过程中控制权转移的短期风险主要有：交易估值风险、标的资产权益缺陷和财务风险、经营和治理信息风险、标的资产交付风险、实际控制权风险、人力资源流失风险等，这些风险影响并购中过渡性控制权的权利基础的获得，因此需要高度关注。

（1）交易估值风险

在确定被收购公司后，并购双方最关心的问题是从持续经营的角度合理估计目标公司的价值，并将其作为交易的基价，这是并购交易取得成功的基础。目标公司的估值和定价取决于并购公司对其未来自由现金流和时间的预测。由于预测不当，目标公司的估值可能不准确，从而造成被收购公司的估值风险。风险的大小取决于被收购公司所使用信息的质量，而信息的质量取决于以下因素。

①标的公司是上市公司还是非上市公司；收购公司是善意收购还

是敌意收购。

②并购准备时间。

③目标公司审计与收购之间的时间长度。

换言之，目标公司价值的评估风险从根本上取决于并购各方的信息不对称程度。在定价上，有可能接受高于目标公司价值的收购价格，导致并购公司为交易支付更多的资金或更多的股权。并购可能导致资产负债率过高，目标公司无法带来预期利润，陷入财务困境。

（2）标的资产瑕疵与财务黑洞风险

由于并购各方信息不对称，转让方往往将目标公司商业化包装，隐瞒不利信息，夸大利好信息，而并购方往往夸大自身优势，制造期望空间。双方信息披露不充分或失真情况，从而隐瞒股权缺陷、价值缺陷和财务黑洞（如账外负债、或有债务、对外担保）等关键信息，导致并购中存在股权缺陷风险、标的风险资产缺陷，以及财务黑洞的风险。

股权缺陷风险源于股东未出资、股权担保、股权司法限制和转让股权再转让，以上情况都会影响股权的质量和价值。

许多国内企业的一个重要特点是总资产大、负债率高、净资产低、整体资产质量低。财务会计报告受汇率、通货膨胀等多种因素影响，账面价值往往难以反映资产的实际价值；而资产的来源、效力、归属、限制等法律地位难以通过简单的陈述予以确认。如果未经仔细核查，并购后可能会发现目标公司的资产低于其实际价值，或这些资产未能实现其目标作用，或目标公司拥有大量低效或无效资产，甚至非法资产。这不仅增加了并购成本，还可能面临司法强制执行的风险。

许多目标公司的资产负债表没有反映或不能反映已经发生的债务或潜在的债务。这要么是因为目标公司恶意隐瞒债务，要么是因为目标公司财务制度不规范，存在未入账债务，或者存在大量或有债务。其中，或有债务是并购中最大的陷阱，如担保债务、票据债务责任、产品侵权赔偿或环境责任、未决或潜在诉讼、行政罚款等，因其发生或处理结果是一种无法预测的可能状态，并且很容易被例行审查忽略。如果发生，可能会改变目标公司的资产和信用状况，直接影响目标公司的价值，因而更加危险。

（3）经营与治理状况信息风险

经营信息风险主要是由于目标公司的母公司（通常为控股股东）或其他关联公司同业竞争，或关联交易信息披露不够详细或具有误导性，导致并购方公司决策失误。治理信息风险主要是指来自股权结构、股东大会、董事会、经理人制度等方面的信息风险，尤其是来自目标公司的反并购风险。

（4）标的资产交割风险

确定交割日的法律风险。转让方不仅需要在交割日之前完成相应的股权变更手续，还要为原董事辞职等实际股权行权创造条件。因此，有必要确定合理的交割日期和相应的违约责任。因此，在股权转让协议中，需要明确受让方支付转让价款和转让方交付股权的具体日期或期限。分期交割的，应当约定分期支付的具体金额和股权交割的具体日期。

安排交接事宜的法律风险。交割日的确定意味着受让方将充分行使其股权，为了顺利介入转让方的经营管理，提前做好必要的准备工作非常重要，包括人事任命、董事选举安排等诸多问题。因此，受让方在签订股权转让合同前对目标公司进行考察时，应与目标公司的其他股东、董事、公司管理层充分沟通，为股东权利的行使做好前期准备。

股权凭证监管的法律风险。一般情况下，双方会就存入和存入股权凭证的条件达成一致。双方约定，在实际履行股权转让义务及支付合同约定价款前，双方应将股权证明及价款提交双方共同选定的银行或律师事务所暂行。托管，除非双方约定为授权代表，任何一方均不得从托管人处领取股权凭证，并约定提取方式和违约责任。

　　股权转让后，无须办理相应的变更手续，不会产生转让的效力，因为确认股东资格需要各种证明文件。有限责任公司和股份有限公司对股权的取得和变更程序有不同的规定，需要仔细分析所涉及的法律风险。股份有限公司实施股权变动的法律风险：记名股份的取得通常以股东名册为基础，不记名股份的取得以交付占有为基础。

　　（5）实际控制权风险

　　股权作为股东权利，其权利表现在：一是参与选举公司董事、监事，二是对公司经营管理的重大决策事项进行表决。因此，股权结构决定了公司控制权的分配。董事会作为公司的决策机构，控制着公司的决策中心，对董事会的控制主要体现在各股东在董事会中所拥有的席位上。因此，公司的控制风险基本集中在股权结构和董事会组成两个方面。

　　①股权结构风险

　　如果被并购标的公司股权过于分散，各股东对公司的控制相对较少，将有助于收购方以相对较低的成本取得控股地位。但是，如果收购方在合并后仅对目标公司拥有相对控股权，股权的过度分散容易引起其他股东一致行动，共同操纵投票，将收购方逐出董事会，从而控制目标公司。

　　如果目标公司的股权过于集中，例如单一的股份支配地位，收购方将需要更大的成本来获得控制权。如果收购方无法获得控制权，原大股东将利用其对股东大会的控制权来控制董事会，进而控制公司的决策。难以避免原大股东损害中小股东和公司整体利益的情况。例如，不向股东开立财务账户，甚至编造虚假账户欺骗中小股东；未经股东大会决议，擅自处分中小股东权利或大公司权利；控股股东与目标公司进行关联交易损害目标公司利益等。

　　②董事会控制权风险

　　目标公司的董事选举、任免制度是并购中关注的焦点。目标公司往往在公司章程中设置董事提名条款、董事任职资格条款、任期限制条款、分期付款和评级条款或合理的解聘条款。通过这种方式，目标公司限制了董事的提名方式、人数和资格，限制了每年仅选举和更换部分董事，并限制了原董事的免职必须有合理的理由，从而防止并购方对董事会施加的控制。

2. 并购中控制权过渡的长期风险

并购中控制权转移的长期风险主要包括：战略整合风险、业务整合风险、人力资源整合风险、财务整合风险和企业文化整合风险。

（1）战略整合风险及控制

企业的发展与其发展战略的规划和制定密不可分，企业的并购战略与企业的经营发展战略息息相关。因此，分析和防范并购中的战略风险非常重要，可以采取以下措施进行预防和控制。

①对目标公司进行全面调查和仔细研究：并购企业除了通过各种渠道搜索目标公司的信息外，还应收集各目标公司生产经营的各个方面及其外部环境的信息。例如，目标公司的员工状况信息、高级管理人员信息、目标公司的发展潜力信息、目标公司的生产经营能力信息、目标公司的资产和财务状况信息、市场环境信息等，比较判断目标公司的依据关于这个信息。

②改善信息不对称：信息不对称对财务风险的影响主要来自先验信息的不对称，即主导公司全面了解目标公司真实信息的期望不能完全实现，另一个是目标公司对自身信息的披露。因此，有必要充分利用公司内外的信息，包括关注财务报告附注和重要协议。由于并购各方信息不对称是导致目标公司估值风险的根本原因，上级公司应尽可能加强信息收集，对目标公司进行详细审查和评估后再行合并。

③研究企业内外环境：企业实施并购的动机分为发展型、多角度型、预防型和生存型。研究和分析并购的动机，在制定企业并购战略

时，不仅要关注短期利益，更重要的是要着眼公司的长期利益。因此，有必要对企业的内外部环境进行研究，分析企业的优势与劣势，外部环境的机遇与威胁，从而制定符合实际的企业长期发展战略，确定企业并购的起点和目标。

（2）经营整合风险及控制

经营整合风险是指并购后整个企业未能实现市场份额效应、管理协同效应、财务协同效应和业务协同效应，难以实现优势互补和规模经济而产生的风险，并没有达到预期的并购目标。防范此类风险的措施，首先必须在并购初期制定详细的整合方案，包括业务整合的目标、整合的内容、整合的方式等。其次，并购交易完成后，为使并购后企业尽快进入战略发展轨道，有必要尽快启动实施业务整合计划。

（3）人力资源整合风险及控制

除了资产重组，企业并购完成后，还涉及人事重组。人事安排出现问题将严重阻碍并购，反之会促进并购的顺利进行。显然，并购的人员管理风险在一定程度上直接影响企业并购成功或失败。在现行的国家人事管理制度下，想要有效地将此类风险降到最低，首先应与目标公司的主管部门进行沟通，对公司的高级管理人员或关键管理人员进行统筹安排，目的是最大限度地留住优秀人才供并购后企业使用，发挥他们的专长。

（4）财务整合风险

①财务体系整合。财务系统的整合归根结底是企业实施的一系列财务政策的选择。由于财务政策是一项独立的、选择性的政策，并购前的并购各方应根据其总体目标和现实要求，制定或选择相关有利于自身发展的财务政策。因此，并购各方处于不同利益相关者的位置。并购前的财务政策会有很大的不同；并购后，并购各方合并为一组企业，总体目标一致。因此，在选择财务政策时，不能再只从单一公司的角度出发，而应根据并购后整个集团的利益和目标来选择或制定财

务政策。

②整合金融组织和职能。作为金融机构，权责要明确，相互制约，每个部门和每个成员都应该有明确的权利、责任和利益，组织架构的设置应与业务流程的复杂程度、财务管理和会计业务量相一致。如果业务流程复杂，财务管理会计业务量大，财务机构也相应要大一些，内部分工也更细，考虑按职能划分财务管理和会计机构。金融机构的职责和权限必须要明确，相互制约，组织内各部门、各员工要明确各自的职权、职责和具体任务，确保部门和人员之间的职责和任务明确，避免相互争执，这是财务部门能否有效履行职责的重要保证。并购重组协议正式签署后，将按照协议的规定履行相关程序后进行重组整合。进行资产转让、资产转让手续和会计处理，真正实现与母公司财务管理无缝对接，实现实质性重组。对实现并购企业的经营、投资、融资等财务活动的收益最大化和有效管理具有重要意义，同时也使并购后的生产要素最大化，最终实现盘活资产存量，增强公司市场竞争力的目的。

③财务管理目标的整合。财务管理目标决定了企业财务决策的选择。不同环境下的公司有不同的财务管理目标，或追求利润最大化，或追求企业价值最大化，或追求股东财富最大化。只有在企业并购后的财务整合中确定了统一的财务管理目标，新的财务管理机构才能发挥作用，为企业日常财务管理活动的高效化和规范化做出贡献。

④财务会计制度的整合。财务会计制度的整合是保证企业合并后正常生产经营活动和提高经济效益的关键，财务会计制度的整合任务包括统一合并双方的会计制度，进一步加强内部控制制度，规范投资制度、融资制度、分红制度和信用管理制度等。

⑤财务机构及其职能的整合。为达到对被并购公司实施财务会计控制的目的，被合并公司总公司应向被合并公司指定一名财务负责人，监督和控制被合并公司各项预算的执行；审查被合并公司的财务报告；

负责被合并单位会计人员的业务管理工作；定期向被合并公司报告公司资产经营情况和财务状况。

⑥任命的财务负责人对收购方的母公司和被收购方的母公司承担双重责任，同时，按照相应的并购企业财务人员管理规定，制定财务管理人员的选聘、任用、考核、奖惩制度，提高财务工作效率。

⑦现有资产负债整合。企业并购的目的是降低经营成本，扩大市场份额，实现资源再优化配置，提升核心竞争力。存量资产和负债的整合将有助于实现上述目标，其整合的目标是以并购公司为主体，拆分并购双方的资产和负债，实施优化组合。

⑧加强资金管理。资金管理事关企业正常生产经营，是财务管理的核心。要尽快建立支持并购公司的资金管理制度，采用全面预算、动态监测和内部审计的方法，以现金流为纽带，以信息流为基础，防控财务和经营风险。同时，要结合并购实际资金管理，实现资金集中统一管理，加大资金使用监管力度，最大限度提高资金使用效率。

（5）文化整合风险及控制

企业并购预示着公司、管理层和普通员工的业务发展和职业生涯可能发生重大变化。在这个过程中，个人价值观、行为和外来文化很可能发生冲突。主要包括以下几个方面。

①文化冲突。一个人的文化水平是在多年的生活、工作和教育的影响下形成的，不同文化背景的管理人员和员工有着不同的价值观、思维方式、习惯和风俗，对企业运营一些基本问题往往有不同的态度和反应。由于跨国并购中语言、性格、价值观等文化差异的影响，企业内不同"文化边缘域"的员工难免会产生行为和思想上的冲突。上级企业的管理者如果坚持自己的文化价值观优势，甚至在行为上以"自我参照标准"来对待与自身文化价值观不同的员工，会进一步扩大文化冲突，为企业经营埋下危机。

②员工的态度。两家或两家以上公司合并后，会涉及高层领导的

调整、组织架构的变化、规章制度和操作程序的重新审视、员工的重新定位、剩余人员的离职，这会引起管理者和员工思想和情绪的波动，他们对并购的态度各不相同。研究表明，无论表面上看起来多么公平和成功，一家公司总是认为自己是"失败者"，而另一家公司则认为自己是"赢家"。认为自己是并购"失败者"的管理者利益一旦受到损害，就会利用其在组织内对员工的影响，在并购后的经营中增加阻力。如果员工对并购漠不关心，觉得受到不公平待遇，就会表现出对抗和不屑，这会增加并购成本，给并购带来障碍和困难。

③企业文化融合的风险。在实践中，我们可以将避免此类风险的步骤分为三个。一是分析比较。通过对原公司和目标公司的认真调查和对比分析，确定纠正、放弃或改进的内容，开展宣传教育活动，统一认知。二是融合沟通。在实际工作中，企业并购文化的整合实际上是并购后企业内部对原有企业文化相互适应和选择的过程，最终实现价值观统一是目的。三是文化创新。企业要大胆改革原有企业多年形成的传统观念或观念，推陈出新，创新文化氛围。

二、交易完成后的公司管控

1. 并购公司一般管控的核心

本次并购交易完成后，目标公司的核心管控主要包括以下几个方面。

（1）财务制度的植入：主要包括财务管理制度和会计管理制度。

（2）人力资源方面：主要包括如何管理和控制新团队的形成，对原核心管理人员的管控，核心岗位和关键人才的管控。

（3）在推送模型管理过程中有计划、分步实施：推模管理就是母公司形成一套保护模式，在保护模式形成后，收购子公司就可以建立一套新的模式方法。由于合资协议中可能没有规定，或者信息没有完全覆盖，需要形成一个新的保护体系推广到所有子公司。当这个模式被推广时，就会形成这种推送模型管理。推模管理机制是一个渐进的过程，在控制并购公司的过程中，要根据公司的实际情况，建立分步实施的推模管理机制。

（4）企业文化融合：在并购重组实践中，两种企业文化的碰撞与融合往往与并购同步进行，这可能涉及文化不兼容的风险。

（5）管控方式植入：收购方对目标公司的控制是一个循序渐进的过程。在并购过程中，收购方不能一手包办，必须将自身合理、先进的控制手段植入到目标公司的经营中，授之以渔。

2. 并购后的整合内容和管控要点

企业战略整合能够使收购方公司各业务单元形成相互关联、协调一致的战略体系，从而实现战略协同的动态过程。企业战略整合的内容主要包括以下几个方面。

（1）组织与流程整合：组织架构整合是指企业合并后对组织和制度进行必要的调整或重构，以实现企业的组织化。合并后，公司必须进行组织整合，重建公司的组织指挥体系，确保公司制度健全，组织结构合理，实现重组各方之间的最佳协同，减少内部摩擦，提高运行效率。同时将在组织整合的基础上进行相应的流程再造，重塑高效的管理流程，维护企业的正常运营。

（2）财务管理系统的整合：财务管理系统的整合是保证并购公司有效运作的关键。所有并购成功的公司的财务管理系统整合都是成功的。相反，对于并购失败的公司来说，财务系统的整合几乎都是失败的。通过财务管理系统整合，统一规划投融资活动，最大限度发挥并购整合与协同作用。

（3）会计系统的整合：如果并购方要实现被并购方经营业务的合并，就必须统一账簿形式、凭证管理、会计科目等，以利于业务整合。

（4）人力资源整合：实现人力资源优化配置的过程，提高组织绩效，人力资源整合主要包括人力资源评估、组织设计和组织文化的建立、人员配备和人力资源运营体系。

（5）人员整合：在人员整合的过程中，经常会出现这样的情况。被收购的企业原本拥有一支强大的管理团队，对原企业的经营产生了很大的影响，整合往往会影响到这些人的切身利益。此外，被收购公司的许多核心技术和核心能力掌握在少数骨干手中。在整合的过程中，这些人的安排和使用直接影响到整合能否成功，收购方在整合过程中往往处于两难境地。强强整合将对目标公司的业绩产生严重影响，目标公司的业务无法有效纳入收购方的业务体系和管理体系。收购方的意图很难受到影响，收购业务的有效实施影响收购方的发展战略。在双方博弈过程中，收购业务的战略长期波动，管理团队不稳定，往往导致经营业绩大幅下滑，无法实现收购前的战略意图。

对于合并后的目标公司，上市公司必须直接任命法定代表人，最好是上市公司董事长、总裁兼任。如果没有有效管理，就会出现很多失控和风险的情况。

（6）资产整合：资产整合在并购中占有重要地位，通过资产整合，可以剥离非核心业务，处理不良资产，重组优质资产，提高资产运营质量和效率。通过资产整合管控，确保企业资产整合遵循资源优化配置、并购双方共赢的原则，剥离不良资产、整合高价值优质资产。

（7）企业文化整合：企业文化整合是一个文化命题、文化意识和文化实践的整合过程。企业文化要实现从无序到有序的转变，必须经过有意识的整合。

文化融合是企业并购成功的关键。20世纪90年代初期，日本大公司大举进军好莱坞，但仅仅6个月就铩羽而归了。其根本原因是资金雄厚的日本人在文化融合中迷失了方向。虽然公司成功进入了美国环境，但日本人并没有融入美国文化，最终只能退出好莱坞。相反，海尔集团并购青岛红星电器有限公司，强调文化融合，事半功倍，该成功案例已写入哈佛商学院案例库。兼并、收购和重组从来都不是"一锤子买卖"，而是一个过程，并购后的文化整合是其中一个重要的内容和环节。不同的公司有不同的文化，并购必然会导致两种不同文化的碰撞。在优势与劣势并存的情况下，优势企业经过长期激烈的市场竞争演练，普遍形成了具有自身特色的完整、优秀的企业文化，包括企业精神、经营理念、价值观念等。劣势企业的企业文化普遍消极、滞后、碎片化的特点。如果收购方能够有意识地利用其优秀的企业文化来打败和消除目标方的负面企业文化，就会赋予公司新的生机和活力，带来可预见的经济效益。反之，如果收购方不善用其优秀的企业文化，就会被目标公司消极落后的企业文化"同化"，最终可能导致并购重组失败。

第六节　管理控制实践案例

一、文化长城并购子公司接连失控

"风起于青萍之末"，在经历子公司失去控制权后，公司被调查，同时国内首家登陆创业板的创意艺术陶瓷企业文化长城（300089. SZ）头悬停牌风险，让跨界发展之路更加扑朔迷离。

2020年2月26日，文化长城发布公告称，公司已向北京市公安局东城分局举报欺诈收购北京翡翠教育科技集团有限公司，公司法定代表人近日接到北京市公安局东城分局出具的《立案通知书》，通报该公司涉嫌诈骗案件。该局认为其符合刑事立案标准，并启动调查。

文化长城原主营业务为艺术陶瓷的研发、设计、生产和销售。2015年以来，文化长城在保持陶瓷主营业务持续稳定发展的基础上，大力拓展教育领域。曾先后收购或投资了联汛教育、智游臻龙、慧科教育和英盛网等一系列教育项目，形成了"陶瓷＋教育"双主业的战略发展模式。

此次收购翡翠教育发生在 2017 年，当年 9 月，文化长城发布公告称，拟以 15.75 亿元收购 IT 培训机构翡翠教育 100% 股权。根据当时的交易方案，文化长城决定以发行股份和现金支付方式支付交易价格，其中 47.83%（即 7.53 亿元）以现金支付，52.17%（即 8.22 亿元）以文化长城股份支付。

当时，交易双方商讨出一套业绩承诺方案，一致同意翡翠教育 2017～2019 年实现的净利润为：2017 年净利润 9000 万元，2017～2018 年合计实现净利润 2.07 亿元，2017～2019 年合计实现净利润 3.591 亿元。

2018 年 3 月 27 日，长城文化与翡翠教育原股东完成翡翠教育股权转让，办理相关工商变更登记手续，并于同日向翡翠教育任命了 3 名董事、2 名监事。并申请工商备案，翡翠教育董事会、监事会成员已完成变更。2018 年 4 月，翡翠教育的财务报表全部并入文化长城。

然而，在 2018 年年报披露季，文化长城披露的审计报告却出具了"无法发表意见"的审计报告。在深交所的追问之下，文化长城表示，在 2018 年年报审计中，经审计发现，翡翠教育未经母公司同意，私下与没有对外业务关系的第三方进行大额资金往来，大额银行存款银行信函金额不符。不仅如此，文化长城还指出，在母公司不知情的情况下，翡翠教育私自处理其全资子公司的股权，导致公司丧失对其孙级子公司的控制权。因此，文化长城认为，它已经失去了对翡翠教育的控制权。不过，翡翠教育反驳称，文化长城存在任命高管不履行职责等问题，文化长城的董事长蔡廷祥、副董事长吴淡珠个人存在数额较大的债务到期未清偿情形，以及董秘任锋未履行职责，要求罢免三人的董事任职资格。

2019 年 8 月 1 日，长城文化向深圳市中级人民法院提起诉讼，要求撤销其与翡翠教育原股东及核心管理团队签订的《发行股份及支付现金购买资产协议》以及《盈利及减值补偿协议》，请求责令向原告返还已经支付的股份和现金等；同时，正式对翡翠教育部分原股东就股权转让支付纠纷提起的诉讼进行上诉。于是，一宗跨界收购案上演了相互推诿、对立、庭审的情节。

除了对翡翠教育失去控制权外，文化长城对另一家子公司广东联汛教育科技有限公司也失去了控制权。

2020年1月23日，文化长城发布关于广东联汛教育科技有限公司失去控制权的公告。根据该公告，2016年2月，文化长城与许高镭、许高云、雷凡、彭辉、李东英及广州商融投资咨询有限公司签署了《发行股份及支付现金购买资产协议》和《盈利及减值补偿协议》。文化长城将以5.76亿元收购联汛教育原股东所持联汛教育80%的股份，其中现金支付对价2.304亿元，股份支付对价3.456亿元。当时业绩承诺显示，联汛教育原股东承诺从2015～2018年分别实现净利润2500万元、6000万元、7800万元和1亿元。

然而，联汛教育的子公司并没有让文化长城无忧，文化长城在公告中指出，在2018年年度回顾期内及上市公司对其2018年财务报表的补充审计期间，联汛教育管理层拒绝配合执行核心审计程序，违反了联汛教育章程，违反公司法，拒不执行董事会决议和股东决议，侵犯股东权益，导致上市公司失去对联汛教育的控制权。同日，文化长城也发布了2019年业绩预告。业绩预告显示，由于联汛教育和翡翠教育失去控制权，两家公司均未纳入本报告，预计公司2019年净利润预计为500万元至1500万元，同比下降92.68%至97.56%。

值得注意的是，文化长城的担忧不仅仅是两家子公司的失控以及业绩下滑。2019年11月4日，文化长城发布公告称，因涉嫌信息披露违规，中国证监会决定根据《中华人民共和国证券法》的有关规定，对该公司立案调查。2020年以来，文化长城多次对公司可能暂停上市的股票进行风险提示。据悉，大华会计师事务所（特殊普通合伙）自2018年财务报告出具"无法发表意见"审计报告，如经审计的"否定或无法发表意见"审计意见，若2019年继续被出具"否定或者无法表示意见"的审计意见，文化长城将有可能面临被暂停上市的风险。

跨境并购不仅是开展多元化战略的蜜饯，也是主营业务增长困难的企业的砒霜。此前，以陶瓷为主营业务的文化长城透露，被收购的两家教育子公司翡翠教育和联汛教育相继"失控"。并购初期净利润呈指数级增长的蜜月期过后，双方的关系已达到冰点。无论上述两家子公司的财务数据如何，文化长城的业务收入均出现大幅下滑，公司一度被监管部门查处，濒临退市。回顾文化长城与旗下子公司之间的纠纷，在行业整合加剧、并购成为新趋势的情况下，或许可以提供一点参考。

二、长江医药并购华信制药失控

2018年7月，长江健康发布公告称，为加快转型发展步伐，深化大健康领域发展，公司全资子公司长江医药投资将完善产业布局和从经营和资源配置的角度丰富产品线，拟以现金方式收购马俊华、刘瑞环、王萍、上海和儒投资管理中心（有限合伙）持有的华信药业60%股权，售价9.3亿元。收购完成后，长江医药投资成为华信药业的控股股东。

根据收购协议，新一届华信药业董事会由5名成员组成，其中长江药业任命3名董事，马俊华、刘瑞环均为董事，董事会任命马俊华为华信药业总经理，负责华信药业的日常运营，长江药业向华信药业指派一名副总经理、一名财务总监，同时负责保管营业执照、公章、合同章、法人印章和网上银行U盾。

值得注意的是，在2018年收购华信药业时，双方签署了业绩承诺（对赌协议）。马俊华承诺，华信药业2018~2020年不扣除后净利润分别不低于 1 亿元、1.4 亿元和 1.96 亿元。未实现承诺业绩的，长江健康有权从当年应付给马俊华的股份转让价中扣除相应的业绩差额。本期应付的股份转让价款不足以抵扣的，马俊华以现金方式补偿受让方。

长江健康 2018 年年报显示，华信药业 2018 年在扣除非经常性损益后实现净利润 1.061 亿元，履行了业绩承诺。但 2018 年之后，阿胶产品的销量和市场增速均呈现下滑趋势，行业规模增速也降至 10% 左右。华信药业的王牌产品是阿胶，因此受到不小的影响。

2020 年 4 月 6 日晚，长江健康公告称，公司年报审计工作组于 2020 年 3 月 16 日进入公司二级子公司华信药业，开展 2019 年度审计相关工作。在工作过程中，审计组多次遭到华信药业董事（兼总经理）马俊华和刘瑞环的组织人员围攻阻挠，阻挠审计，甚至危及审计工作组成员人身安全。虽然公司层面多次与阻挠人员积极协商沟通，甚至菏泽高新区领导也多次出面协调，但均无效果。目前，审计程序和审计工作无法正常开展，公司实际上已经失去了对华信药业的控制权。

长江健康此前公告显示，2019 年以来，进口驴价格大幅上涨，阿胶主要原料驴皮价格出现一定幅度回落，进口驴利润率大幅下降，公司减少了活驴进口数量。华信药业的营业收入和净利润指标与去年同期相比将出现大幅下滑。可想而知，2019 年华信药业的对赌业绩或难以完成。因此，华信药业试图阻挠审计工作。

结　语

每年 4 月，中国资本市场都不平静。在这段上市公司陆续披露年报的时期，总会有各种各样的故事发生，也会出现"你方唱罢我登场"的热闹局面。近三年来，中国资本市场频频上演上市公司对子公司的"失控"剧情。上市公司持有的具有控股关系的子公司的股权，在财务报告中一般包括在"长期股权投资"科目中，是上市公司的一项重要资产。此类子公司的"失控"可能导致上市公司投资收益不达标、资产受损，甚至无法按时披露年报，可能对经营的可持续性产生严重的不利影响。

过去，上市公司对子公司失去控制权的情况还讳莫如深，在公告中"犹抱琵琶半遮面"。近年来，上市公司对子公司失去控制权的案例越来越多。在 A 股失去对子公司控制权的情况下，除了上市公司持有标的公司 50% 以上股权外，还有很多公司持有标的公司 100% 股权的情况，比如中昌数据、亚太药业、创新医疗、黄河旋风、新日恒力等。失去上市公司控制权的子公司大部分是通过并购获得的，大部分在业绩承诺期内失去控制权，也有部分因业绩承诺期届满后的业绩大变脸而失去控制权。

在并购重组过程中，管理控制的要点主要包括四个方面：目标公司的定价与估值、支付方式的选择、股份锁定期的设计与安排、并购完成后我方公司的管理与控制。这四个方面贯穿了并购重组事前、事中、事后的全过程。通过对并购全过程的管理，可以有效保障并购的顺利实施。

中国上市公司的管理，特别是民营企业的管理，普遍存在法人治理的失效，大股东操控公司，流程制度形同虚设。同时，独立董事制度也是形式主义居多，这是一个制度性建设问题。这些年来，上市公司出现风险，大多与管理体系的失效相关。并购企业易，管控发展难，这需要系统性的研究。建议证券监管机构考虑建立独立董事公会体系，上市公司的独立董事从公会体系选派，不是公司大股东自己去找，独立董事接受公会的监督，公会定期对独立董事履职的情况进行督查，独立董事的津贴可以考虑按照上市公司市值等指标收取会费，由独立董事公会发放，不再接受企业直接发放的津贴。证券监管机构要切实督查上市公司的法人治理落实情况，有效防止法人治理失效带来的上市公司管控风险。

第三章　理性融资原则

——交易成功的内在驱动

导　读

　　融资是可持续并购的命脉，是并购顺利完成的关键。自 2020 年 2 月 14 日再融资新规发布以来，中国资本市场各方都对现有并购重组项目的配套融资部分如何与再融资新规对接表示密切关注。因为并购过程中的融资往往会受到融资规则的影响，因此，我们需要深入了解我国融资规则的发展演变，了解并购融资的方式和特点，明确并购融资结构的关键点和影响因素，掌握并购过程中融资配套资金的设计与运用。

第一节　中国融资规则发展与演变历程

一、并购重组配套融资相关规范性文件

　　在并购过程中，融资能否顺利进行，与融资规则的制定密切相关。在中国资本市场的发展中，与并购重组融资相关的规范性文件主要分为以下三类。

1. 与上市公司重组相关的规范性文件

此类文件主要有《上市公司重大资产重组管理办法》。此外，还包括《公开发行证券的公司信息披露内容和格式指引第 26 号——上市公司重大资产重组（2017 年修订）》，该文件第十八条涉及"筹集配套资金"。

2. 与上市公司非公开发行相关的规范性文件

此类文件主要包括《上市公司证券发行管理办法》和《创业板上市公司证券发行管理暂行办法》。此外，重要的还有《上市公司非公开发行股票实施细则》（2017 年）和《发行监管问答——指导和规范上市公司融资行为的监管要求》（2017 年）。

3. 中国证监会与配套融资直接相关的指导意见

此类文件主要包括《关于上市公司发行股份购买资产及筹集配套资金相关的问题与解答（2018 年）》《中国证监会上市部关于上市公司监管法律法规常见问题与解答修订汇编》（2015 年）等。

需要注意的是，除官方文件外，证监会还多次通过"问题与解答"等方式对并购重组融资进行实质性调整。由于调整频率高，同一事项多次不同规定，后续文件往往只是对部分事项进行调整，实践中需要同时适用不同时期下发的多份文件（即新旧问答两者同时适用），当出现同一事项规定不一致情况时，按"新法优于旧法"适用。

二、并购重组配套融资发展演变历程

2013 年被称为中国资本市场的并购元年。2013 年以来，我国并购重组市场开始呈现爆发式发展。在相关利好扶持政策的支持下，

2013～2015年并购重组发展非常迅速，交易规模和交易笔数几乎每年都创下新高。不过，随着监管政策的出现，从2016年下半年开始，整个二级市场的水分逐渐增加，并购重组市场的发展有所放缓。不过，随着上市公司再融资新规的出台，整个A股并购重组市场又开始回暖。

关于上市公司并购重组，从《上市公司重大资产重组管理办法》的颁布到历年的修订，可以看出，从2008年的颁布，到2011年的第一次修订，再到后续的修订，每次修订都会显示不同的变化。

2011年修订的新一轮融资支持条例第十二条规定了25%的上限。2014年11月，修订后的募集资金新规增加了排除项目，募集资金配套部分减少，从而缩小了部分规模。

2016年6月，新修订的新规要求，停牌期间增加的现金和交易的价格不包括在购买资产的价格中。因此，在后续的上市重组中，不会有配套的集资。并规定，实际控制人在停牌前六个月通过突然购买股份的方式，将取得相关资产权益的行为确认为突击入股。此外，减持方面也出现了一些变化，总资产、净资产、营业收入、净利润、股本五项指标进行了强量化，规定只要达到这五个指标的相应比例，即被认定为借壳。控制权主要从股本比例、董事会构成和管理控制三个方面来确定。同时，部分上市配套融资也被取消。其中特别规定，配套融资不得用于补充营运资金，除了支付中小股东的收购税款。

2017年再融资新规以发行首日为基准日，并规定融资规模不得超过总股本的20%。超过的，需经国务院特别许可，并规定融资后18个月内不得再融资。2017年再融资政策明确界定了一些欺骗社会、盲目跟风重组的行为，从监管层面避免借壳三方交易，继续加强对泛娱乐轻资产并购的监管。也正是因为这样的政策，2018年和2019年的可转债才在资本市场走红。

2017年再融资规则修订两年后，监管层也在考虑适当放宽再融资限制。他们于2018年11月首次发布了《发行监管问答——关于引导规范上市公司融资行为的监管要求》，并适当取消再融资间隔和补充流量限制。2019 年 11 月，再融资新规征求意见稿发布，再融资限制明显放宽。2020 年 2 月，再融资新规正式发布，规则超预期。

2020 年 2 月 14 日证监会发布了新的再融资管理办法包括《上市公司证券发行管理办法》《创业板上市公司证券发行管理暂行办法》《上市公司非公开发行股票实施细则》和《发行监管问答——关于引导规范上市公司融资行为的监管要求（修订版）》，为中国资本市场送上一份情人节大礼。在新冠肺炎疫情催化下，本次再融资新规在原来 2018 年 11 月的征求意见稿更在再融资规模及新老划断的尺度上有超预期表现，注定引爆 2020 年后的再融资市场。

第二节　并购融资的方式与特征

一、并购重组融资方式

并购融资是指以并购或收购目标公司为目的，通过并购进行的融资活动。根据融资获得的资金来源，企业并购的融资方式可分为股权融资和债权融资。两种融资方式在融资成本和融资风险上存在显著差异，对企业并购中融资方式的选择具有直接影响。

1. 股权融资

股权融资是指企业通过吸收直接投资、发行普通股、优先股等方式获得所需资金。股权融资具有资金的长期使用性，没有偿还本息的压力，但股权融资容易稀释股权，从而威胁控股股东的控制权。而且，税后收入用于支付投资者的利润，融资成本相对较高。并购市场是资本市场在产业结构调整中发挥作用的关键环节，通过资本流动，可以带动产业结构中资源配置的市场化。公司进行并购时，股权融资的类型主要包括发行股票、换股、并购和认股权证。

（1）发行股票

股票发行融资方式是指上市公司通过发行新股或配发新股向原股东募集资金用于支付购买价款。在并购过程中，发行的股份一般可分为公开增发、非公开增发、配股和优先股。在并购过程中，发行股票融资的好处是不会增加公司的负债。同时，发行股票融资也将扩大公司资产规模，从而提高公司的再融资能力。当然，发行股票融资的弊端也比较明显：一是需要证监会审批，流程长；二是融资用途有限；三是原持股比例被稀释，对公司控制权产生影响；四是降低每股收益；五是在缴纳企业所得税后分红，也增加了企业税负。

（2）换股并购

股权置换融资是指以收购方自身的股权作为并购交易的支付对价，从而取得被收购方的股权。根据换股融资方式的不同，换股并购的融资方式可分为增资换股、换股和吸收合并等不同类型。股权置换并购融资方式的主要优点是可以在短时间内避免大量现金流出，降低上市公司并购带来的企业流动性风险，使收购不受上市公司并购融资规模的限制。同时，换股并购也使被收购方的股东成为收购方的股东，有利于并购。此外，换股并购还可以获得会计和税收优惠。换股并购的缺点主要是受证券监管限制，审批程序复杂耗时，会稀释上市公司股权。

（3）认股权证

认股权证是指股份有限公司发行的可以在一定期限内以一定价格购买一定数量公司普通股的期权凭证。本质上，认股权证是普通股的看涨期权。在并购重组过程中，使用认股权证融资的好处是可以防止被并购公司的股东在并购完成后成为普通股股东，延迟股权稀释，延迟支付股息。使用权证融资的利弊在于，一旦权利行权，股价高于权证约定的价格，公司将遭受一定的财务损失。而且，认股权证债券的承销成本高于普通债券融资。

2. 债务融资

债务融资是指企业通过外债获得所需资金，债务融资通常包括金融机构借款和发行债券。在债务融资方式中，金融机构借款和发行债券是中国企业在并购中获取资金的主要方式。

（1）金融机构借款

金融机构借款是并购最传统的融资方式，通过金融机构借款融资并购的优势在于融资不需要监管审批，程序相对简单；融资成本较低，融资金额较大，融资保密性较好。金融机构借款的弊端如下：第一，增加了公司的资产负债率，对公司未来现金流造成一定压力；第二，公司必须向银行披露其经营信息；第三，企业在经营过程中也根据相关贷款合同在一定程度上受制于银行。例如，相关金融机构可以对公司的关键资产进行抵押、质押。公司为获得金融机构贷款，需要作出相关的消极或积极承诺，并对公司财务状况、重大资产重组和投资设置违约条件，需要债权人同意，对公司财务状况的整体影响较大。

（2）发行债券

债券的发行主要包括公司债券、可转换公司债券等几种类型。发行债券融资的最大好处是可以在公司缴纳所得税前扣除债券利息，从而减轻公司的税负。此外，与发行股票融资相比，发行债券融资可以有效避免股权稀释。主要缺点是发行债券的融资规模一般受企业资产规模的限制，发行债券需要中国证监会等相关监管机构批准备案或登记。此外，如果发行过多，会影响上市公司的资产负债结构，降低公司的声誉，增加公司的债券发行成本。

二、并购重组融资方式选择的影响因素

在并购重组过程中，融资方式的选择直接影响并购的成败，融资方式的选择需要综合考虑，主要因素如下。

1. 融资成本高低

任何资金的获取和使用都是有成本的。即便是自有资金，资金的使用也绝不是"免费的午餐"。企业并购融资成本的高低会影响企业并购融资的获取和使用。在企业并购重组过程中，应选择融资成本低的资金来源，否则将违背并购的根本目标，损害公司价值。西方优先融资理论从融资成本考虑融资顺序。该理论认为，企业融资应首先是内部来源融资，然后是外部来源融资。外部融资应优先考虑债务融资，不足时考虑股权融资。因此，在为企业并购选择融资方式时，应先选择资金成本低的内部资金，再选择资金成本较高的外部资金。在选择外部基金时，优先选择具有财务杠杆效应的债务型基金，其次选择股权型基金。

2. 融资风险大小

融资风险是企业并购融资过程中不可忽视的因素。并购融资风险可分为并购前融资风险和并购后融资风险。前者是指公司能否在并购活动开始前筹集到足够的资金，以保证并购的顺利进行；后者是指合并完成后的公司。债务融资面临还本付息的压力。债务融资越多，企业负债率越高，财务风险越大。同时，还要考虑企业并购融资完成后的投资回报率能否弥补融资成本。如果企业并购后的投资回报率低于融资成本，并购只会损害公司的价值。因此，中国企业在规划并购时必须考虑融资风险。我国对企业股权融资和债权融资均有相关法律法规，例如，国家规定银行信贷资金主要补充企业流动性和固定资金的不足，不存在并购信贷项目。因此，企业必须从商业银行获得信贷。获得并购信贷资金首先面临法律和监管约束。中国对股票的发行和融资也有严格的要求。《证券法》《公司法》等对股票的首次发行、配股和增发等作出了严格的规定。上市资质相对稀缺，并非所有企业都能满足条件发行股票募集资金完成并购。

3. 融资方式对资本结构的影响

资本结构是企业各种资金来源中长期负债与所有者权益的比例关系。企业并购的融资方式会影响公司的资本结构，并购的融资方式会通过资本结构影响公司治理结构。因此，并购公司可以通过一定的融资方式，实现更好的资本结构，实现股权和债务的合理配置，优化公司治理结构，降低委托代理成本，保证本次并购活动完成后，公司价值增值。因此，融资并购时需要考虑融资方式对企业资本结构的影响，根据企业实力和股权偏好选择合适的融资方式。

4. 融资时间长短

融资时间的长短也会对企业并购的成败产生很大的影响，面对有利的并购机会，企业可以及时获得并购资金，更方便快捷地获得并购资金，从而有利于确保并购重组成功；相反，融资时间较长，并购公司就会失去最佳并购机会，导致不得不放弃并购。在中国，通常从商业银行获得授信的时间相对较短，发行股票融资面临严格的资格审查和上市审批程序，需要的时间较长。因此，中国企业在选择融资方式时应考虑融资时间。

三、并购重组融资方式的创新

随着社会主义市场经济的发展和对外开放的不断深入，中国企业的并购活动呈现出发展趋势。中国企业并购活动不仅发生在中国，许多国内大型企业也积极参与国际企业并购，并购资金的数量呈指数级增长。但是，中国企业现有的并购融资方式滞后，难以适应需要巨额资金的国内外并购需求。借鉴国外企业并购融资方式创新，我国并购融资方式势在必行。

1. 杠杆收购融资

杠杆收购是指收购公司，以目标公司的资产为抵押，从银行或投资者处获得融资以收购目标公司。收购成功后，目标公司未来收益或出售目标公司部分资产将用于偿还本息。与其他债务融资方式不同，杠杆收购融资主要依靠收购目标公司或出售部分资产后产生的营业收入偿还债务，而其他债务融资主要以被收购公司自有资金或其他资产偿还。一般情况下，并购公司用于并购活动的自有资金仅占并购总价格的 15% 左右，其余资金大部分通过银行贷款和发债方式解决。因此，杠杆收购具有高杠杆、高风险的特点。杠杆收购融资可以帮助缺乏大量并购资金的企业实现"双赢"，帮助企业完成并购。

2. 信托融资

信托融资并购是信托机构资助投资者购买能够从并购公司产生现金流的信托资产，并购公司利用信托资金完成对目标公司的收购。信托融资具有筹资能力强、筹资成本低的特点。根据中国人民银行 2002 年发布的《信托投资公司管理办法》规定，信托公司募集的信托资金总余额可达 30 亿元人民币，很好地解决了信托公司对融资实体资金的大量需求。由于信托机构提供的信贷服务降低了融资公司的初始融资成本，信托融资降低了融资公司的资金成本，而信托融资有利于完成对目标公司的收购。

3. 换股并购融资

换股合并是指并购公司将目标公司的股票按一定比例转换为并购公司的股票，目标公司终止或成为并购公司的子公司。换股并购通常分为增资换股、库藏股换股、母子公司交叉持股三种情况。股权置换并购融资不需要为并购公司支付大量现金，不会挤压公司营运资金。与现金支付并购相比，成本也有所降低，对中国上市公司并购具有重要促进作用。

4. 认股权证融资

认股权证是一种衍生金融产品，它是由上市公司发行的，可以赋予持有人在有效期（通常为 3 ~ 10 年）内以预定价格购买公司发行的一定数量新股的权利的文件。一般情况下，上市公司发行认股权证时，是与股票、债券等一起发行，通过给予流通股原股东一定的补偿，股票、债券等融资工具对投资者的吸引力完善，有利于成功实现上市公司融资目的。因此，对于需要大量融资的并购，发行认股权证可以顺利实现集资目标。

中国资本市场在 1992 年开始尝试应用认股权证，例如飞乐、宝安等公司发行配股认股权证。但由于当时中国资本市场上市公司股权结构不合理，股票占主导地位，个别机构操纵市场，市场投机现象严重，权证交易不得不停止。但是，随着我国资本市场法规、制度和监管政策的不断完善，我国推出权证的条件也逐渐成熟。相信权证融资最终将成为中国企业并购融资的重要方式。

第三节　并购融资结构的关键点与影响因素

一、并购融资结构设计的关键点

什么是并购融资结构？并购融资结构设计的要点是什么？这是我们在进行并购融资之前必须考虑清楚的问题。所谓并购融资结构，是指企业在募集资金时通过不同渠道获得的资金的有机构成和比例，主要包括股权资本与债务资本的比例关系，长期融资与短期融资的比例关系，各种融资方式和融资类型之间的比例关系。目前，上市公司除使用自有资金进行收购外，一般可以有以下四种融资方式：贷款融资收购、定向向第三方增发股份进行融资收购、换股收购和公司债券发行收购。并购融资资本结构设计要点如下。

1. 融资成本高低

资金的获取和使用是有成本的。企业并购融资成本的高低将影响企业并购和并购后整合的实施。在不影响企业正常经营和财务稳定的前提下，企业在选择并购融资方式时，应先选择资金成本低的内部资金，再选择资金成本较高的外部资金。在选择外部基金时，优先选择具有财务杠杆效应的债权型基金，其次是股权型基金。

2. 融资风险大小

融资风险是企业在并购融资过程中不可忽视的因素，债务融资金额越大，企业负债率越高，还款期越短，财务风险越大。同时，企业并购融资后，也面临投资收益能否弥补融资成本的问题。对于股权融资，如果股权融资规模较大，可能会失去对公司的实际控制权。因此，应全面衡量融资风险，并进行客观的压力测试和各种应急措施。

3. 对企业公司治理的影响

企业在进行并购融资时，往往需要根据自身实力和股权偏好选择合适的融资方式。随着外部资金的进入，相关基金的投资者必然会增加其在上市公司的影响力，从而对上市公司的治理产生影响。具体而言，通过股权融资，可能会稀释原控股股东的持股比例，从而影响公司的控制权。融资方式为私募基金、金融机构等机构投资者定向募资。如果机构投资者持有较大比例的股份，他们可能会派人到公司董事会，对公司决策施加更大的影响。债务融资的使用还可能对公司的经营决策施加一些苛刻的限制，例如，财务约束、外部融资限制、公司控制权转让限制、股利限制等，将对公司经营决策和治理结构产生重大影响。

4. 并购融资的效率

并购融资结构的设计也需要考虑融资效率，许多并购对高度保密和及时付款的要求较高。企业通常先用自有资金支付，然后再寻求外部融资来替代。就上市公司而言，向商业银行申请并购融资效率和保密性具有一定优势。因此，上市公司在选择并购融资方式时，需要全面权衡各种因素，根据并购项目的实际情况，进行合理的融资结构设计。

二、影响并购融资的主要因素

上市公司并购融资金额是指上市公司作为并购方为了完成并购需要的资金数量。并购融资金额需要考虑以下几方面的因素。

1. 上市公司并购融资期限的确定

上市公司并购融资期限，首先取决于公司未来可用于偿还债务的现金流量。合理期限和每期还款比例或金额，根据收购方产生的现金流量和被收购方的经营活动确定。其次，是具体并购融资期限需符合相关监管要求。例如，根据《商业银行并购贷款风险管理指引》，境内并购贷款最长期限为 7 年。最后，还要考虑上市公司自身的再融资能力。如果再融资能力强，可以选择较短的融资期限，有效降低财务成本。

2. 上市公司并购融资的偿还方式

公司进行并购时，应当考虑并购重组完成后公司债务融资的偿债情况。在整合过程中，公司必须动态管理并购债务融资，防止并购整合失败后公司偿还并购融资债务。上市公司并购融资的一般还款方式主要包括以下几个方面。

（1）依靠经营现金流偿还债务

并购的重要原因之一是收购方和被收购方可以通过并购实现协同效应。并购债务融资的主要还款来源是收购方和被收购方自身经营产生的现金流量。在并购融资过程中，应根据收购方和被收购方的现金流量预测设定合理的还款期限和还款比例。

（2）出售资产以偿还债务

如果收购后公司的利润或现金流量没有达到预期，或者合并本身就是一种杠杆收购的情况，公司应该在利润大幅下降之前考虑处理收购的资产；如果公司的部分资产不再适合公司整合的需要，但市场有一定的需求，可以出售以换取合理的现金流，而不是等待资产出现问题和价格下降。

（3）以再融资方式偿还债务

当公司负债率较高时，可增发股份，或当公司负债率不高时，可借入或发行债券筹集部分资金，为偿还到期债务或贷款做准备。企业使用贷款或债券为并购融资时，即使不存在整合问题，也要动态管理债务。如果市场上有相对低息的融资方式，可以考虑置换旧贷，优化债务结构。

3. 上市公司并购融资风险

上市公司并购融资过程中涉及的主要风险，主要包括以下几方面。

（1）审批及融资失败的风险

理财产品无法获得监管部门的批准，或经监管部门批准后，因各种原因无法筹集到足够资金，最终将导致本次合并失败的风险。

（2）估值风险

在上市公司并购的情况下，可能过于关注目标公司现有的销售渠道、知识产权、核心技术、品牌价值等因素，缺乏对并购交易的深入研究和分析，从而无法对目标公司进行合理估值，导致并购溢价过高，造成不必要的资金浪费和资产流失。

（3）汇率风险

上市公司跨境并购主要以外币完成，许多中资企业缺乏对未来汇率市场走势的预测，在后期还款阶段面临汇率损失风险，从而降低并购的资本回报率和还款能力。

（4）债权融资无法偿还风险

债务到期后，上市公司无法清偿债务，面临较高的赔付风险，将影响上市公司的市场形象。

第四节　募集配套资金的设计与应用

一、并购重组配套融资与特点

1. 配套募集资金

上市公司发行股份购买资产同时募集配套资金，指的是上市公司发行股份购买资产进行资产重组，同时以非公开发行方式募集现金作为此次资产重组的配套资金。

配套募集资金的初衷主要有两个：一是通过配套资金提升上市公司对价支付能力，提高交易成功率；二是当上市公司并购完成后，为后续完善和强化新资产提供更多的资金支持。

《上市公司重大资产重组管理办法》（2020年3月）第四十四条规

定："上市公司发行股份购买资产的，可以同时募集部分配套资金，其定价方式按照现行相关规定办理。"适度放宽了重组上市募集资金的限制。

2. 并购重组配套融资的特点

第一，重组配套融资只能与上市公司发行股份购买资产方式实施的资产重组同时进行。如果上市公司仅以现金方式购买资产，不涉及以股份为对价，则不能进行配套融资。

第二，重组配套融资与发行股份购买资产虽然属于同一个资产重组交易，但募集配套资金部分与购买资产部分应当分别定价，视为两次发行。发行股份购买资产部分应当按照《上市公司重大资产重组管理办法》《上市公司并购重组财务顾问业务管理办法》等相关规定执行，募集配套资金部分应当按照《上市公司证券发行管理办法》《创业板上市公司证券发行管理暂行办法》《证券发行上市保荐业务管理办法》等相关规定执行。

第三，重组配套融资在法律性质上属于非公开发行，其发行条件、定价方式、锁定期等事项适用非公开发行再融资的一般规定。具有保荐人资格的独立财务顾问兼任重组配套融资的保荐机构。

2017 年 2 月，中国证监会新闻发言人就并购重组定价等相关事项答记者问就此专门指出：上市公司并购重组总体按照《上市公司重大资产重组管理办法》等并购重组相关法规执行，但涉及配套融资部分按照《上市公司证券发行管理办法》《上市公司非公开发行股票实施细则》等有关规定执行。

本次政策调整后，并购重组发行股份购买资产部分的定价继续执行《上市公司重大资产重组管理办法》的相关规定，即按照本次发行股份购买资产的董事会决议公告日前 20 个交易日、60 个交易日或者 120 个交易日的公司股票交易均价之一定价。配套融资的定价按照新修订的《上市公司非公开发行股票实施细则》执行，即按照发行期首日定价。配套融资规模按现行规定执行，且需符合《发行监管问答——关于引导规范上市公司融资行为的监管要求》。配套融资期限间隔等还继续执行《上市公司重大资产重组管理办法》等相关规则的规定。

　　根据这一监管口径，重组配套融资适用非公开发行再融资的各项规定，除了融资频率事项上，重组配套融资的期限间隔不适用非公开发行 18 个月的间隔期限制。发行监管问答《关于引导规范上市公司融资行为的监管要求》规定：上市公司申请增发、配股、非公开发行股票的，本次发行董事会决议日距离前次募集资金到位日原则上不得少于 18 个月。前次募集资金包括首发、增发、配股、非公开发行股票。上市公司发行可转债、优先股和创业板小额快速融资，不适用本条规定。

　　第四，构成"重组上市"的发行股份购买资产不允许募集配套资金。

　　需要注意的是，《〈上市公司重大资产重组管理办法〉第十四条、第四十四条的适用意见——证券期货法律适用意见第 12 号》规定：上市公司发行股份购买资产同时募集配套资金，所配套资金比例不超过拟购买资产交易价格 100% 的，一并由并购重组审核委员会予以审核；超过 100% 的，一并由发行审核委员会予以审核。在实践中，上市公司发行股份购买资产设计配套融资方案时，均把配套资金比例控制在拟购买资产交易价格 100% 之内。本文所讲的重组配套融资也仅指此种情况。

二、重组配套融资的核心要件

　　配套募集资金大家关心的主要问题包括：募集资金的用途主要有哪些？最多能募集多少？到底怎么计算？

1. 配套募集资金的审核

《〈上市公司重大资产重组管理办法〉第十四条、第四十四条的适用意见——证券期货法适用意见第 12 号》规定：上市公司发行股份购买资产，同时募集配套资金比例不超过拟购买资产交易价格的 100% 的，由并购重组审查委员会审查；超过拟购买资产交易价格的 100% 的，由发行审核委员会审核。实践中，上市公司在设计发行股份购买资产配套融资方案时，始终将配套资金比例控制在拟购买资产交易价格的 100% 以内。主要是考虑上市部在发行股票购买资产方面比较专业，所以如果可以去上市部，尽量不要去发行部。由于两个部门的技术专长不同，在某些具体事项的审计标准细节上存在一定差异，上市部将更多从交易角度考虑支持融资问题。

2. 配套募集资金的发行条件

《中国证监会上市部关于上市公司监管法律法规常见问题与解答修订汇编》（2015 年）指出："发行股份购买资产部分应当按照《上市公司重大资产重组管理办法》《上市公司并购重组财务顾问业务管理办法》等相关规定执行，募集配套资金部分应当按照《上市公司证券发行管理办法》《创业板上市公司证券发行管理暂行办法》《证券发行上市保荐业务管理办法》等相关规定执行。募集配套资金部分与购买资产部分应当分别定价，视为两次发行。具有保荐人资格的独立财务顾问可以兼任保荐机构。"

2017 年 2 月，中国证监会新闻发言人就并购重组定价等相关事项答记者问就此专门指出：上市公司并购重组总体按照《上市公司重大资产重组管理办法》等并购重组相关法规执行，但涉及配套融资部分按照《上市公司证券发行管理办法》《上市公司非公开发行股票实施细则》等有关规定执行。本次政策调整后，并购重组发行股份购买资产部分的定价继续执行《上市公司重大资产重组管理办法》相关规定，即按照本次发行股份购买资产的董事会决议公告日前 20 个交易日、60个交易日或者 120 个交易日的公司股票交易均价之一定价。

　　配套融资的定价按照新修订的《上市公司非公开发行股票实施细则》执行，即按照发行期首日定价。配套融资规模按现行规定执行，且需符合《发行监管问答——关于引导规范上市公司融资行为的监管要求》。配套融资期限间隔等还继续执行《上市公司重大资产重组管理办法》等相关规则的规定。根据这一监管口径，重组配套融资适用非公开发行再融资的各项规定，但是重组配套融资的期限间隔不适用非公开发行时间间隔期限制。

　　在审核中，对于法规有明确红线的，在方案设计中，肯定不会去碰触，但是，在符合基本条件的前提下，是否能够通过审核，更多地在于是否充分论证了配套募集资金的可行性和必要性。《中国证监会上市部关于上市公司监管法律法规常见问题与解答修订汇编》（2015 年）规定：上市公司在披露募集配套资金的必要性时，应结合以下方面进行说明：上市公司前次募集资金金额、使用进度、效益及剩余资金安排；上市公司、标的资产报告期末货币资金金额及用途；上市公司资产负债率等财务状况与同行业的比较；本次募集配套资金金额是否与上市公司及标的资产现有生产经营规模、财务状况相匹配等。

　　在审核实践中，有很多重组案例因为募投项目的可行性和配套募集资金的必要性问题被明确要求取消募集配套资金，甚至因前次募集资金使用情况不尽人意导致整个重组方案被否决。比如沃施股份（300483. SZ）收购中海沃邦第一次被否决的原因之一就是"申请人前次募集资金使用情况不符合《创业板上市公司证券发行管理暂行办法》第十一条相关规定"。

　　规范并购重组配套融资的法规主要分为三类：第一是《上市公司重大资产重组管理办法》及其适用意见；第二是中国证监会与配套融

资直接相关的指导意见，主要以问题与解答形式体现；第三是与上市公司非公开发行相关的规范性文件。

3. 配套募集资金的用途

（1）符合非公开发行关于募集资金用途的一般规定

中国证监会《关于上市公司监管法律法规常见问题与解答修订汇编》（2015年版）规定：募集配套资金的用途应当符合《上市公司证券发行管理办法》和《创业板上市公司证券发行管理暂行办法》相关规定。

《上市公司证券发行管理办法》第十条规定，上市公司募集资金的数额和用途应当符合以下要求：①募集资金数额不超过项目要求；②资金使用应符合国家产业政策及相关环境保护和土地利用管理等法律、行政法规；③除金融企业外，本次募集资金用途不得为持有交易性金融资产、可供出售金融资产、向他人借贷、委托理财等金融投资，直接或间接投资于主营业务是证券交易的企业；④投资项目实施后，不与控股股东、实际控制人发生同业竞争或影响公司生产经营的独立性；⑤建立募集资金专用存款制度，募集资金必须存入公司董事会确定的专用账户。

《创业板上市公司证券发行管理暂行办法》第十一条规定，上市公司募集资金使用应当符合以下要求：①前次募集资金基本用完，且使用进度和效果与披露情况基本一致；②本次募集资金使用符合国家产业政策、法律、行政法规的规定；③除金融类企业外，本次募集资金不得为持有交易性金融资产和可供出售金融资产、借予他人、委托理财等财务性投资，不得直接或间接投资于以买卖有价证券为主要业务的公司；④本次募集资金投资实施后，不会与控股股东、实际控制人产生同业竞争或影响公司生产经营的独立性。

需要说明的是，就上述两项规定而言，创业板与主板中小企业板规定有所不同。前一次募集资金已基本使用完毕，使用进度和效果与所披露的基本一致。本文的含义在实践中一般认为是指前一次募集资金达到70%，前一次募集资金使用效益达到50%以上。2015年，并购重组委员会在审议嘉为股份发行股份购买资产及配套融资方案时，提出审核意见：本次重组的配套融资安排不符合《创业板上市公司证券发行管理暂行办法》第十一条的规定。《创业板上市公司证券发行管理暂行办法》规定申请人注销并补充披露。

与募集资金相关的另一项重要规定是《上市公司监管指引第2号——上市公司募集资金管理和使用的监管要求》（2012年）。其规定：上市公司募集资金原则上应当用于主营业务。除金融企业外，募集资金投资项目不得为持有交易性金融资产和可供出售金融资产、向他人借贷、委托理财等金融投资，不得直接或间接投资于交易性金融资产、可供出售金融资产等有价证券为主要业务的公司。

《关于上市公司监管指引第2号——有关财务性投资认定的问答》解释说：财务性投资除监管指引中已明确的持有交易性金融资产和可供出售金融资产、借予他人、委托理财等情形外，对于上市公司投资产业基金及其他类似基金或产品，如同时属以下情形的，应认定为财务性投资：①上市公司是有限合伙人或其投资身份类似有限合伙人，不具有该基金（产品）的实际管理或控制权；②上市公司的主要目的是获取基金（产品）或其投资项目的投资收益。上市公司利用募集资金设立控股或参股子公司，实际投入资金应符合监管指引第2号的相关规定。

（2）具备募集资金必要性

2015年，中国证监会《关于上市公司监管法律法规常见问题与解答修订汇编》规定，上市公司披露募集配套资金的必要性时，应当包括以下方面：上市公司上次募集资金数额、使用进度、效益情况及剩余资金安排；报告期末上市公司及相关资产的货币资金数额及使用情况；同行业上市公司资产负债率及其他财务状况比较；本次募集的配套资金金额是否与上市公司相匹配，基础资产是否与生产经营规模、财务状况等相匹配。

在审计实践中，募集资金的必要性受到监管部门的高度重视。因募资项目的可行性而被明确要求取消所募集的配套资金的重组案例很多，甚至整个重组方案都被否决了。2015年，并购重组委在审议西安民生发行股份购买资产及配套融资方案时，提出审计意见如下：目标公司报告期内经营亏损，在未来的业务转型中存在不确定性。上市公司备考合并资产负债率低于同行业，要求申请人取消本次重组募集配套资金安排。

4. 并购重组配套融资的发行规模

重组配套融资发行规模上限受以下因素制约。

（1）募集资金总额上限为"拟购买资产交易价格"

《上市公司重大资产重组管理办法》规定：上市公司发行股份购买资产，同时募集配套资金比例不超过拟购买资产交易价格的100%的，由并购重组审查委员会审查。

《关于上市公司发行股份购买资产同时募集配套资金的相关问题与解答（2018年修订）》规定："拟购买资产的交易价格"是指本次交易中发行股份购买资产的交易价格，不包括交易对手在交易停牌前六个月和交易停牌期间用于增加现金资本的标的资产部分对应的交易价格，但在上市公司董事会首次就重大资产重组作出决议之前，现金增资的比例已经明确、合理使用资金的除外。

根据该答复，此次重组配套融资募集资金的上限为本次交易发行股份购买资产的交易价格。交易对方在交易停牌前六个月内及交易停牌期间以现金向标的资产增资的，是否不包括其中一项增资对应的交易价格，取决于上市公司的第一次重大资产重组决议前该等现金增资部分是否已设定明确、合理的资金用途。

（2）发行股份数量上限为交易前上市公司总股本的20%

根据《发行监管问答——关于引导规范上市公司融资行为的监管要求》（2017年）的相关规定，重组配套融资的发行数量不得超过交易前上市公司总股本的20%。2018年10月12日，证监会发布《关于上市公司发行股份购买资产同时募集配套资金的相关问题与解答（2018年修订）》《〈上市公司重大资产重组管理办法〉第十四条、第四十四条的适用意见——证券期货法律适用意见第12号》规定，上市公司发行股份购买资产同时募集配套资金，所配套资金比例不超过拟购买资产交易价格100%的，一并由并购重组审核委员会予以审核。其中，拟购买资产交易价格怎么计算？

该修订解答如下："拟购买资产交易价格"指本次交易中以发行股份方式购买资产的交易价格，不包括交易对方在本次交易停牌前六个月内及停牌期间以现金增资入股标的资产部分对应的交易价格，但上市公司董事会首次就重大资产重组作出决议前该等现金增资部分已设定明确、合理资金用途的除外。

根据解答，重组配套融资的募集资金上限为本次交易中以发行股份方式购买资产的交易价格。如果交易对方在本次交易停牌前六个月内及停牌期间以现金增资入股标的资产的，增资部分对应的交易价格是否剔除计算，要看上市公司董事会首次就重大资产重组作出决议前该等现金增资部分是否已设定明确、合理资金用途。除了《上市公司重大资产重组管理办法》的数量要求外，由于配套募集资金参照执行再融资政策，因此，发行股份数量上限为交易前上市公司总股本的20%。根据《发行监管问答——关于引导规范上市公司融资行为的监管要求》（2017年）的相关规定，重组配套融资的发行数量不得超过交易前上市公司总股本的20%。

5. 并购重组募集配套资金的用途

中国证监会《关于上市公司监管法律法规常见问题与解答修订汇编》（2015年）规定：募集配套资金的用途应当符合《上市公司证券发行管理办法》《创业板上市公司证券发行管理暂行办法》的相关规定。非公开发行关于募集资金用途的一般规定见附件。

2018年10月12日，证监会发布《关于上市公司发行股份购买资产同时募集配套资金的相关问题与解答（2018年修订）》规定：考虑到募集资金的配套性，所募资金可以用于支付本次并购交易中的现金对价，支付本次并购交易税费、人员安置费用等并购整合费用和投入标的资产在建项目建设，也可以用于补充上市公司和标的资产流动资金、偿还债务。募集配套资金用于补充公司流动资金、偿还债务的比例不应超过交易作价的25%；或者不超过募集配套资金总额的50%。

这一规定对重组配套融资的具体用途进行了明确规定。需要注意的是，允许用于补充上市公司和标的资产流动资金、偿还债务，但要遵循一定比例上限要求。

该条例出台后不久，已公布重组方案的乾照光电（300102.SZ）于2018年10月23日对方案进行了专项调整，增加了配套资金使用的补充流动性。根据调整后的方案，上市公司拟以发行股份、支付现金方式收购浙江博蓝特100%股权，目标价维持6.5亿元不变。同时，修订版不超过5.82亿元支持本次交易的募集资金计划包括：支付本次交易现金对价5551.4万元，支付中介费2200万元及其他相关税费。交易中，投资标的公司项目建设3亿元，补充上市公司流动资金2.04亿元。重组配套资金用于补充流量的两个上限中，6.5亿元并购交易价格中的25%为1.625亿元，5.82亿元配套募集资金中的50%为2.91亿元。乾照光电的补流金额2.04亿元满足后一项条件。

6. 关于发行价格和锁定期

重组配套融资的发行价格和锁定期与非公开发行再融资相一致。

根据《上市公司证券发行管理办法》《创业板上市公司证券发行管理暂行办法》《上市公司非公开发行股票实施细则》（2017 年版）相关规定及监管实践，重组配套融资的定价基准日为发行期首日，当日发行底价为前 20 个交易日均价的 90% 。根据发行类型和认购对象的不同，投资者认购的股票需要锁定 1 年或 3 年。

当然，获得支持融资性股票的股东减持该部分股票的，还需要遵守深交所《上市公司股东、董事、监事和高级管理人员减持实施细则》。发行，锁定期结束后 12 个月内不得超过其持股的 50% 。

由于现有定价机制对投资者的安全缓冲相对较小，对非公开发行产品的销售存在一定压力。2019 年 11 月 8 日，中国证监会就修改后的《上市公司证券发行管理办法》《上市公司创业板证券发行管理暂行办法》等再融资规则公开征求意见。本次拟修订的主要内容包括以下几方面。

一是简化发行条件，扩大创业板再融资服务覆盖面。取消最近一期末创业板公开发行证券资产负债率高于 45% 的条件；取消创业板非公开发行股票连续两年盈利的条件；将创业板前次募集资金基本使用完毕，且使用进度和效果与披露情况基本一致由发行条件调整为信息披露要求。

二是优化非公开制度安排，支持上市公司引进战略投资者。上市公司董事会事先决定所有发行对象为战略投资者的，定价基准日可以为董事会决议公告日、股东大会公告日或发行期的第一天；定价和锁定机制，将发行价格由定价基准日前 20 个交易日公司股票平均价格的九折调整为八折；禁售期由当前的 36 个月和 12 个月缩短至 18 个月和 6 个月，减持规则的相关限制不适用；目前主板（中小板）和创业板非公开发行股票数量分别由不超过 10 名和 5 名调整为不超过 35 名。

三是适当延长批准文件有效期，方便上市公司选择发行窗口，将再融资批复的有效期由 6 个月延长至 12 个月。

从征求意见稿的角度解读，未来将降低配套资金刚性要求，激发市场认购积极性，主要解决理财产品供需问题，但审核级别未放宽对筹资项目可行性、必要性等实质性问题的审核标准。

根据《上市公司证券发行管理办法》《创业板上市公司证券发行管理暂行办法》以及《上市公司非公开发行股票实施细则（2017 年版)》的相关规定和监管实践，重组配套融资定价基准日为发行期首日，当日发行底价为前 20 个交易日均价的 90%。根据发行类型和认购对象的不同，投资者认购的股票需要锁定 1 年或 3 年。所有投资者均需锁定 3 年；询价发行的，实际控制人及其关联方需锁定 3 年，其他非关联投资者需锁定 1 年。

需要提醒的是，已获得支持融资股份的股东减持该等股份，还需遵守交易所《上市公司股东、董事、监事、高级管理人员减持股份实施细则》对非公开发行股票的要求，锁定期结束后 12 个月内不得超过其持股的 50%。也就是说，法定的 1 年或 3 年锁定期过后，只能卖出 50% 仓位，还需要再过一年才能全部减仓。

三、与重组配套融资相关的特殊事项

1. 配套融资对上市公司控制权的影响

2018 年 10 月 12 日，证监会发布《关于上市公司发行股份购买资产同时募集配套资金的相关问题与解答（2018 年修订)》：上市公司控股股东、实际控制人及其一致行动人通过认购募集配套资金或取得标的资产权益巩固控制权的，有何监管要求？

该修订解答如下：在认定是否构成《上市公司重大资产重组管理

办法》第十三条规定的交易情形时，上市公司控股股东、实际控制人及其一致行动人拟认购募集配套资金的，相应股份在认定控制权是否变更时剔除计算，但已就认购股份所需资金和所得股份锁定作出切实、可行安排，能够确保按期、足额认购且取得股份后不会出现变相转让等情形的除外。

上市公司控股股东、实际控制人及其一致行动人在本次交易停牌前六个月内及停牌期间取得标的资产权益的，以该部分权益认购的上市公司股份，相应股份在认定控制权是否变更时剔除计算，但上市公司董事会首次就重大资产重组作出决议前，前述主体已通过足额缴纳出资、足额支付对价获得标的资产权益的除外。

独立财务顾问应就前述主体是否按期、足额认购配套募集资金相应股份，取得股份后是否变相转让，取得标的资产权益后有无抽逃出资等开展专项核查。

根据上述规定，上市公司控股股东、实际控制人及一致行动人拟认购配套资金的，且已就认购股份所需资金及锁定事项作出切实可行的安排，在收购的股份中，他们可以确保按时足额完成认购。股份取得后，不会发生变相转让等情况，因此在确定控制权是否发生变化时，不得将相应的股份排除在计算之外。2016 年重组管理办法修订后，为避免大量配套资金整合控制，使大额交易或三方交易可避免借壳审查，以更好地维护市场稳定、上市公司利益，并保护中小投资，证监会2018 年发布了《关于上市公司发行股份购买资产同时筹集配套资金的相关问题与解答》，提出在确定控制权时，应排除募集的部分认购资金。2018 年的政策修订具有一定的市场背景。当时并购市场相对低迷，为刺激市场、鼓励产业化并购，融资支持政策有所放松，也是为了更好地促进交易，尽量不对市场直接干预。在新政下，设计重组方案时，可以通过安排上市公司实际控制人认购配套融资，避免重组前后上市公司控制权发生变化，从而避免被认定为重组上市。重组上市需要参考 IPO 审查，比并购审查严格得多，政策的变化也有利于提高很多小型上市公司收购大型标的的成功率。

2. 小额快速审核通道对重组配套融资的影响

《关于并购重组"小额快速"审核适用情形的相关问题与解答（2018 年版）》规定，有下列情形之一的，不适用"小额快速"审核：募集配套资金用于支付本次交易现金对价的，或募集配套资金金额超过 5000 万元的。

根据该规定，上市公司重组如需通过证监会受理后直接报并购重组委的"小额快速"审核通道，不得以配套融资方式支付现金对价，且总额不超过 5000 万元。

3. 原控股股东、实际控制人参与认购配套融资

《关于上市公司发行股份购买资产同时募集配套资金的相关问题与解答（2018 年修订）》规定：在认定是否构成《上市公司重大资产重组管理办法》第十三条规定的交易情形时，上市公司控股股东、实际控制人及其一致行动人拟认购募集配套资金的，相应股份在认定控制权是否变更时剔除计算，但已就认购股份所需资金和所得股份锁定做出切实、可行安排，能够确保按期、足额认购且取得股份后不会出现变相转让等情形的除外。独立财务顾问应就前述主体是否按期、足额认购配套募集资金相应股份，取得股份后是否变相转让，取得标的资产权益后有无抽逃出资等开展专项核查。

根据该条规定，上市公司控股股东、实际控制人及一致行动人拟认购募集配套资金的，如已对认购股份所需的资金作出切实可行的安排并锁定，在所收购的股份中，他们可以保证按时足额认购股份后，不会发生变相转让等情况，因此在确定该股份是否被收购时，相应的股份不得被排除在计算之外。控制权发生了变化。根据该规定，在设

计重组方案时，可以通过安排上市公司原控制人认购配套融资，避免重组前后上市公司控制权发生变化，从而避免被认定为重组上市。

四、其他附件

1. 关于配套募集资金的一般规定

《上市公司证券发行管理办法》第十条规定，上市公司募集资金的数额和使用应当符合下列规定：①募集资金数额不超过项目需要量；②募集资金用途符合国家产业政策和有关环境保护、土地管理等法律和行政法规的规定；③除金融类企业外，本次募集资金使用项目不得为持有交易性金融资产和可供出售的金融资产、借予他人、委托理财等财务性投资，不得直接或间接投资于以买卖有价证券为主要业务的公司；④投资项目实施后，不会与控股股东或实际控制人产生同业竞争或影响公司生产经营的独立性；⑤建立募集资金专项存储制度，募集资金必须存放于公司董事会决定的专项账户。

《创业板上市公司证券发行管理暂行办法》第十一条规定，上市公司募集资金使用应当符合下列规定：①前次募集资金基本使用完毕，且使用进度和效果与披露情况基本一致；②本次募集资金用途符合国家产业政策和法律、行政法规的规定；③除金融类企业外，本次募集资金使用不得为持有交易性金融资产和可供出售的金融资产、借予他人、委托理财等财务性投资，不得直接或者间接投资于以买卖有价证券为主要业务的公司；④本次募集资金投资实施后，不会与控股股东、实际控制人产生同业竞争或者影响公司生产经营的独立性。

《上市公司监管指引第 2 号——上市公司募集资金管理和使用的监管要求（2012 年版）》规定：上市公司募集资金原则上应当用于主营业务。除金融类企业外，募集资金投资项目不得为持有交易性金融资产和可供出售的金融资产、借予他人、委托理财等财务性投资，不得直接或间接投资于以买卖有价证券为主要业务的公司。

《关于上市公司监管指引第 2 号有关财务性投资认定的问答（2016 年版）》对此进行解释，财务性投资除监管指引中已明确的持有交易性金融资产和可供出售金融资产、借予他人、委托理财等情形外，对于上市公司投资于产业基金以及其他类似基金或产品的，如同时属于以下情形的，应认定为财务性投资：①上市公司为有限合伙人或其投资身份类似于有限合伙人，不具有该基金（产品）的实际管理权或控制权；②上市公司以获取该基金（产品）或其投资项目的投资收益为主要目的。上市公司将募集资金用于设立控股或参股子公司，实际资金投向应遵守监管指引第 2 号的相关规定。

2. 《发行监管问答》（2017 – 02 – 17）

问：《上市公司证券发行管理办法》第十条、《创业板上市公司证券发行管理暂行办法》第十一条对上市公司再融资募集资金规模和用途等方面进行了规定。请问，审核中对规范和引导上市公司理性融资是如何把握的？

答：为规范和引导上市公司理性融资、合理确定融资规模、提高募集资金使用效率，防止将募集资金变相用于财务性投资，再融资审核按以下要求把握。

一是上市公司申请非公开发行股票的，拟发行的股份数量不得超过本次发行前总股本的20%。

二是上市公司申请增发、配股、非公开发行股票的，本次发行董事会决议日距离前次募集资金到位日原则上不得少于 18 个月。前次募集资金包括首发、增发、配股、非公开发行股票。上市公司发行可转债、优先股和创业板小额快速融资，不适用本条规定。

三是上市公司申请再融资时，除金融类企业外，原则上最近一期末不得存在持有金额较大、期限较长的交易性金融资产和可供出售的金融资产、借予他人款项、委托理财等财务性投资的情形。

3.《发行监管问答》（2018－11－09）

问：《上市公司证券发行管理办法》第十条、《创业板上市公司证券发行管理暂行办法》第十一条对上市公司再融资募集资金规模和用途等方面进行了规定。请问，审核中对规范和引导上市公司理性融资是如何把握的？

答：为规范和引导上市公司聚焦主业、理性融资、合理确定融资规模、提高募集资金使用效率，防止将募集资金变相用于财务性投资，再融资审核按以下要求把握。

一是上市公司应综合考虑现有货币资金、资产负债结构、经营规模及变动趋势、未来流动资金需求，合理确定募集资金中用于补充流动资金和偿还债务的规模。通过配股、发行优先股或董事会确定发行对象的非公开发行股票方式募集资金的，可以将募集资金全部用于补充流动资金和偿还债务。通过其他方式募集资金的，用于补充流动资金和偿还债务的比例不得超过募集资金总额的30%；对于具有轻资产、高研发投入特点的企业，补充流动资金和偿还债务超过上述比例的，应充分论证其合理性。

二是上市公司申请非公开发行股票的，拟发行的股份数量不得超过本次发行前总股本的20%。

三是上市公司申请增发、配股、非公开发行股票的，本次发行董事会决议日距离前次募集资金到位日原则上不得少于18个月。前次募集资金基本使用完毕或募集资金投向未发生变更且按计划投入的，可不受上述限制，但相应间隔原则上不得少于6个月。前次募集资金包括首发、增发、配股、非公开发行股票。上市公司发行可转债、优先股和创业板小额快速融资，不适用本条规定。

四是上市公司申请再融资时，除金融类企业外，原则上最近一期末不得存在持有金额较大、期限较长的交易性金融资产和可供出售的金融资产、借予他人款项、委托理财等财务性投资的情形。

第五节　并购融资实践案例

金冠股份（300510.SZ），在配套融资新规出台前后的两次重组，很好地体现了融资对于并购重组的重要意义。

一、第一次收购南京能瑞 100％股权

1. 整体并购的时间线

2016 年 11 月 29 日，金冠股份召开第四届董事会第八次会议，审议通过了《关于公司发行股份及支付现金购买资产并募集配套资金暨关联交易方案的议案》等与本次交易相关的议案。

2016 年 12 月 23 日，金冠股份召开 2016 年第四次临时股东大会，审议通过了《关于公司发行股票以现金支付资产购买资产及募集配套资金及关联交易的议案》等与本次交易相关的议案。

2017 年 5 月 2 日，金冠股份收到证监许可〔2017〕577 号《关于核准吉林省金冠电气股份有限公司向南京能策投资管理有限公司等发行股份购买资产并募集配套资金的批复》。

2017 年 5 月 16 日，南京市工商行政管理局核准了能瑞自动化的股东变更，并签发了新的《企业法人营业执照》（统一社会信用代码：913201007712746910）。本次能瑞自动化股东变更完成后，金冠股份持有能瑞自动化 100％ 股权。

2017 年 6 月 6 日，金冠股份公告《发行股份及支付现金购买资产并募集配套资金暨关联交易实施情况之新增股份上市报告书》，发行股

份购买资产部分的股份上市时间为 2017 年 6 月 9 日。

2017 年 9 月 1 日，金冠股份和国泰君安向庄展诺等 5 名投资者发出《缴款通知书》，通知投资者将认购款划至独立财务顾问（主承销商）指定的收款账户。截至 2017 年 9 月 5 日，庄展诺等 5 名获配投资者已足额将认购款汇入独立财务顾问（主承销商）国泰君安指定的收款账户。

2017 年 9 月 15 日，中国证券登记结算有限责任公司深圳分公司受理完成此次非公开发行募集配套资金新增的 21433606 股股份的相关登记申请，此次新增股份为限售条件流通股，上市时间为 2017 年 9 月 21 日。

2. 方案概要

（1）购买资产部分

本次交易的方案为金冠股份拟向能瑞自动化全体股东以发行股份及支付现金购买资产的方式购买能瑞自动化 100% 股权，并向不超过 5 名特定对象非公开发行股份募集配套资金。

（2）配套融资部分

根据相关规定，本次募集配套资金价格将通过以下方式之一询价确定：

①发行价格不低于发行期首日前一交易日公司股票的平均价格；

②发行价格低于发行期首日前 20 个交易日公司股票平均价格但不低于 90%，或低于发行前首个交易日公司股票平均价格，但不低于 90%。

本次募集配套资金的最终发行价格由中国证监会核准本次交易，公司董事会根据有关法律、行政法规和监管部门的规定，由股东大会授权，并以发行对象报出的收购价为准，这种情况是在与交易的独立财务顾问协商后确定的。

二、第二次收购辽源鸿图 100％股权

1. 整体并购的时间线

2017 年 6 月 15 日，金冠股份召开第四届董事会第二十一次会议，审议通过了本次重大资产重组预案等相关议案，并同意与交易对方签署相关协议。

2017 年 8 月 21 日，金冠股份召开第四届董事会第二十四次会议，审议通过了本次重大资产重组报告书等相关议案，并同意与交易对方签署相关补充协议。

2017 年 9 月 6 日，金冠股份召开 2017 年第四次临时股东大会，审议通过了本次重大资产重组报告书等相关议案，并同意与交易对方签署相关补充协议。

2017 年 12 月 11 日，金冠股份召开第四届董事会第三十次会议，审议通过了调整募集配套资金方案、签署《业绩承诺及补偿协议之补充协议（二）》等相关议案。

2018 年 1 月 24 日，金冠股份收到证监许可〔2018〕177 号《关于核准吉林省金冠电气股份有限公司向张汉鸿等发行股份购买资产并募集配套资金的批复》。

2018 年 2 月，辽源市工商行政管理局核准了辽源鸿图锂电隔膜科技有限责任公司的股东变更，并核发了营业执照。金冠股份持有鸿图隔膜 100％股权。

2018 年 3 月 14 日，金冠股份公告《发行股份及支付现金购买资产并募集配套资金暨关联交易实施情况之新增股份上市报告书》，发行股份购买资产部分的股份上市时间为 2018 年 3 月 15 日。

2. 方案概要

（1）购买资产部分

本次交易中，金冠股份向张汉宏、李晓明等 4 名自然人股东和百富源、吉林天鑫、Infinity 等 9 名机构股东发行股份，并以现金方式购买鸿图隔膜 100% 的股份，并拟以询价方式发行股份募集配套资金。交易总价为 147624.81 万元，其中股份对价 106174.68 万元，现金对价41450.12 万元。

（2）募集配套资金部分

为支付本次交易的现金对价和交易费用，支持红土分水岭项目建设，金冠电气拟通过非公开发行股票的方式募集配套资金。本次募集资金总额不超过人民币 7.08 亿元，发行数量不超过金冠股份发行前总股本的 20%。根据《上市公司重大资产重组管理办法》和《创业板上市公司证券发行管理暂行办法》，本次募集配套资金的发行价格将通过以下方式之一询价确定：①发行价格不得低于公司股票发行期首日前一个交易日均价；②发行价格低于本次发行首日前 20 个交易日公司股票平均价格但不低于 90%，或低于本次发行前首个交易日公司股票平均价格但不低于 90%。

上市公司发行股份、支付现金购买资产的股份定价办法，按照《上市公司重大资产重组管理办法》执行。根据该办法，上市公司发行股票的价格不得低于市场参考价格的 90%。市场参考价格是公司股票在董事会发行股份购买资产的决议公告前 20 个交易日、60 个交易日或120 个交易日的平均交易价格之一。平均交易价格的计算公式为：董事会决议公告前几个交易日公司股票交易的平均价格 = 董事会决议公告前几个交易日公司股票交易总额决议/决议公告前几个交易日的公司股票交易总额。上市公司已确定本次发行股份及支付现金购买资产的股份发行价格为定价基准日前 20 个交易日公司股票交易均价的 90%，即

29.51 元每股。

结　语

　　成熟市场的并购严重依赖资本市场的一个很重要的原因，就是股票、现金、权证、可转换债券等金融工具的存在。这些支付方式可以灵活高效地组合，以平衡交易各方的不同利益需求。虽然在当前资本市场中，股票和现金作为常规支付方式频繁使用，但《上市公司重大资产重组管理办法》为灵活的支付工具预留了空间，但作为认股权证和作为估值调整工具和套期保值工具的可转换债券不能直接用于交易，不利于交易对手实现自身利益平衡和交易的公平性，导致卖方与上市公司交易的意愿进一步降低。

　　在中国的制度逻辑下，支付方式的选择是需要慎重考虑的问题，用现金支付所有费用非常困难，全部以股份为基础的支付有更大的股权稀释，将股份支付与现金支付相结合以支持融资，是一个相对理性的选择，也是目前体制下可以最有效地利用资本平台的融资工具，让不可能的交易成为可能。

第四章 业绩目标合理原则

——对赌协议的平衡艺术

导 读

资本市场中通常说的"对赌协议"，学名叫做估值调整协议，指的就是在并购重组过程中，并购方与标的方在达成并购重组意向时，为解决通常作为并购方的上市公司对标的公司未来发展不确定性、信息不对称以及代理成本而设计的包含了股权回购、现金补偿等对未来标的公司的估值进行调整的协议。

对赌协议的本质是企业估值与投融资方权益调整的一种或然性的安排，就是在投融资双方停止对标的公司现有价值争议不休的状态，将暂无法即刻谈妥的争议点搁置，共同设定标的公司未来的业绩目标，在约定的未来节点，再行调整标的公司估值和双方权益。在对赌协议中，明确载明了标的方承诺的业绩目标、业绩未完成时的补偿内容以及业绩未完成时的补偿方式等条款。

从本质上看，对赌协议是一种看跌期权。当前并购重组交易的对价大多采用收益法，即通过标的资产未来的收益折现计算标的资产的价值。而反映在交易对价上，上市公司在并购交易中所支付的对价包括两个部分，一是购买股权的实际金额，二是向标的资产原股东购买看跌期权的金额。由于标的公司未来预期收益存在不确定性，以及标的方可能存在虚假承诺行为，导致上市公司购买标的资产的价格存在过高的风险。为了避免可能因标的公司未来预期收益不确定以及标的方可能存在的虚假承诺而导致的损失，上市公司需要购买一系列看跌期权对上述风险进行对冲，该看跌期权的行权条件，即当标的方承诺的业绩未达标。

第一节　对赌协议的发展与现状

一、对赌协议的起源与发展

并购重组过程中俗称的"对赌协议"学名为"业绩承诺协议"，业绩承诺协议指的是在并购重组交易过程中，标的公司就自身在一定业绩承诺期内对经营业绩、现金流量等情况向上市公司做出的承诺，而当标的公司承诺的业绩目标未达到时，标的方需要就其最终实现的业绩与承诺业绩之间的差额进行补偿。通常而言，业绩承诺协议的签订，一方面体现出标的公司对自身未来业务发展和经营情况存在较高的信心，能够在较大程度上为上市公司业绩提供良好预期，从而标的方敢于签订业绩承诺协议。另一方面，由于业绩承诺协议能够实现对标的公司未来业绩的锁定。业绩承诺协议补偿条款约定，如果标的公司最终实现的业绩未达到承诺的业绩水平，标的公司的业绩承诺补偿义务人将会对上市公司股东进行补偿，这种约定不仅使得标的方谨慎对待承诺的业绩目标，压缩标的方通过虚高承诺业绩目标的意图，也能够保证上市公司中小股东的利益，从而能在一定程度上保证标的公司估值的合理性。

从业绩承诺协议在中国资本市场的发展进程来看，其最早出现在企业向私募股权机构进行融资的过程中，即私募股权投资领域。之所以最早出现在私募股权投资领域，并非由于私募股权领域资本理念更为先进或者金融手段更为繁荣，而是中国资本市场普遍存在的融资约束。大量的企业，无论规模大小、何种行业，普遍面临着向银行借款难的问题。这种普遍存在融资约束的问题，导致大量企业会向私募股权机构寻求股权或者债权融资。

而当企业向私募股权机构进行融资时，私募股权机构往往会出于对自身利益的考虑，要求企业在融资时签订业绩承诺协议。企业往往需要按照私募股权投资机构的相关要求，就企业在未来几年内的经营业绩情况向私募股权投资机构做出承诺。如果企业最终实现的经营业绩未能达到承诺的标准，那么就需要对私募股权机构进行补偿。这种协议，通常就被称为"对赌协议"，后来资本市场上对并购重组过程中签订的业绩承诺协议，也循例称呼为"对赌协议"，其根源便来自此。在中国，私募股权投资领域的这类对赌协议，对不同企业所起到的效果和作用并不一致，既成就了蒙牛和摩根士丹利的双赢，也导致俏江南前掌门人张兰净身出户。对赌协议造成的这种截然不同的"冰"与"火"结果，引发了资本市场的极大关注。上市公司并购重组过程中并购双方签订的业绩承诺协议，便脱胎于此，并且这类业绩承诺协议在中国资本市场并购重组过程中的应用，也经历了一个不断发展和完善的过程。

最早在 2005 年开始的股权分置改革进程中，中国证监会便已经出台过类似业绩承诺的实施办法。在当时的业绩承诺实施办法中，虽然没有明确提出关于业绩对赌的具体规定，但其中已包括对业绩承诺制定、评判准则以及补偿方式等相关条款的相关规定。此时的业绩承诺协议与当前中国资本上市公司的并购重组业绩承诺协议存在较大差异，此时的业绩承诺协议通常是由证监会和证券交易所等政策制定部门和市场监管机构，以发布监管问题与解答说明等多种形式对业绩承诺相关规定进行解释说明，并陆续出台应用指引以指导上市公司在股权分置改革进程中的有关业绩承诺事项，并基于监管问答和上市指引要求明确了上市公司在股权分置改革进程中哪些行为和方式需要做出业绩承诺，其范围包括涉及优质资产注入、股权置换以及承担债务等特定方式。上市公司在股权分置改革过程中采用上述方式，当未能达到所承诺的业绩水平时，上市公司的大股东就需要向普通流通股股东进行补偿，针对最终实现的业绩与承诺的业绩水平之间的差额，其补偿的方式往往为赠送相应比例的股份或者现金作为补偿。股权分置改革对业绩承诺协议的促进作用巨大，以此为开端，促进了业绩承诺协议这一契约工具逐渐从私募股权投资领域，开始应用在上市公司并购重组过程之中，上市公司并购重组业绩承诺协议的雏形由此形成。

随着中国股权分置改革的逐步推进，以及企业再融资方式在中国资本市场的不断创新和持续发展，已经完成股份改制后的部分国有上市公司，便开始转向于寻求发行成本低、发行门槛低、发行条件灵活以及对公司价值具有较大提升作用的并购重组，因而会对当前仍处于发展和完善进程中的中国资本市场造成冲击。为了规范上市公司在资本市场上的并购重组行为，以及业绩承诺协议在上市公司并购重组过程中的应用，证监会于2008年4月16日发布，并自2008年5月18日起开始施行的《上市公司重大资产重组管理方法》（证监会令第53号）中，明确规定了上市公司及其大股东进行定向资产重组时需要签订的补偿承诺协议，并对业绩承诺协议中的各项条款进行了相应的说明。从业绩承诺制度的初衷来看，减少在股权分置改革中的收益法应用导致的上市公司估值泡沫是业绩承诺协议制度能够出台的主要目的。通过相关制度政策强制上市公司对未来业绩进行承诺，能够引导上市公司对标的公司进行评估作价时更加审慎地应用收益法，进而实现对上市公司公众股东利益的保障。

对于已经出台的业绩承诺协议制度，在后续执行中，证监会先是于2009年进一步制定内部审核备忘录，主要针对以股份方式进行业绩补偿条款。在该备忘录中，同时也明确了包括并购交易对方、交易标的以及交易价格等方面必须要进行股份补偿的多种情形，并随后于2010年8月，又以网络问答的形式对股份补偿的情形进行补充，其公布的内容主要包括计算的公式、适用的情形、补偿的期限等方面。随着业绩承诺协议制度的日趋完善，证监会于 2011 年对《上市公司重大资产重组管理办法》进行修订，其中详细规定了业绩承诺目标、业绩补偿内容和业绩补偿方式等条款的管理办法，从而在制度上保障了业绩承诺协议的法律效力和实施效果。自 2011 年《上市公司重大资产重组管理办法》进行重新修订后，上市公司开始在重大资产重组中广泛应用业绩承诺协议机制。业绩承诺协议机制在制度层面上的不断完善，极大地激发了上市公司在并购重组过程中应用业绩承诺协议的积极性，业绩承诺协议也逐渐成为推动上市公司并购重组交易顺利完成的一项重要契约安排。

进入 2013 年以来，并购重组在中国资本市场上逐渐成为热潮，上市公司陆续开始从事并购重组活动，并且逐渐成为中国资本市场上并购重组的重要组成部分，上市公司进行并购重组在中国资本市场上逐渐成为主流，深刻影响着中国资本市场的发展进程以及转变形式。尤其是随着中国资本市场的发展演进，并购重组也开始呈现出明显的分化特征，与重资产行业的上市公司往往基于产业整合的目的而进行上下游的并购重组不同，文化、体育、娱乐以及互联网等轻资产行业上市公司在整个中国资本市场并购重组过程中占据了绝大部分。中国轻资产行业上市公司层出不穷的并购重组活动，给中国资本市场带来了一阵猛烈的"业绩承诺协议风"。不仅是轻资产行业上市公司进行的并购重组，资本市场上越来越多的上市公司在进行并购重组时，都开始热衷于签订业绩承诺协议，业绩承诺协议已然成为保障并购重组取得成功的标配。

在业绩承诺协议的推动之下，标的公司往往会在业绩承诺协议中许下亮丽的业绩承诺，为上市公司在并购重组之后的股价长红写下了注脚。然而，业绩承诺协议从最开始的广泛使用逐渐变成了滥用，其原来的本质逐渐开始变化，这就导致上市公司在并购重组过程中应用业绩承诺协议的热度持续高涨的同时，业绩承诺协议也开始逐渐露出并不完美的面貌。随之而来的是，中国资本市场中频频出现标的公司最终实现的业绩未能达到承诺的业绩水平的情况。在承诺业绩未达标时，部分标的公司谋求与上市公司协商变更业绩承诺协议条款的事项，以致拖累上市公司业绩，导致上市公司在并购重组之后标的公司业绩承诺期间的业绩受损甚至爆雷，上市公司与标的公司由于业绩承诺事项而对簿公堂的消息时常发生。这种因业绩承诺不达标，且标的公司不能如约补偿上市公司的情况，给资本市场带来了极大的不稳定性，资本市场上的系统性风险不断叠加，从而引发证券监管部门出台一系列监管措施和解释政策予以应对。

2014 年 3 月 7 日，国务院发布《关于进一步优化企业兼并重组市场环境的意见》（国发〔2014〕14 号），其中明确兼并非关联企业不再强制要求作出业绩承诺。这项规定即再一次从制度政策层面对业绩承诺是否应用以及如何应用做出明确的规定。尽管制度上给出明确规定，但中国资本市场似乎已经存在某种并购重组的惯性，即并购重组过程中需要"标配"业绩承诺协议。在 2014 年国务院 14 号文发布之后，上市公司和标的公司在并购重组过程中仍然遵循此前市场化的惯例，业绩承诺协议在上市公司并购重组过程中的应用，与之前相比不仅没有减少，反而由于最高人民法院对"甘肃世恒案"的终审判决，从法律的基本原则角度认可了业绩承诺协议的相对有效性，业绩承诺协议在上市公司并购重组过程中的应用越发增多。针对中国资本市场上上市公司并购重组出现的新局面，监管部门重新出台或修订了相关政策和办法。

2014 年 10 月 23 日，证监会发布了再次修订后的《上市公司重大资产重组管理办法》，在新修订的管理办法中，删除了原管理办法中上市公司购买资产的，应当提供拟购买资产的盈利预测报告的相关规定，同时也取消了上市公司向非关联第三方发行股份购买资产的盈利预测补偿的强制性要求。尽管这些规定是对原管理办法中关于业绩承诺协议相关强制性要求的进一步宽松，但是新修订管理办法还是要求上市公司应该在重大资产重组报告书中关于管理层讨论与分析部分，要就重大资产重组交易产生的影响进行详细分析。这一修订是监管层面对于业绩承诺协议在上市公司并购重组过程中应用的容忍度提高，不仅传达出监管层对于上市公司进行资本运作遵循市场化原则的基本要求，以及对于中国资本市场上并购重组活动持续向好的期许，而且也从侧面表明业绩承诺协议正在逐渐成为中国资本市场运作的一个突出特征，体现出在并购重组过程中应用业绩承诺协议，开始构成上市公司并购重组市场化的一种鲜明特色。

监管层对于业绩承诺协议较为宽松的态度，一方面促进了业绩承诺协议在上市公司并购重组过程中更加遵循市场化原则；另一方面也正是由于这种较高的容忍度，引起业绩承诺协议在部分上市公司并购重组过程中以及并购重组完成之后产生了种种问题，导致监管层面开始转变对业绩承诺在上市公司并购重组过程中的应用容忍度，并开始采取逐渐从严的监管态势，陆续发布一系列监管问题与解答说明以及对上市公司发布问询函，发布关于业绩补偿承诺监管问题与解答说明，其中，2016 年 1 月 15 日，证监会出台文件明确在上市公司并购重组过程中，无论标的资产是否被上市公司的大股东、实际控制人或者其控制的关联人所有或者控制，也无论并购重组交易过程中所支付的交易对价是否基于暂时性的安排，上述涉及的并购重组交易参与各方均需要以其获得的股份或者现金来进行业绩补偿。紧接着，证监会在 2016 年 6 月 17 日对上市公司并购重组过程中由于标的方承诺的业绩过高而导致在最终实现业绩不达标时，标的方寻求变更业绩承诺的情况做出了进一步规定，明确了上市公司并购重组过程中的业绩承诺条款不得变更的规定，严格了业绩承诺协议不得变更的相关规定；2017 年 8 月 4 日，证监会新闻发言人高莉在例行新闻发布会上，再一次明确业绩承诺协议不得变更，这就意味着在上市公司并购重组过程中，标的方业绩承诺一旦作出就需要严格执行，从而避免虚高业绩承诺而影响资本市场。在发布问询函方面，上海证券交易所和深圳证券交易所在2011～2020年，发布的关于并购重组问询函以及涉及并购重组业绩承诺协议的问题逐年增加，以深圳证券交易所为例，仅在2016年就发布300多份重组问询函，为历年之最，其中涉及业绩承诺协议设置以及可实现性问题多达1000多个。从这些监管的政策和规定来看，业绩承诺协议签订以及具体条款设置成为监管的重要内容之一。

二、中国对赌协议整体现状

1. 并购重组整体现状

为了总结业绩承诺协议在中国上市公司并购重组过程中的应用现状，首先从 Wind 数据库中梳理了中国资本市场并购重组整体现状（包括上市公司和非上市公司的并购重组）。图 4-1 展示了根据 Wind 资讯所披露的 2011～2020 年中国资本市场上的并购重组情况。从资本市场并购重组的整体情况来看，2011～2020 年，中国资本市场上并购重组事件累计 67500 起，涉及并购重组金额超过 20 万亿元。而从各年度的情况来看，2018 年并购重组事件 11310 起，是 2011 年 2647 起的 4.27 倍，年复合平均增长率超过 50%。从并购重组事件涉及金额来看，2015 年并购重组事件涉及金额高达 26671 亿元，这与当年资本市场的火爆程度不无关系。然而，2016 年无论是并购重组事件数量还是并购重组事件涉及金额，与前一年相比都有较大下降。可能的原因就在于受到股灾的较大冲击。自 2015 年以后，各年并购重组事件所涉及金额均超过了 2 万亿元，特别是 2017 年，并购重组事件涉及金额高达 27603 亿元，成为有统计数据以来的历年之最，之所以呈现这种局面，可能原因就在于随着 2016 年"千股跌停"的情况已经过去，中国资本市场在 2017 年逐渐恢复了正常状态。从这些并购重组情况不难看出，并购重组对中国资本市场具有重要的意义。

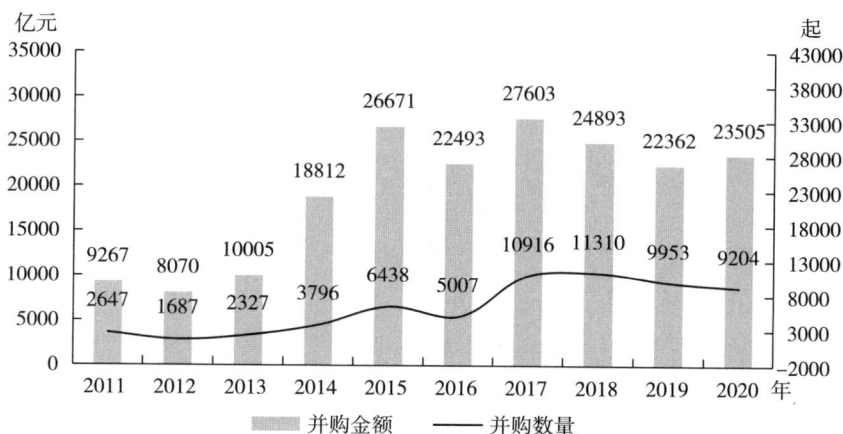

图 4 - 1　2011 ～ 2020 年中国资本市场上的整体并购重组情况

（资料来源：Wind 中国并购库）

2. 对赌协议整体现状

为了保证数据呈现出最真实的并购重组现状，通过 Wind 资讯收集整理 2011 ～ 2020 年上市公司并购重组业绩承诺协议整体现状，同时按照以下原则剔除部分并购重组事件：（1）上市公司对标的公司的股权并购比例小于 51% 的并购事项；（2）并购双方有一方属于金融行业的并购事项；（3）交易未完成、中止或失败的并购事项；（4）交易目的为借壳上市的并购事项。基于上述规则，最终获得了 2011 年至 2020 年间并购完成之后标的公司控制权变更的上市公司境内并购重组事项为 6437 起，其中，签订业绩承诺协议的并购重组事项达 2530 起，占比为 39.30%。表 4 - 1 列示了 2011 ～ 2020 年中国上市公司并购重组事项与业绩承诺协议签订情况。

从 2011 年至 2020 年中国上市公司并购重组整体趋势上来看，上市公司并购重组事项逐年增多，在 2015 年达到顶峰。2011 年上市公司并购重组事项共计 371 起，同时，签订业绩承诺协议的并购事项为 11 起，占比仅为 3.23%。签订业绩承诺协议的并购重组事项以及占并购重组事项的比例呈现逐年上升的趋势，在 2015 年达到 49.22%。与 2015 年相比，2016 年的上市公司并购重组事项以及签订业绩承诺协议的并购重组事项占比都有所下降。这一现象与 2015 年的资本市场的出现的"千股涨停"牛市，以及与 2016 年的"千股跌停"情况密切相关。随后自 2017 年开始，签订业绩承诺协议并购重组事项占比开始逐年上升，在 2019 年的占比超过 50%，在 2020 年的占比更是突破 60%。从平均情况来看，2011～2020 年签订业绩承诺协议并购重组事项占上市公司并购重组事项的 39.30%。并且，从 2013 年开始，签订业绩承诺协议的并购事项显著增多，占每年上市公司并购重组的比例也越来越高。这表明，在上市公司并购重组事项增多的同时，业绩承诺协议也逐渐受到资本市场的认可，越来越多地应用在上市公司并购重组过程中。

表 4-1 2011～2020 年上市公司并购重组事项与业绩承诺协议签订情况

年度	并购重组事项（起）	签订业绩承诺协议的并购重组事项（起）	签订业绩承诺协议并购重组事项占比（%）
2011	371	11	3.23
2012	435	26	5.98
2013	501	132	26.35
2014	658	286	43.47
2015	965	475	49.22
2016	713	220	30.86
2017	823	366	44.47
2018	876	401	45.78
2019	764	397	51.96
2020	331	216	65.26
合计	6437	2530	39.30

资料来源：根据 Wind 数据库和上市公司并购重组交易草案整理所得。

从上市公司并购重组事项的板块分布情况来看，2011 年至 2020 年上市公司对标的公司股权并购比例在 51% 以上、且签订业绩承诺协议的 2530 项并购重组事项，在沪深主板、创业板和中小板市场上的占比较均匀，分别为 34%、31% 和 35%，与之相匹配，签订业绩承诺协议的并购重组事项在各板块之间的分布也较为均匀。这表明，无论在哪个板块上市的上市公司，在此期间都热衷于从事并购重组事项，并且由于制度政策层面对于并购重组和业绩承诺协议的监管，对于各板块上市公司具有同等程度的影响，导致各板块上市公司在从事并购重组事项时，往往会选择签订业绩承诺协议。

从上市公司并购重组事项的行业分布情况来看，2011～2020 年上市公司对标的公司股权并购比例在 51% 以上、且签订业绩承诺协议的 2530 项并购重组事件在制造行业较为集中，达到 1667 起；其次为信息传输、软件和信息技术服务业，签订业绩承诺协议的并购重组事项达到 274 起。可能造成这一现象的原因有两方面：一方面，在中国 4300 多家上市公司中，制造业上市公司的占比较多，因而在并购重组事项中制造业上市公司并购重组事项较多，进而签订业绩承诺协议情况也较多；另一方面，国家制度层面在 2015 年推动实施"中国制造 2025"战略，在"中国制造 2025"战略中，明确提出了"互联网＋"的概念，也在一定程度上推动了制造业和信息软件技术等行业的融合，形成并购重组集中于制造业以及软件信息技术等行业的这一现象。

从地域分布情况来看，2011～2020 年上市公司对标的公司股权并购比例在 51% 以上、且签订业绩承诺协议的 2530 项并购重组事项数量位于前 5 名的地区分别为广东、北京、江苏、浙江和上海。其中，广东和北京两地的并购重组事件数量均超过 300 起，浙江和江苏两地的并购重组事件数量均超过 200 起，上海的并购重组事件数量超过 100 起。并购重组事件数量排名后三位的省市分别为青海、甘肃和宁夏，均不超过 10 起。从地域分布情况不难发现，并购重组事件主要发生在经济较为发达的省市，这是因为这些经济发达的省市地区上市公司数量本身就较多，进而上市公司的并购重组事项以及在重组过程中签订业绩承诺协议的情况较多。青海、甘肃和宁夏上市公司数量本身就少，进而上市公司的并购重组事项以及在重组过程中签订业绩承诺协议的情况较少。

3. 对赌期满后的影响

在业绩承诺协议约定的对赌期间内，除了存在标的方最终实现的业绩未能达到承诺的业绩水平之外，业绩承诺协议签订之后另外埋藏的一颗"雷"是业绩承诺期满后，标的公司的业绩突然大幅度变化。公开数据显示，2017 年业绩承诺期满且 2018 年报披露并购标的净利润的上市公司有 224 家次，其中 2018 年净利润出现下滑的有 167 家，占比约为 75%。进一步分析发现，有 119 家上市公司承诺期满首年净利润出现超 30% 的下滑，占比为 53%。这些数据意味着，在上市公司签订业绩承诺协议的并购重组事项中，有超过一半的并购重组事项在业绩承诺期满首年就出现了业绩"变脸"或者业绩"爆雷"。其中，广告营销、影视、环保园林、软件开发、新能源汽车产业链以及游戏六大行业成为业绩承诺期满后上市公司出现业绩"变脸"的重灾区，涉及上市公司分别为 9 家、7 家、6 家、6 家、6 家和 5 家，合计共 43 家，占业绩"变脸"总量的 36%。

这些出现上市公司业绩"变脸"情况的集中行业，跟并购重组业绩不达标的集中行业几乎完全重合，这些行业也是自 2016 年以来，监管层面一直重点关注的行业领域以及大力监管的并购类型。上市公司并购重组之后，由于标的方承诺业绩未达标而导致的业绩变脸或者业绩"爆雷"，这也从侧面印证了 2014 年前后监管层对虚拟类行业的并购进行重拳严管，是十分有必要且是及时的。公开数据还显示，部分并购标的业绩在并购重组之后、业绩承诺期内出现了断崖式滑坡且业绩下滑幅度超过100%的多达44家。除此之外，还有些并购标的出现了较为严重的财务、债务以及内部控制等问题，有些并购标的被上市公司宣告无法控制，显示后期整合彻底失败。关于业绩断崖式滑坡的数据值得市场参与各方警惕。

从并购重组目的看，上述在并购重组后业绩出现断崖式滑坡的并购重组事项案例中，其并购重组目的过半属于跨界并购、借壳以及类借壳。统计显示，这43家上市公司彼时的重组目的分布为：产业并购17单、多元化战略20单、重组上市和类借壳6单，因此多元化战略和重组上市合计占比为60.5%。其中，17单产业并购的资产合计亏损23.2亿元，平均每单亏损1.36亿元；20单多元化并购的资产合计亏损26.6亿元，平均每单亏损1.33亿元；6单重组上市和类借壳合计亏损22.7亿元，平均每单亏损3.78亿元，远远超过产业并购和多元化并购。这也意味着，借壳上市和类借壳虽然能够让上市公司暂时焕然一新，并在短期内令其股价遭遇爆炒，但是长期看反而是给上市公司"挖坑"最大的一类重组。比如文投控股（600715.SH）巧妙规避借壳注入松辽汽车上市时，主要资产耀莱影城圆满完成了四年业绩承诺10.13亿元，但是2018年就爆出亏损6.4亿元；中天能源（600856.SH）在2015年借壳长百集团上市时承诺三年业绩合计不低于9.55亿元，合计完成率为129%，但是2018年转脸就亏损5.5亿元。

再例如，哈尔滨奥瑞德光电2015年借壳西南药业上市的案例。根据西南药业与哈尔滨奥瑞德光电除哈尔滨工业大学实业开发总公司外所有股等业绩承诺方，于2015年1月23日签署的《盈利预测补偿协议》相关条款的规定，该项重大资产重组的盈利预测补偿期限为2015年、2016年及2017年。该项并购重组业绩承诺方承诺，注入资产在补偿期间实现的累计扣除非经常性损益后的归属于母公司普通股股东合并净利润，不低于累计预测净利润数额，即2015年实现的实际净利润不低于27879.59万元；2015年与2016年实现的累计实际净利润数不低于 69229.58 万元；2015 年、2016 年与 2017 年实现的累计实际净利润数不低于 121554.46 万元。然而，上市公司最终实现的业绩经过审计，并经前期重大会计差错更正事项调整后的 2015 年、2016 年和 2017 年注入资产扣除非经常损益后的净利润分别为 29645.91 万元、34153.77 万元和 999.12 万元，与承诺的业绩水平相比，业绩完成率仅为 53.31%。并且，奥瑞德归属于上市公司股东的净利润为 -17.41 亿元，业绩出现明显下滑。

三、境内外对赌协议的对比

基于目前对已有实务中的数据统计可知，业绩承诺协议虽然在中国资本市场上已经获得普遍的认可，并且在并购重组过程中被广泛应用，然而，由于目前仍然存在着上市公司借机炒作、缺乏投后管理、业绩设定以及估值虚高等问题，从而导致业绩承诺协议并未发挥其应有作用。从而业绩承诺协议的签订也仅仅只是以"偷懒"的方式来维护上市公司的利益——以业绩补偿这一兜底条款形式来对未来业绩进行担保。在实际应用中，业绩补偿制度早已经成为上市公司并购重组能够顺利完成和实现的"标配"。

由于境内的业绩承诺协议本身就是来源于私募股权领域的"对赌协议"，而私募股权领域的"对赌协议"又来自境外资本市场，因此境外资本市场中也必然存在类似的业绩承诺协议。只不过，相比于境内的业绩承诺协议，境外的业绩承诺协议发展更加成熟，形式也更为多样，与中国资本市场上的业绩承诺协议相比，也呈现出非常明显的特征。特别是在并购重组领域，美国公司在进行并购重组时会签订名为"Earn-out"的条款。"Earn-out"的条款并不单独作为一项协议应用在上市公司并购重组过程中，而通常作为并购重组协议中的一项条款。中国资本市场上并购重组过程中的业绩承诺协议制度与美国资本市场上的 Earn – out 制度的区别对比如表 4 – 2 所示。

表 4 – 2　　　中国业绩承诺协议与境外 Earn – out 协议的对比

	业绩承诺协议	Earn – out
基本机制	事前支付，事后补偿	事前约定，事后支付
购买对价	固定购买价	固定购买价 + 或有支付，总额一般有上限
本质	建立在未来业绩上的卖出期权	建立在未来业绩上的买入期权
承诺指标	单一化，以财务指标为主，绝大部分采用净利润指标	多样化，根据标的方特征，使用财务和非财务指标
交易双方关系	交易双方对标的方的价值评估有较大差异时，并购方可能需要承担过度支付风险或是标的方失去获得期望交易价值的机会	通过调节交易倍数缓冲并购方和标的方之间信息不对称，可消除交易双方对标的方的价值评估的严重分歧
风险应对范围	主要降低预期内的内部经营风险	除内部经营风险，还可降低不可预期风险，如监管审核、外部市场环境等
操作性	操作性差，易流于形式，补偿主动权在交易方，补偿难以顺利执行	操作性强，支付主动权在并购方，事后支付容易执行
使用情况	上市公司并购普遍使用	高风险、高成长性的信息技术和传媒行业以及轻资产的知识密集型企业和服务业，跨国并购和跨界并购，上市公司并购非上市公司

在美国资本市场上并购重组语境下，Earn – out 构成并购重组协议条款中的一种定价和支付的机制，接近于中国资本市场并购重组语境下的"或有对价"，即只有当满足某种约定条件时，买方才向卖方支付特定金额的价款。与中国资本市场并购重组的业绩承诺协议条款不同，通过 Earn – out 付款安排的设计，收购方并非一次性支付交易对价，而是将整体交易对价进行分期支付。而具体支付款项多少，则根据标的公司的实际业绩来代入约定的财务公式进行计算决定。

在当前的美国资本市场中，Earn – out 的使用并不频繁，仍处在早期的发展阶段，但是已经呈现出一定的倾向性，当行业变化难以捉摸的时候，买卖双方就可能会考虑采用 Earn – out。

第二节　对赌协议政策法规与监管要点

一、对赌协议相关政策法规

2008 年 5 月 18 日，证监会首次发布的《上市公司重大资产重组的管理方法》，对上市公司及其大股东进行定向资产重组时需要签订的补偿承诺协议做出了相关规定。从制度的初衷看，减少收益法应用导致的估值泡沫是业绩承诺协议制度出台的主要目的，《上市公司重大资产重组的管理方法》也因此成为上市公司与交易对方订立业绩承诺协议的法律基础。在后续执行过程中，证监会于 2009 年进一步制定以股份方式进行行业绩补偿条款的内部审核备忘录，并于 2010 年 8 月以网络问答形式公布股份补偿计算公式以及补偿的期限。随着业绩承诺协议制度日趋完善，证监会又在 2011 年对《上市公司重大资产重组管理办法》进行重新修订，详细规定了业绩承诺目标、业绩补偿内容和业绩补偿方式等条款。业绩承诺协议条款在制度层面上的不断完善，极大地激发了上市公司在并购重组过程中应用业绩承诺协议的积极性。

2011 年以来，中国资本市场上涌现出一股上市公司并购重组热潮，特别是文体娱乐以及互联网等轻资产行业上市公司的并购重组交易更是层出不穷。与上市公司并购重组热潮相伴而来的是一阵猛烈的"业绩承诺协议风"，众多上市公司纷纷进行并购重组，并热衷于签订业绩承诺协议，标的公司许下亮丽的业绩承诺，为上市公司股价长红写下了注脚。然而，业绩承诺协议却逐渐开始露出并不完美的面貌。部分标的公司承诺业绩不达标的事件频频见诸报端，谋求与上市公司协商变更业绩承诺协议条款的事项时有发生，拖累上市公司业绩甚至并购双方对簿公堂的消息不绝于耳。为进一步优化上市公司并购重组的市场环境，国务院于 2014 年发布了《关于进一步优化企业兼并重组市场环境的意见》（国发〔2014〕14 号），明确"兼并非关联企业不再强制要求做出业绩承诺"。但在随后的上市公司并购重组过程中，业绩承诺协议的应用并未有所减少，反而随着最高人民法院对于有着"中国对赌协议第一案"之称的"甘肃世恒案①"的审结，在法律原则上认可了业绩承诺协议的相对有效性，使得业绩承诺协议在上市公司并购重组过程中的应用与之前相比有增无减。关于上市公司并购重组业绩承诺协议制度政策汇总见表 4 - 3。

表 4 - 3　　　　　上市公司并购重组业绩协议制度政策汇总

法规名称	发布单位	发布时间	核心规定
《上市公司重大资产重组管理办法》（证监会令第 53 号）	证监会	2008 年 4 月 16 日	第三十三条
《上市公司重大资产重组管理办法》（2011 年修订）（证监会令第 73 号）	证监会	2011 年 8 月 9 日	第三十三条
《上市公司监管指引第 4 号——上市公司实际控制人、股东、关联方、收购人以及上市公司承诺及履行》	证监会	2013 年 12 月 27 日	第五条
《关于进一步优化企业兼并重组市场环境的意见》（国发〔2014〕14 号）	国务院	2014 年 3 月 7 日	全文

---

① 2007 年 10 月，海富投资与甘肃世恒公司签订增资协议书，约定对赌条款；2008 年，甘肃世恒的净利润未达到承诺标准。根据约定，甘肃世恒需向海富投资进行补偿。双方发生补偿纠纷，海富投资将甘肃世恒告上法庭；2010 年 12 月 31 日，兰州中院作出一审判决，判定对赌条款无效，海富投资不服并提起上诉；2011 年 9 月 29 日，甘肃高院作出二审判决，判定对赌条款无效，但判定甘肃世恒返还海富投资的增资款和利息，甘肃世恒不服并向最高人民法院提起申诉；2011 年 12 月 19 日，最高人民法院提审此案；2012 年 11 月，最高人民法院下达判决，撤销甘肃高院对此案的二审判决，认定投资方股东与被投资方原股东之间的对赌条款有效，并判决甘肃世恒向海富投资支付协议补偿款。

续表

法规名称	发布单位	发布时间	核心规定
《上市公司重大资产重组管理办法》（2014 年修订）（证监会令第 109 号）	证监会	2014 年 10 月 23 日	第十九条
《上市公司监管法律法规常见问题与解答修订汇编》	证监会	2015 年 9 月 18 日	第八条
《关于并购重组业绩补偿相关问题与解答》	证监会	2016 年 1 月 15 日	全文
《关于并购重组业绩奖励有关问题与解答》	证监会	2016 年 1 月 15 日	全文
《关于上市公司业绩补偿承诺的相关问题与解答》	证监会	2016 年 6 月 17 日	全文
《关于上市公司重大资产重组前发生业绩"变脸"或本次重组存在拟置出资产情形的相关问题与解答》	证监会	2016 年 6 月 24 日	全文
《上市公司重大资产重组管理办法》（2016 年修订）（证监会令第 127 号）	证监会	2016 年 9 月 8 日	第三十四、三十五条
《上市公司重大资产重组管理办法》（2018 年修订）（证监会令第 127 号）	证监会	2018 年 9 月 10 日	第三十四、三十五、四十三条
《关于业绩承诺方质押对价股份的相关问题与解答》	证监会	2019 年 3 月 22 日	全文

从国务院和证监会发布的政策法规与解答说明中可以发现，目前监管层面对上市公司并购重组业绩承诺协议关注的核心要点，主要关注在以下几个方面。

1. 在上市公司并购重组过程中需要签订业绩承诺协议的两种情况，主要包括：（1）《上市公司重大资产重组管理办法》（证监会令第 53 号）等政策法规明确了基于收益现值法和假设开发法等未来收益预期法下对交易标的进行价值评估；（2）对交易标的采用资产基础法进行价值评估下存在基于未来收益预测的部分等两种情况下都需要做出业绩承诺协议。

2. 在上市公司并购重组过程中交易对方需要做出业绩承诺协议的三种情况：（1）《上市公司监管指引第 4 号——上市公司实际控制人、股东、关联方、收购人以及上市公司承诺及履行》明确规定当交易对方为上市公司控股股东、实际控制人或者其控制的关联人时，无论是控股、参股、过桥安排等何种身份，均需要强制做出业绩承诺协议；（2）当并购重组属于第三方的市场化并购交易对方时，要根据市场化原则以及实际谈判结果协商确定，不再强制做出业绩承诺协议，并购双方可以根据市场化的原则自主选择是否签订业绩承诺协议，并且业绩承诺协议具体条款的设置也较为灵活；（3）在构成借壳上市的并购重组交易过程中，交易对方应该签订业绩承诺协议，并且当承诺业绩未达到承诺标准时，交易对方的股份补偿不得低于该项交易发行股份数量的90%。

3. 业绩补偿方承担业绩补偿义务的比例在实践中的三种情况：（1）当业绩补偿协议中的标的公司有且只有一个股东时，该股东需要承担100%的业绩补偿义务；（2）当业绩补偿协议中的标的资产存在多个股东，且这些股东全部为业绩补偿的补偿方时，补偿比例的设置情况；（3）当标的公司有多个股东，但仅有其中部分股东承担业绩补偿义务时，承担补偿义务的股东的补偿义务比例情况。

4. 当承诺业绩未达到承诺标准时，在业绩补偿方式上主要包括三种情况：（1）现金补偿；（2）股份补偿；（3）"现金＋股份"补偿，以及不同补偿方式的适用情况。在现金＋股份的补偿方式下，先以股份补偿，不足部分以现金补偿。

5. 关于业绩补偿期限的规定：一般为重组实施完毕后的三年，并且根据相关情况可适当延长。

6. 业绩承诺协议不可变更，在并购重组过程中明确业绩承诺标准、补偿方式以及补偿期限后，不可调整和变更。

二、对赌协议的监管要点

2018 年 11 月 2 日，国家公共信用信息中心发布了"10 月新增失信联合惩戒对象公示及情况说明"，给开展并购重组的相关各方提醒。由证监会提供列入失信黑名单中包括弘高创意董事长何宁，未勤勉尽责挨罚的金亚科技前独董周良超和因操纵市场领罚单的马永威、谢一峰、江卫东等 5 人。其中，弘高创意董事长何宁，因公司控股股东逾期不充分履行并购重组业绩承诺，而被列入失信黑名单，这在中国资本市场上尚属于首例。

根据规则，上市公司相关责任主体收到监管函后，在派出机构责令改正的限期内，仍未履行承诺的，其法定代表人将被纳入失信黑名单，被限制乘坐火车高级别席位（其中，包括列车软卧、G 字头动车组列车全部座位、其他动车组列车一等座以上座位）和民用航空器。出行不能乘飞机、坐软卧，无疑将会影响公司"老总们"的出行效率和质量。

为什么在资本市场从事并购重组的"老总们"会出现这种情况？事情的由来还需从 2014 年说起。当时，弘高创意前身东光微电以除 6000 万元现金外的全部资产和负债作为置出资产，与北京弘高慧目投资有限公司、北京弘高中太投资有限公司、龙天陆以及李晓蕊等持有的弘高设计全部股权的等值资产进行置换。彼时，弘高慧目、弘高中太承诺弘高设计 2014～2016 年度实现扣非净利润将分别不低于 2.19 亿元、2.98 亿元和 3.92 亿元。但最终，弘高创意 2016 年度未实现业绩承诺，较业绩承诺少了 1.42 亿元，完成比例为 63.78%。按照业绩承诺，弘高慧目应补偿上市公司 7078.28 万股股份，返还现金 707.83 万元；弘高中太应补偿 6842.11 万股股份，返还现金 684.21 万元。经过法院协调等多种措施，最终弘高慧目和弘高中太没有履行完成股份补偿义务。

2018 年 7 月，北京证监局分别向弘高慧目和弘高中太下发了行政监管措施决定书。北京证监局认为，弘高慧目、弘高中太超期未履行2014 年弘高创意重大资产重组时所作出的业绩补偿承诺。北京证监局对两家公司采取责令改正的监督管理措施，要求其在 9 月 30 日前将业绩补偿承诺履行完毕。到了 10 月 15 日，弘高慧目和弘高中太因未充分履行业绩承诺，受到了深交所给予的公开谴责处分。弘高慧目、弘高中太分别为弘高创意第一大和第二大股东，互为一致行动人。何宁同时为弘高中太、弘高慧目和弘高创意三家公司的法定代表人。公司未能履行公开承诺，何宁作为法人代表就受到约束。根据相关规定，被列入失信黑名单将被限制乘坐火车高级别席位（包括列车软卧、G字头动车组列车全部座位、其他动车组列车一等座以上座位）和民用航空器，有效期为 1 年。其间，若弘高中太、弘高慧目完全履行业绩承诺，相关限制措施将解除。

上市公司并购重组业绩承诺的完成情况与投资者利益密切相关，受到投资者高度关切。首先，基于未来收益预测对标的公司的估值以及其业绩承诺情况是监管的重点。并购协议中要明确评估假设前提合理性，收入成本费用预测的可靠性。同时监管机构还会关注业绩承诺与历史业绩的关联性，所设定的业绩增长指标是否合理，业绩承诺是否高于各期评估预测，重组募集资金投资项目是否对业绩目标实现有重大影响。其次，对于业绩补偿安排的监督。业绩补偿安排是否合理，补偿义务人是否可以切实履行义务，对可能出现无法履行补偿义务的事项是否进行约定，对标的公司的减持测试安排以及上市公司未控制标的公司情况下，如何保证业绩补偿行为正常履行。

基于实务案例，对除政策要求的业绩承诺协议要点进行总结归纳。

1. 业绩承诺比例及覆盖率

交易对方做出的业绩承诺是否能够覆盖资产重组标的全部估值，

一直以来是监管机构的关注重点。目前来看，参与业绩承诺的交易对方越多、覆盖交易标的估值的比例越高，越容易取得监管机构认同。

2. 以其他指标作为业绩考核指标

当前绝大部分公司在签订业绩承诺协议时仅以净利润指标作为考核要求，然而在权责发生制下，净利润指标容易受到操纵，引发并购双方的纷争。而基于收付实现制下的现金流量指标或基于市场占比、客户拓展等指标，一方面能够防范业绩被操纵的风险，另一方面考核指标更加直观，并购双方更容易达成共识。

3. 设定业绩完成比例对应不同业绩补偿时点

当标的公司未完成业绩承诺协议中要求的目标，上市公司对于标的公司补偿义务人在补偿时点上也有不同要求。一般来说，当标的公司未完成当年业绩目标时，上市公司会要求标的公司补偿义务人即可履行补偿义务。然而也有上市公司在签订业绩补偿协议时对补偿时点有特别要求。

2015 年渤海股份收购嘉诚环保工程有限公司 55% 的股权。并约定嘉诚环保业绩承诺的补偿义务人需要对嘉诚环保 2015～2017 年合并报表口径下扣除非经常性损益后的归属于母公司所有者的净利润进行承诺，具体各年度承诺净利润分别为 10131.54 万元、14223.74 万元和 17778.30 万元。同时，如果业绩承诺期第一年（即 2015 年度）实际实现净利润水平未达到当年承诺业绩水平的 100%，但不低于当年承诺业绩水平的 90%（含 90%），则该部分差额暂不补偿。如果业绩承诺期第一年（即 2015 年度）实际实现净利润水平低于当年业绩承诺水平的90%，则补偿义务方按协议中公式计算结果向上市公司进行现金补偿。

延缓补偿义务履行时间，一方面可以给予并购双方更多沟通和调节时间，保证标的公司的正常经营以及补偿义务人有余地调整公司业务以保证未来业绩的顺利实现。避免并购双方因无法立刻履行义务而产生较大冲突。但另一方面，延缓补偿义务履行时间可能会降低标的公司及其补偿义务人的责任感和紧迫感，可能不利于未来业绩目标的实现。

第三节　业绩目标合理的交易架构设计

作为一项能够实现对交易对价进行调整的契约安排，业绩承诺协议应用于上市公司并购重组过程中，能够对规范并购流程以及防止过高交易溢价等方面起到一定的保障作用。然而，上市公司并购重组过程中的业绩承诺协议目前仍然存在着业绩承诺协议的方案设计和指标应用还不尽合理，导致上市公司并购重组中还存在业绩承诺协议无法履行甚至变更条款的情况，以致并购双方因为业绩承诺问题对簿公堂事件时有发生。而要想充分发挥业绩承诺协议在上市公司并购重组过程中的重要作用，仍需要多方面的共同努力。基于此，本书提出以下政策建议。

一、加强业绩承诺协议的应用

并购重组不仅是国家层面优化产业结构、化解产能过剩以及培育具有国际竞争力的大型企业集团的重要途径，也是上市公司实现战略目标、资源优化配置以及提高竞争力的有效手段。目前中国正处于产业转型升级的关键时期，上市公司参与并购交易活动的积极性越来越高，并购重组行为日渐频繁，无论是并购次数还是交易金额，都已达到相当大的规模。可以说，并购重组已经成为当前中国资本市场支持实体经济发展的一种重要方式。然而，从国外成熟资本市场上的并购重组案例来看，上市公司并购重组的成功率较低。大量研究甚至发现，并购重组不仅不能为上市公司带来超额收益，甚至还会造成原有价值的毁损。

相比较之下，国内上市公司并购重组的成功率将会更低。这一现象说明，无论是在国外还是在国内，并购重组市场制度需要进一步完善，市场环境也需要进一步优化。在当前全球性资源配置以及中国经济升级转型的大背景下，中国资本市场上的并购重组开始呈现出差异化、多元化和混合化的特点，不仅有国内企业走出国门开展与国际接轨的跨国并购，也有国有企业之间兼并重组等中国计划经济体制内所特有的并购，更有企业发展壮大过程中实现整合升级、获取规模效应的并购，就更加需要切实可行并且行之有效的制度保障。

作为一种能够实现对交易对价进行适时调整的契约安排，业绩承诺协议的签订以及具体条款的合理设置，能够有助于提高上市公司的并购效率和并购绩效、维护股东权益、公司价值和市场投资者的利益。特别是标的公司中往往有许多来自新兴行业或者轻资产行业，其历史业绩并不出众，甚至长期处于亏损状态。为维护公司价值和市场投资者的利益，就更需要业绩承诺协议的保障。因此，资本市场参与者要充分认识到业绩承诺协议在并购重组中的重要作用，不断加强业绩承诺协议这一契约工具在并购重组中的应用。

二、多种形式的业绩承诺方案设计

上市公司在并购重组过程中要求标的公司签订的业绩承诺协议，在当前中国资本市场上尚属于新兴事物，与私募股权机构投资过程中的对赌协议以及国外并购重组过程中的盈利能力支付协议存在较大不同。在并购重组过程中，由于上市公司和标的公司无法预见业绩承诺协议签订后所有可能情况，从而使得业绩承诺协议具有鲜明的不完全契约特性，这就导致并购双方都可能存在道德风险。那么，如何通过业绩承诺协议具体条款的设置来规避可能存在的道德风险，实现上市公司对标的公司最大程度的激励、促进标的公司取得良好经营业绩和发展水平，进而对上市公司并购绩效产生积极影响，就成为了并购重组业绩承诺协议条款设置中的一个关键课题。目前，中国资本市场对业绩承诺协议方案的设计和指标应用不尽合理，严重阻碍了并购重组市场的健康发展。为充分发挥业绩承诺协议的效用，监管部门要鼓励多种形式的业绩承诺方案设计，同时还可借鉴国外的盈利能力支付协议，鼓励非财务绩效承诺、超额业绩奖励条款、企业行为承诺以及管理层任职承诺等多样化条款的应用，从而在根本上改变当前上市公司并购重组业绩承诺条款形式单一的现状，以更好地适应中国资本市场发展特性。

三、着眼于公司价值签订业绩承诺协议

由于股东与高管层之间存在委托代理问题和信息不对称，高管层主导上市公司并购重组全过程，这就为高管层实施以股东利益和公司价值为代价来谋求自身利益最大化的行为创造了条件。在并购重组过程中，股东应更多地参与到并购前的尽职调查、并购中的方案设计以及并购后的资源整合，从而减缓与高管层之间的信息不对称程度。特别是在业绩承诺协议签订以及具体条款设置的过程中，应重点关注高管层的行为，防范高管层出于自利目的在签订业绩承诺协议的同时设置宽松的条款，从而损害股东利益和公司价值。同时，又由于并购双方与市场投资者之间存在较大程度的信息不对称，这就导致上市公司可能炒作并购重组以及业绩承诺概念，进而并购内部价值较低以及与上市公司协同效应较差的标的公司，谋求短期股价的提升而忽视公司长远价值，导致并购商誉过高。当标的公司无法完成业绩承诺目标时，

就会造成巨大的商誉减值以致拖累上市公司业绩，使得上市公司的市场声誉及现实利益均受到较大影响，最终损害股东利益和公司价值。因此，上市公司在并购重组过程中应着眼于公司长远价值的提升，选择内部价值较高以及与上市公司协同效应较好的标的公司，确保重组交易的合理性和公平性，并且通过业绩承诺协议的签订以及相关条款的设置来保障中小股东利益。

四、根据企业实际经营设置相关条款

业绩承诺协议设立的初衷是规范并购流程和防止过高交易溢价，从而能够保障并购方利益。在本质上，业绩承诺协议签订及相关条款的设置是标的公司与上市公司在并购重组过程中遵循市场化原则进行利益动态博弈的结果，是一种高度市场化的行为。然而如果标的公司接受过于苛刻的业绩承诺条款，将会使得业绩承诺协议签订以及具体条款设置这种市场化行为存在巨大偏向，导致业绩承诺协议也就无法体现其对并购重组交易定价的调节效用，进而利益动态博弈的结果最终不利于标的公司。虽然在并购重组交易过程中，标的公司可能会为了获取更高的估值和交易对价，而选择承诺较高的业绩目标以及较为严格的业绩承诺协议条款，但应该认识到如果承诺的业绩目标以及业绩承诺协议条款的设置适度与否，就可能导致并购重组交易定价难以充分体现出市场化的真实定价，破坏并购重组过程中并购双方协商谈判的市场基础，使得标的公司在利益动态博弈过程中处于较为不利的地位。因此，为避免业绩承诺协议签订以及具体条款设置过程中，标的公司出于对超高交易定价的追求而导致潜在风险增大，标的公司根据企业的实际经营情况合理做出业绩承诺，并且合理设置业绩承诺协议具体条款。

五、落实业绩承诺协议签订后的督导责任

一项并购交易的最终完成，除了交易双方之外，往往还离不开会计师事务所、资产评估机构、律师事务所以及独立财务顾问等中介机构的参与作用。而中介机构参与上市公司并购重组过程，本身就具有信号传递功能，能够使得资本市场投资者获取更多关于并购交易细节以及标的公司内在价值的信息。因而就可能造成在有中介机构参与的并购重组过程中，并购双方以及资本市场投资者可能会对业绩承诺协议的签订以及具体条款设置的诉求有所不同。考虑到目前中国金融市场新兴加转轨的特征，就需要进一步加强中介机构在上市公司并购重组过程中的作用，通过其信号传递功能，这对于保护资本市场投资者利益有着极为重要的意义。而要确保中介机构降低并购交易双方与资本市场投资者之间信息不对称程度效用的发挥，以及实现对资本市场投资者利益保护的意义，就需要提高中介机构的独立性和监督作用，同时落实中介机构在业绩承诺协议签订后的督导责任。针对在并购重组过程以及业绩承诺协议方案设计过程中，中介机构独立性不强以及监督作用未能有效发挥的情况，可探索实施中介机构赔偿制度。对于因中介机构未能发挥应有的督导作用而导致投资者损失的，要求其以中介费用承担补偿责任。

第四节　实践案例与实操建议

一、实践案例

Wind 数据显示，2011～2020 年并购重组事项合计超过 6000 起，截至 2020 年超过 40% 的并购交易需要履行业绩承诺。而与此同时，

Wind 数据显示，2018 年共计 871 家上市公司计提商誉减值金额 1659 亿元，是 A 股商誉减值史上最高的一年，是 2017 年的 4.5 倍、2016 年的 14.5 倍。虽然使用业绩承诺协议能够保证上市公司利益，但实践数据并没有直接反映出业绩承诺协议应有的效果，反而近年来在并购完成后高额商誉减值情况频出。

两市商誉减值规模最高的上市公司来自传媒业的天神娱乐（002354.SZ），其在 2018 年年报中所披露的减值金额高达 40.6 亿元，引发市场的广泛关注。除此之外，东方精工（002611.SZ）、掌趣科技（300315.SZ）以及聚力文化（002247.SZ）等 2018 年商誉减值金额均超 20 亿元，大幅侵蚀着上市公司当年利润甚至形成巨亏。另据统计，2018 年亏损的上市公司家数为 452 家，近六成存在商誉减值情况，而商誉之所以发生大幅减值主要诱发因素便是业绩承诺不达预期。

2014～2016 年是 A 股上市公司并购大爆发的三年，2017～2018 年迎来业绩承诺的高发期。报告显示，2017 年和 2018 年业绩承诺期满的并购涉及上市公司分别为 253 家和 262 家，业绩承诺期间合计承诺金额 1364 亿元和 1824.4 亿元。其中未达业绩承诺的上市公司分别为 78 家（占比为 30.8%）、87 家（占比为 33.2%），未达标率尚在可接受区间。从板块分布看，中小创尤其是中小板上市公司对业绩承诺完成率形成较大拖累。

值得注意的是，业绩承诺完成率为负数的严重不达标承诺合计 15 家，涉及的并购标的并非集中在大家所熟知的影视、游戏、互联网金融、VR 等虚拟类行业，而是新能源汽车产业链。比较典型的代表并购为坚瑞沃能（300116.SZ），其以 52 亿元交易对价跨界收购锂电池企业沃特玛，在该项交易中所涉及的业绩承诺合计 28.31 亿元，但完成率却为 -220%；富临精工（300432.SZ）以 21 亿元交易对价收购锂电正极材料企业升华科技，在该项交易中所涉及的业绩承诺合计 6.13 亿元，完成率为 -125.8%。与此同时，游戏、影视、互联网金融、广告营销、环保园林、软件开发、教育等行业类的并购亦是业绩承诺不达标的高发区。从上述不难发现，这些业绩承诺不达标较严重的并购标的往往处于当前的新兴行业和轻资产行业，这也是过去几年上市公司在并购重组过程中十分偏爱的两类资产，不惜支付高溢价去竞逐热门标的，而且普遍属于跨界收购。

相比之下，传统行业的收购完成情况较好。报告统计数据显示，近两年，共计34家（2017年为15家、2018年为19家）上市公司并购资产超额达标，大都分布在化工、钢铁、有色等传统行业中，主要得益于当前持续推进的供给侧结构性改革。例如，鹏欣资源（600490.SH）收购铜开采企业鹏欣矿投涉及业绩承诺完成率为292%，排名第一；齐翔腾达（002408.SZ）收购化工企业齐鲁科力涉及承诺完成率为222%。此外，房地产行业虽然处于调控期，但仍然是利润较高的行业，业绩承诺完成率也不错，比如南山控股（002314.SZ）收购南山地产、绿地控股（600606.SH）整体上市等业绩承诺完成率均超过130%。

在大幅商誉减值以及未完成业绩指标的情景下，上市公司与交易对方的纷争问题也层出不穷，下面用几个典型案例来介绍。

1. 案例一：美丽生态并购八达园林

2015年5月15日，美丽生态与交易对方签署了《发行股份及支付现金购买资产协议》，上市公司拟以发行股份和支付现金相结合的方式，购买交易对方合计持有的八达园林100%股权。交易标的作价166000万元，其中51%以现金方式支付，现金对价84660万元；49%以发行股份方式支付，按发行价格6.92元/股计算，发行数量不超过11754.34万股。

八达园林主要经营范围是园林绿化工程、园林古建筑工程、市政工程、水暖安装工程施工，山体造绿，假山、喷泉安装，苗木花卉培植销售，园林绿化规划设计及技术咨询服务。2013 年和 2014 年经审计后的净利润分别为 5662.99 万元和 8708.06 万元。扣除非经常性损益后的 2013 年和 2014 年净利润分别为 6535.71 万元和 8825.71 万元。

根据《盈利预测补偿协议》，八达园林原实控人王仁年承诺：八达园林 2015 年、2016 年和 2017 年经审计的归属于母公司股东的扣除非经常性损益的净利润分别不低于 16600 万元、23100 万元和 33000 万元。若未完成业绩，王仁年应向上市公司支付补偿，补偿方式为现金。

然而仅仅是收购的当年，八达园林的业绩就没有顺利完成目标。随后，美丽生态和王仁年协商，调整业绩承诺金额及期限，业绩承诺目标改为：2016~2019 年经审计的归属于母公司股东的扣非净利润分别不低于 1.68 亿元、2.43 亿元、3 亿元和 3 亿元的业绩承诺。然而，八达园林及王仁年的业绩承诺一再落空。2016 年八达园林扣非净利润为 9031.01 万元，2017 年和 2018 年连续两年更是分别亏损 30103 万元和 62376 万元。相比此前三年实现超 7 亿元的合计净利润承诺，两者差额高达 15 亿元。据深交所公告显示，由于八达园林 2016 年、2017 年和 2018 年均未完成承诺净利润且出现资产减值情形，作为业绩承诺方的王仁年应支付的补偿金额分别为 1.15 亿元、10.11 亿元和 5.34 亿元，累计应补偿金额已达交易作价 16.60 亿元的上限。对于承诺的业绩未实现，八达园林给出的理由是受宏观经济影响，地方政府项目模式逐渐转变为 PPP 模式，一方面政府立项项目数量减少，另一方面项目总投资额大幅增加，而资金支持不到位。

八达园林原实控人王仁年对于业绩补偿金额的支付非常艰难。王仁年持有美丽生态接近 2.4% 的股权，但股票已被司法拍卖，其持有的剩余约 1971.39 万股股票也将被拍卖、变卖。2019 年 9 月 15 日晚，深交所公告称，截至当前王仁年仍未支付美丽生态 2017 年度部分业绩补偿款 9.75 亿元（不包括利息费用）和 2018 年度业绩补偿款 5.34 亿元（不包括利息费用）。鉴于上述违规事实及情节，深交所决定对王仁年给予公开谴责的处分。

同时由于八达园林的业绩未达标，严重拖累了上市公司的业绩。以 2017 年来看，美丽生态当年营业收入为 7.58 亿元，同比下降 28.06%，归属于母公司净利润则亏损 10.61 亿元。其中，八达园林 2017 年的收入由 2016 年的 8.06 亿元减至 6.06 亿元，减少幅度为 24.57%。2018 年，美丽生态再度披露年报显示，2018 年实现营收 3.45 亿元，同比下滑 54.42%；净利亏损约 7.32 亿元。因公司连续两个会计年度经审计的净利润为负值，上市公司被实施"退市风险警示"特别处理。受到业绩拖累的影响，美丽生态的股价开启了暴跌模式。从 2015 年收购当年出现的最高价 17.99 元一路下跌至 2019 年 9 月 17 日午盘收盘价 3.36 元，股价跌幅超 81%，市值蒸发超 119 亿元。更糟糕的是，上市公司为了掩饰子公司不赚钱的事实，甚至不惜虚增利润粉饰业绩，最终收到了监管的罚单。

美丽生态收购八达园林是众多并购案例中的典型，代表了大部分业绩未达标的并购所面临的问题。一方面，标的公司由于外部市场、经济环境或自身原因等问题，无法完成业绩目标导致上市公司计提大额商誉减值，同时在控股并购情况下需要进行报表合并，严重影响上市公司利润，导致上市公司股价下跌，使得中小投资者损失惨重。另一方面，标的公司无法实现业绩目标，补偿责任人需要承担较高的现金或股权补偿，而补偿责任人由于之前把股价进行质押或存在其他行为导致无法按时偿还补偿金额。最终业绩承诺协议的设置不仅没有保证业绩顺利实现，反而给上市公司和标的公司均带来较大损失。

当前业绩承诺协议签订时普遍存在的一个问题是，基于标的公司以往业绩，业绩承诺协议中业绩目标设置较高，没有考虑标的公司外部环境变化等不利因素。从而并购时基于收益法计算的标的公司估值较高，上市公司确认较高商誉，短期促进上市公司股价上涨。然而当标的公司未完成业绩目标时，一系列负面问题导致上市公司与标的公司原股东承担较高损失和风险。

2. 案例二：阅文集团收购新丽传媒

在影视、游戏、互联网金融、VR 等虚拟类行业中，并购重组业绩承诺目标未完成的现象较为普遍，因而这些行业也多发生高额商誉减值的情况。作为影视业内的"老兵"，新丽传媒虽然曾经"三战"IPO，为登陆中国资本市场作出很多努力，但最终还是在现实面前低下了头，选择投入到阅文集团怀抱。

2018 年 9 月阅文集团（00772.HK）发布公告，称董事会已同意155 亿元购买 Tencent Mobility、创办人特殊目的公司、曲女士特殊目的公司以及管理层特殊目的公司所持新丽传媒的所有已发行股份，即标的公司的 100% 已发行股本。收购事项完成后，新丽传媒将成为阅文集团的全资附属公司。在这起并购重组中，新丽传媒做出业绩承诺，2018～2020 年连续三年的净利润分别不低于 5 亿元、7 亿元和 9 亿元。不过，阅文集团公布的 2018 年年报显示，新丽传媒在 2018 年实际完成的净利润为 3.24 亿元，跟预期相比相差 1.76 亿元；2019 年新丽传媒上半年净利润仅 9550 万元，完成度仅 13.6%，这与此前被收购时所承诺的 2019 年完成 7 亿元净利润的业绩相差甚远。这意味着，新丽传媒肩负着 6 亿元净利润的"任务"。

一年前，阅文集团以 155 亿元收购新丽传媒 100% 股份，同时新丽传媒也作出了业绩承诺。这意味着，2019 年新丽传媒需要完成 7 亿元的净利润，而截至 2019 年上半年，新丽传媒净利润不足 1 亿元。而当时阅文集团以 155 亿元收购新丽传媒时就引发了不小争议。2018 年 8月 13 日阅文集团公布收购公告时，当时已上市公司慈文传媒、华策影视、唐德影视和欢瑞世纪的总市值分别为 61.03 亿元、165.91 亿元、36.72 亿元和 45.71 亿元。横向对比后，当时未上市的新丽传媒估值约相当于 1 个华策影视。根据财务数据，新丽传媒 2016 年和 2017 年的税后净利润分别为 1.61 亿元和 3.77 亿元。截至 2017 年底，新丽传媒的资产总值及资产净值分别为 41.18 亿元及 12.99 亿元。

由于 2019 年影视业的普遍低迷，新丽传媒在来年实现业绩目标的压力将非常大。类似影视、游戏、互联网金融、VR 等虚拟类行业，其业绩收益受到市场影响非常大，稳定性较差，预测性较低。然而，由于这类行业中的公司所处行业的特性，使用净利润作为业绩指标显然会给上市公司和标的公司带来较大风险。因此，需要考虑这类行业公司是否适合签订业绩承诺协议或是以净利润为基础的业绩目标。

3. 案例三：东方精工收购普莱德

东方精工收购普莱德，业绩承诺补偿出现纷争。

东方精工 2016 年 7 月披露了有关收购普莱德 100% 股权的交易预案。本次交易完成后，公司将持有普莱德 100% 股权，并将以此快速切入新能源汽车锂离子动力电池系统业务。根据本次交易方案，大先行、宁德时代、北汽产投、福田汽车分别承担 38%、23%、24% 和 10% 的利润补偿义务。而针对标的 2018 年业绩是盈是亏问题，东方精工与标的普莱德管理层和原股东都产生了巨大的分歧，东方精工认为标的 2018 年亏损 2.19 亿元，标的管理层却称盈利 3 亿多元。为此，双方开启了多轮唇枪舌战。

2019 年 4 月 16 日晚，东方精工公告称，收购的标的普莱德 2018 年亏损 -2.19 亿元，未完成业绩承诺，对收购普莱德形成的商誉计提 38.48 亿元减值准备，同时要求普莱德原股东支付 26.45 亿元的业绩补偿。计提商誉减值准备得到立信会计师事务所的认可。但作为标的普莱德原股东的福田汽车，于 4 月 18 日晚发布公告称，普莱德管理层批准报出的 2018 年度财务报表与东方精工披露的普莱德的业绩存在重大差异，东方精工存在误导投资者的情形，同时，称立信会计师事务所私自出具审核报告，严重误导投资者。并表示对东方精工计提商誉价值不认可，并表示将会采取法律等各种手段，保护公司及国有资产利益。4月22日晚，普莱德原股东也即另一家上市公司宁德时代也公告称不认可东方精工和立信会计师事务所确认的普莱德2018年度业绩。

5月6日，普莱德管理层又召开主题为"业绩被亏损，管理怎背锅？"的媒体说明会，怒怼东方精工和立信会计师事务所对普莱德业绩的确认，称普莱德2018年盈利3亿多元，而非亏损2亿多元。称东方精工和立信会计师事务所的做法是极其不负责任的。随后，5月6日晚间，东方精工又对普莱德召开的媒体说明会予以反驳，称普莱德此次媒体发布会及管理人员声明存在诸多不实情形，发布声明的管理层，都是普莱德原股东推荐的到普莱德任职的管理人员的单方行为，也未经普莱德股东批准，管理人员声明的内容存在诸多误导性内容。

东方精工观点：

（1）关联交易定价不公允，不公允部分利润不予确认

普莱德、宁德时代、北汽新能源于2016年5月10日签订《三方战略合作协议书》，有效期自2016年5月10日起至2021年5月9日止，共同开展产业链业务的协作。同时明确由宁德时代提供电芯、普莱德提供PACK并形成动力电池系统后向北汽新能源供货。

从东方精工披露的重组报告书，可以发现，北汽新能源一直是普莱德第一大客户，而北汽新能源与普莱德原股东福田汽车及北汽产投均受北京汽车集团有限公司控制，为关联方。

2015年和2016年1月至10月，普莱德向北汽新能源及福田汽车销售额占同期营业收入比重分别达61%和75%。东方精工2018年年报披露，普莱德2018年销售方面对北汽新能源的销售占比持续提升，销售占比从2016年的58.19%、2017年的82.03%提升至2018年的93.85%。

同时，采购方面，普莱德原股东宁德时代一直是普莱德第一大供应商，2015年、2016年1~10月，普莱德向宁德时代的采购额占同期采购额比重分别达73.76%和83.57%，2018年对宁德时代的采购额占

比也高达83%。

东方精工认为，普莱德与原股东的关联交易占比过大且利润率偏高，使东方精工及审计机构无法认可其利润。

此外，东方精工与标的原管理层对普莱德业绩产生分歧的另一重要原因是质保金的计提。

（2）计提质保金，减少利润约3亿元

东方精工表示，2018年以来，多家客户反映普莱德产品出现质量问题，故障率升高，故计提了约3亿元质保金，分类为销售费用。

质量保证金是普莱德按照动力电池PACK的销售额的一定比例计提的费用，用于后续产品售后服务。

东方精工年报披露，2018年，普莱德部分重要商用车客户反映，普莱德已售出动力电池PACK产品的故障增多，并提出了相应的质保要求。在相关问题按对方要求解决前，对方与普莱德的新增业务合作处于停滞状态。鉴于上述情况，就该事项公司计提了解决上述问题所需要的维保费用。

基于普莱德2018年故障情况较之前年度严峻，并且公司参考同行业内上市公司维修费（质保金）计提比例（根据披露数据，同行业上市公司宁德时代、国轩高科等公司维修费用的计提比例，平均在4%左右）。东方精工对2018年新售出的动力电池按收入的4%计提售后维修服务费（质保金），金额约3亿元。

而无论是调整关联交易产生的利润，还是集体质保金，都不被标的管理层及原股东认可，导致了普莱德是盈是亏各方出现争议。

立信会计师事务所出具的对东方精工的审计报告中，也将普莱德的商誉减值问题、收入确认真实性问题、质保金计提问题和采购返利问题作为关键审计事项披露。

普莱德管理层观点：

5月6日，普莱德管理层召开主题为"业绩被亏损，管理怎背锅?"的说明会，怒怼东方精工，以下是普莱德管理层媒体说明会的主要内容。

并购双方对业绩实现结果分歧已成为业绩承诺协议所产生的一个重大问题。基于上市公司角度，在并购时支付超额溢价并购标的公司，因此希望标的在未来的经营中能给公司带来丰厚利润。而关联交易所产生的收益显然无法令上市公司满意。但从标的方的收入结构可知，关联交易一直存在，而2018年的关联交易额度占比较高。从而引发了标的公司的不满。标的方管理层认为基于公司的经营模式，关联交易是一直存在的，并不存在不合理的地方。另外，上市公司没有及时将并购时募集资金交付到位，从而导致资金不足，预期利润无法实现。由于两方分歧导致对业绩实现结果存在纷争。解决此类方法最简单的方式为聘请独立的会计师事务所对标的公司的业绩进行较为独立的审核。而在上述案例中也可以发现，会计师事务所是无法实现独立的。由于当时会计师事务所的竞争压力较大，依附于上市公司现象明显，同时受限于自身能力，无法给出较为独立的审计结果。

二、实操建议

根据企业实际经营情况做出业绩承诺，根据业绩承诺方类型，灵活安排业绩承诺方案。避免因财务投资人不愿参与业绩承诺，对借壳重组整体上市方案产生实质影响；针对不同行业制定差异化的业绩承诺协议，尤其是高风险行业；对业绩承诺期结束后公司业绩走势需要有约束。

对赌不能只对赌业绩，还要对赌现金流。在并购对赌中，如果上市公司质押标的公司原股东的持有股票，原股东将股票质押融资或者债务清偿了，如果对赌完不成，极大可能导致无法收回股票进行清偿，证监会虽然要求对赌期间公司的股票不能够质押融资，但法院对于质权优先原则判决，将导致上市公司受到损失，这种案例很多。

市场上有一句话，没有现金流的利润都是做假账，这句话固然有些绝对，但也是很有道理的，利润的价值体现在现金流上，因此，并购企业除对赌净利润指标外，一定要考虑对处于经营成熟和发展期企业（非科技类创业企业）加入现金流对赌指标，通过对现金流的对赌考核，来要求目标公司强化现金流管理，以防止标的公司财务造假和盲目扩张规模，高负债完成业绩目标或者通过盲目投资完成业绩目标。上市公司京蓝科技在收购北方园林，总体收购价格7.5亿元人民币，就设立了要求三年累计经营性正现金流必须达到净利润的50%，三年经营下来，因国家PPP政策调整，北方园林原股东没有完成净利润指标，现金流指标为负，法院判决全额赔偿京蓝科技7.5亿元收购价值。但京蓝科技收购土地污染修复治理公司中科鼎实，同样加入现金流对赌指标，中科鼎实经营业绩良好，既完成对赌净利润，也完成了现金流指标。

结　语

作为一项能够实现对交易对价进行调整的契约安排，业绩承诺协议应用于上市公司并购重组过程中，能够对规范并购流程以及防止过高交易溢价等方面起到一定的保障作用。然而，上市公司并购重组过程中的业绩承诺协议目前仍然存在着业绩承诺协议的方案设计和指标应用不合理，导致上市公司并购重组中还存在业绩承诺协议无法履行甚至变更条款的情况。要想充分发挥业绩承诺协议在上市公司并购重组过程中的重要作用，仍需要多方面的共同努力。

并购重组不仅是国家层面优化产业结构、化解过剩产能以及培育具有国际竞争力的大型企业集团的重要途径，也是上市公司实现战略目标、资源优化配置以及提高竞争力的有效手段。目前中国正处于产业转型升级的关键时期，上市公司参与并购交易活动的积极性越来越高，并购重组行为日渐频繁，无论是并购次数还是交易金额，都已达到相当大的规模。可以说，并购重组已经成为当前中国资本市场支持实体经济发展的一种重要方式。然而，从国外成熟资本市场上的并购重组案例来看，上市公司并购重组的成功率较低。市场上大量案例表明，并购重组不仅难以为上市公司带来超额收益，甚至还会造成原有价值的毁损。相比较之下，国内上市公司并购重组的成功率将会更低。这一现象说明，无论是在国外还是在国内，并购重组市场制度需要进一步完善，市场环境也需要进一步优化。

在以往的并购重组交易中，业绩补偿制度常常是"标配"，尤其是需要证监会审核的交易。但近年来，随着中国企业走出国门的步伐加快，业绩补偿制度经常出现"水土不服"的症状，国外的公司经常对业绩补偿制度有一定的抵触情绪。在当前全球性资源配置以及中国经济升级转型的大背景下，中国资本市场上的并购重组开始呈现出差异化、多元化和混合化的特点，不仅有国内企业走出国门开展与国际接轨的跨国并购，也有国有企业之间兼并重组等中国计划经济体制内所特有的并购，更有企业发展壮大过程中实现整合升级、获取规模效应的并购，就更加需要切实可行并且行之有效的制度保障。作为一种能够实现对交易对价进行适时调整的契约安排，业绩承诺协议的签订以及具体条款的合理设置，能够有助于提高上市公司的并购效率和并购绩效、维护股东权益、公司价值和市场投资者的利益。特别是标的公司中往往有许多来自新兴行业或者轻资产行业，其历史业绩并不出众，甚至长期处于亏损状态。为维护公司价值和市场投资者的利益，就更需要业绩承诺协议的保障。因此，资本市场参与者要充分认识到业绩承诺协议在并购重组中的重要作用，不断加强业绩承诺协议这一契约工具在并购重组中的应用。

第五章 利益分配公平原则

——团队前行的核心保障

导 读

　　任何组织和团队要取得成功，都不能仅仅依靠优秀的个人，而是必须依靠离自己最近、最直接的团队。一个团队的力量，远远大于一群人的简单相加。

　　团队合作的效率和执行力，可以在一定程度上引领团队的发展方向；也可以最大限度地发挥个体的最大潜力和价值，实现个体和整体的最佳优化。相互合作说起来容易，做起来却不容易。团队需要持续的沟通、磨合和深厚的信任，才能达成合作与默契。并购是一项复杂的系统工程，需要并购各方的通力合作。建立一支由各类专业人士组成的并购团队，是保证并购交易成功的关键，而实现并购过程中利益的最公平分配，则是并购交易成功的关键。

第一节 并购团队的打造

一、并购团队的重要性

　　在当前阶段，大多数中国企业都处于发展阶段。很多企业在发展壮大的过程中，难免会面临并购重组的问题。与成熟的国外并购市场相比，中国并购市场仍处于初步发展阶段。作为中国并购市场的主力军，上市公司无论是业绩驱动、市值驱动还是理念驱动，以上市公司为核心的产业并购也才刚刚起步，其并购能力还略显不成熟。因此，要想在资本市场，尤其是并购市场取得成功，一支稳定团结的并购团队必不可少。

并购重组作为公司一项重大战略选择，不仅需要考虑经济环境、产业周期以及资本市场波动等影响并购重组本身的宏观外部环境因素，还要考虑公司自身的拥有行业领先地位、财务资源、并购整合经验的积累和对标的价值判断等内在因素。因此，组建并购重组团队是企业并购中至关重要的一步，一步走错，满盘皆输，组建好团队至关重要。

二、并购团队的构成

并购不是一个简单的小工程，需要所有参与者的通力合作。组建一支由各类专业人才组成的并购团队，是确保并购交易成功的关键。其中，公司的核心管理团队是整个并购的执行者和并购交易的牵头人。他们需要不断深入地了解公司与目标公司的战略关系，优化交易前期制定的整合规划，并在交易完成后形成完整的战略整合方案；他们需要对企业管理和资本市场规则有深刻的理解。并有明确的决策路线，确保影响交易的偶然因素能够得到快速处理，并在不同的时间点做出最终的作用。其中，董事会的效率非常重要。

三、并购团队的要求

团队是并购过程中最重要的因素。由于并购人才专业性强、能力要求高，并购团队的建立和人才队伍的培养和壮大是一个循序渐进的过程。由于并购项目的规模往往很大，对行业的深入了解和判断成为并购重组成功的前提。在成立初期，并购团队的建立与大多数风险投资（VC）和私募股权投资（PE）类似。最好是按行业类别划分，但不必详尽无遗或行业范围过于严格，如制造业投资项目，不会像 TMT 领域①的投资项目那么多。如果被行业限制在一些特殊范围内，对一些成员来说是不公平的。在并购团队成立初期，由于团队成员人数有限，投资人职责的重点领域不必划分得太细。这里需要强调的是，并购团队所要求的投资者特征与 VC 完全不同，风险投资人需要的是敏锐的商业嗅觉和对新技术、新商业模式的持续热情。同时，由于目前 TMT 领域的项目占据 VC 投资比例超过 50%，丰富的 TMT 圈投资人脉资源变得越来越重要。

对 VC 来说，投资一个好的项目就是一切，一些 VC 基金只能依靠一两个具有特别准确的商业直觉或 TMT 人脉资源的合作伙伴才能成功。然而，对于并购团队来说，这几乎是不可能的。并购投资人需要更全面的人才，在并购中，投资者往往需要具备更全面的能力，从行业研究到金融知识在具体项目交易中的应用以及与高级管理团队的沟通、战略讨论和制定的能力等。这似乎需要并购基金的投资者是一个多面手或者一个全才，但是没有人是完美的。在当今日益复杂的商业社会，应强调各个职能领域的专业性。这就要求我们更多地依靠团队合作来完成一项复杂的任务，这也导致并购团队内部需要另一个重要的团队配置——专门的投后管理支持团队。

除了投资之外，在并购投资中，投后管理和投资一样重要。好的投资只是第一步，能否管理好团队对项目的最终回报将产生巨大的影响。因此，与传统 VC 按行业分组不同，需要专门的投后管理支持团队。请注意，投后管理"支持"团队并非投后管理独立分拆成立投后管理团队。投资前后一体化管理是一种比较可行的内部管理模式，在

---

① TMT（Technology，Media，Telecom）产业是科技、媒体和电信三个英文单词缩写的第一个字头，实际上是未来电信、媒体与科技（互联网）和信息技术融合的一个大趋势。

项目的实际运作中应该是基本原则。那么投后管理支持团队应该如何建立和配置呢？一个综合考虑组织各项功能建设的横向顾问团队，是一个更实际的选择。KKR、贝恩等外资并购基金将设立专门的咨询公司，支持投后管理。并购基金早期，在团队规模有限的前提下，不妨以内部专业顾问的形式支持投资团队。有许多功能需要尽早考虑，根据项目的实践经验，人力资源顾问和财务顾问这两种类型在前期最为紧迫。很多企业的投后增值工作都以这两个部分作为基础。

随着被投资公司规模的逐渐扩大，复杂程度会逐渐增加，各项职能任务的专业要求也会逐渐提高。这就需要各职能的专业顾问帮助投资经理（或投资总监，不同机构有不同的职级）共同提高公司的经营水平，而人力资源和财务也是改善公司经营的重要抓手。因此，在并购基金设立初期，应考虑这两个功能方向的顾问。除了为投资后的增值提供支持外，即使在投资过程中，也可以考虑在项目团队中加入顾问团队，帮助投资团队共同判断潜在的被投资公司是否是值得投资的目标。

随着并购团队的进一步成熟和完善，投资项目和投资团队的数量也应逐步扩大。顾问团队的构成首先是职能的扩展，如 IT 系统顾问、运营管理顾问、营销顾问，随着项目数量的增加，职能顾问的数量也随之增加，直到成立专门的咨询顾问公司，并购过程中顾问的咨询费设置固定费用。虽然顾问团队会随着并购基金的成长而逐渐完善，但这并不意味着项目的投资人可以完全将投后管理工作交给顾问团队。对于投资者来说，必须与被投资公司的核心人员和被投资公司的核心人员一起工作，各职能的专业顾问参与公司的价值创造。除了公司内部的有机增长，投资方还负责在董事会层面参与被投资公司的战略制定，帮助公司进行外部并购，实现跨越式增长。随着并购基金的进一步壮大，要想更好地把握投资节奏，选择投资时机，或者逆经济周期把握投资机会，宏观经济和战略研究的能力将不可或缺。因此，并购团队达到一定规模后，还应考虑成立专门的宏观经济和战略小团队，帮助投资者把握宏观经济大势，避免对处于高位的周期性行业进行干预或过度投资。在经济周期底部，错过周期性行业的投资机会或投资节奏过于保守。

当然，除了上述最重要的人员配备外，随着组织规模的扩大，并购团队的职能岗位也需要不断完善，一般包括人力资源、财务、公关和外展专员。特别是共管外联，并购基金投资好是一方面，公关和营销能否做好也同样重要。一个好的并购基金品牌可以说是并购基金成功不可或缺的重要因素。只有通过长期的努力，才能打造强大的投资能力和优秀的并购基金品牌。

第二节　中介机构的选取

一、选择中介机构应注意的问题

公司需要聘请中介机构公开发行股票，在并购重组过程中，需要聘请中介机构。无论是在公开发行股票，还是在并购重组过程中，企业与中介机构的关系都是双向选择。企业在选择中介机构时应注意以下几个方面：

（1）中介机构是否具备从事证券业务的资格。在中国，会计师事务所和资产评估公司必须具有证券从业资格，财务顾问必须具有相关业务资格才能从事上市公司业务。（2）中介机构的执业能力、执业经验和素质。中介机构的声誉实际上是其综合实力的体现，良好的声誉是中介机构内部质量的可靠保证。此外，中介机构及其成员派遣的项目团队的专业水平、项目经验、敬业精神、职业道德等也是重要的考虑因素。（3）中介机构对上市公司并购重组的重视程度和资源投入情况。（4）中介机构之间要有良好的合作。并购重组是并购各方与中介机构"合力"的结果，中介机构（尤其是财务顾问与律师、会计师之间）应该能够进行良好的合作。（5）费用。中介机构费用是上市公司并购重组过程中需要考虑的重要问题，具体费用或收费标准一般由双方协商确定。

在并购重组的具体过程中，财务、税务和法律专家是并购的关键角色。他们可能是公司的内部管理人员，也可能是公司聘请的第三方中介服务团队或常年并购顾问。总而言之，财务专家需要仔细研究公司的经营成果和财务状况，以评估目标公司的真实价值。法律专家需要在适当的交易时间参与审查、准备、制作大量交易文件，出具法律意见书，通过相应的安排指导企业顺利进行交易。税务专家需要根据税务管理和税务筹划，及时为交易结构提供专业的税务建议，避免因税务壁垒而导致交易失败的风险。

投资银行业务在并购交易中扮演着至关重要的角色。一般来说，作为买方的顾问，投行在一笔交易中通常扮演着四大角色。它们是：（1）由于与公司保持着畅通的沟通渠道和意见的影响，可以尝试根据公司的并购战略发起交易，并基于对资本市场的理解，进而提出并购的概念；（2）寻找并分析潜在并购目标与买方的战略匹配，评估财务和运营协同效应，形成初步的并购后整合方案，进而制定交易策略；（3）组织协调交易各方的工作，保证交易的有序进行，设计交易架构（包括安排并购融资）；（4）与政府及监管部门保持良好沟通，起草并完成交易所要求的各项交易文件。

二、中介机构选择要点

从并购的开始到结束，包括前期的详细策划、中期的经营运作、后期的盈利模式设计，中介机构的服务是分不开的。因此，选择合适的中介机构对于并购重组非常重要。主要要点包括：（1）良好的协调能力，能够协调律师事务所、会计师事务所、评估事务所、证券公司等多个专业机构；（2）深入的行业理解和对并购标的公司所在行业的了解，对行业发展趋势有深入了解和准确把握；（3）业务能力强，能够胜任所负责的法律、财务、业务、证券事务，能够与其他中介机构进行沟通。

企业与普通商品的重要区别在于，大多数普通商品都是按照标准化批次生产的，但没有两个企业是相同的。我们知道，只有当相同商品的数量相当多时，才能形成市场竞争，通过竞争才能形成市场均衡价格。所谓市场均衡价格，是很多人为一种商品讨价还价的结果。比如某款电视机已经投放市场十万台，没有定价。第一买家与卖家协商达成一定的价格，这个价格成为第二买家的参考；第二买方参照此价格进行了一定的修改，并与卖方达成了新的价格。与第一个买家相比，第二个买家省去了很多麻烦，第三和第四买家也会这样做。当有足够多的买家，就完成了足够多的交易，让价格越来越包含了前人的经验和判断，也包含了产品质量和成本的信息。这种价格就是市场均衡价格。市场新人无须自己搜集相关信息，进行艰难的讨价还价。简单地接受市场均衡价格就足够了。由于市场均衡价格包含集中的信息，因此节省了大量的信息成本。与企业收购相反，由于企业与企业不同，佛山化纤的价格不能作为收购上海棱光国有股的参考；收购北旅法人股份的价格不能作为收购福建耀华股份的参考。企业产权的每一笔交易都是一次独特的交易，需要专门收集信息。因此，与一般商品交易相比，企业并购要付出更高的信息成本。

与一般商品相比，企业的物理界限更加模糊，影响"品质"的因素也更加复杂。一台电视的物理边界非常清晰，但一家企业的物理边界可能并非如此。显然，围绕公司总部大楼或厂区的围墙并不是企业的物理边界。全国乃至全球的销售网络以及消费者心目中的好感度，也可以算是企业版图。至于一个企业的"质量"，应该是指企业的盈利能力。不仅关系到公司的产品结构，也关系到公司的营销；不仅关系到公司的技术实力，还关系到企业的组织体系；不仅关系到创业者的素质，也关系到公司的风气。不掌握相关信息，就无法正确判断企业质量，做出正确的并购决策。

当我们购买一般产品时，除了购买该产品的所有权之外，我们还购买了该产品的附带权利。最常见的是耐用消费品的免费保修，是否附有此权利会影响产品的价格。同样，在购买企业的产权时，也意味着我们继承了企业现有的权利和义务，这些权利和义务对企业的产权定价有重要影响。权利会使企业的财产权增值，义务会使企业财产权贬值。但是，经营企业所附带的权利和义务是普通商品无法比拟的，更无法一蹴而就。从股东到债权人，从政府到消费者，从社区到供应商，甚至是离开公司多年的退休员工、一场未了结的交通事故，都可能存在显性或隐性的权利义务。特别是各级政府的法规和政策，可能会增加或减少企业的权利和义务。收购公司可能对这些法律、政策以及权利义务关系并不熟悉，掌握这类信息，会增加并购活动的信息成本。

任何想要合并的公司，如果不是专门从事这项活动，就容易缺乏对另一家公司的经营、管理、财务、法律和组织体系的信息收集、评估和判断的经验，以及缺少专门的人员和组织。这时专门从事并购的中介机构的存在，起到了降低信息成本的作用。投资咨询公司、管理咨询公司、会计师事务所、律师事务所在经营管理绩效评价、组织制度判断、财务状况审查、法律权利义务清算等方面，具有专业人才，规范的程序，特定的处理技术和长期的经验，能够以较低的成本为并购提供服务，有效促进并购活动的发展。仪征化纤（600871.SH）收购佛山化纤时，双方共同委托毕马威会计师事务所对佛山化纤进行财务审计，并聘请中国注册会计师和香港西门评估有限公司进行资产评估；为了解被收购公司的财务状况，确定交易价格提供了准确的信息和有用的参考，不仅促进了交易的实现，也为仪征化纤的收购提供了良好的基础。

除了降低信息成本，中介还有另一个作用，就是提供中立和公正的判断。交易双方都会有强烈的主观倾向，可能会阻碍交易的达成。此时，第三方的判断可能会成为客观、权威的判断并被双方接受，从而导致交易达成。另一类中介机构，比如全国各大城市的产权交易中心，服务性似乎不是很强，但比较中立和公正。在许多市场经济发达的国家，企业之间的产权交易是在无形市场进行的，而我国存在的产权交易中心是有形市场。可能有人会问，这样的产权交易中心对企业并购有没有积极意义？事实上，上海产权交易所的实践已经回答了这个问题。它收集有关产权交易意向和关联公司的信息，并将其发布给其成员和关联方，这明显降低了搜索并购和了解其基本信息的成本，这是它存在的主要原因。

在中国现行的计划经济向市场经济转型体制下，产权交易不同于发达市场经济的产权交易。主要包括两方面：一方面是没有规范产权交易的法律制度和商业规则；另一方面是有大量的国有企业想要进入产权交易。没有政府担保和自律的交易秩序，交易可能会出现各种问题，导致交易效率下降甚至交易失败，更不用说企业产权交易等复杂交易。这时，一个有形的市场就会为产权交易创造一个小的法律和商业环境，使得复杂且容易发生纠纷的产权交易顺利进行。因此，可以说产权交易中心的一个重要功能就是提供交易规则。同时，国有企业产权交易存在一个重要问题，即代理人有可能出卖业主。如果允许国有企业的产权私下交易，国有企业的代理人可能会暗中收受贿赂，从而压低其产权价格。民营企业没有这样的问题，因为老板不会出卖自己。

三、主要中介机构的选择

企业并购重组能否成功，一方面取决于企业的自身质量；另一方面取决于所选择中介机构的专业能力、服务态度和重视程度。每一个中介机构对企业来说都至关重要，不同的中介机构选择各有差异。

1. 券商的选择

选择合适的券商公司是并购成功实施非常重要的一步，在选择券商公司时主要考虑的因素：相关项目经验、团队负责人的社会资源和协调能力、团队发起人的经验和业务能力、保荐和承销费用、重要的业务风格。对于普通的中小企业而言，应选择实力强、信誉好、经验丰富、精力充沛的中介机构。信誉取决于其以往的工作质量、服务态度、诚信度、客户评价等，包括是否受到过中国证监会的处罚；经验取决于其对某个行业的熟悉程度，以及在该行业承担的项目数量、从业人员的数量、从业人员的经验；精力充沛的程度应该结合中介团队在手项目的情况，已经上报的公司数量，没有上报的项目数量等。

2. 会计师的选择

由于国内民营企业一般财务会计基础不高，所以会计师的选择非常重要。一个好的会计师不仅要处理财务审计、内控体系审查、验资等，更重要的是，他可以在财务监管、会计指导、业务咨询等方面为企业提供重要的帮助。选择会计师事务所的主要考虑因素包括：会计师事务所的专业水平、社会声誉、以往并购重组审查机构的评价、是否受到中国证监会的处罚等。

3. 律师的选择

律师的作用是协助公司解决并购过程中出现的所有法律问题，

完成公司要求的所有法律文件，并在申请中出具《法律意见书》和《律师工作报告》材料。选择律师需要考虑的因素有：团队负责人的协调能力、保荐律师的责任感和专业能力、收费标准；团队具有证券行业的专业经验和丰富的人力资源；良好的沟通协调能力，律师事务所及其律师能够更好地与相关部门和其他中介机构进行沟通与合作。

第三节 对竞业禁止及稳定管理团队的安排

一、竞业禁止的概念

竞业禁止指《公司法》规定的公司高级管理人员，如董事、经理等不得自营或与他人合作经营与其所任职的公司同类的业务。那么在并购业务中，为什么要对标的公司的主要管理人员提出竞业禁止的要求呢？法律层面是一个考虑因素，更重要的是不想上市公司无法对标的公司主要管理层具有足够的约束，高级管理层一边在享受出售给上市公司的高溢价，一边又在为其承诺期后的业务发展作另起炉灶的安排，从而给上市公司带来巨大损失。从目前的收购并购业务来讲，除非上市公司是同行业公司，对标的公司整合非常好，如果是跨行业收购，非常容易导致一个尴尬的境遇，就是标的公司和上市公司在对赌期内是博弈关系。因此，上市公司对其的整合其实是很难深入的，对一个新的行业，肯定不如长期在这个行业摸爬滚打的标的公司熟悉，在业绩对赌期完成，套在交易对方头上的"紧箍咒"取下之后，标的公司可能会出现业绩大幅下滑，原因并不是市场不好，而是客户大部分已经被转移至交易对方在外的利益主体。这种情况在轻资产公司、服务型行业和互联网行业特别常见，因为在外部复制一个主体对原有团队来讲并不算难事。

如果对方严格按照合同履行，对赌期及竞业禁止期结束后，另起炉灶也是可以的。重组的实施仅仅是漫漫重组路的开始，后续整合才是重点。

二、监管机构审核关注重点

证监会对竞业禁止的监管，主要是担心标的公司管理层有二心，从而影响上市公司持续经营能力。关注的问题主要包括：第一，是否存在竞业禁止违反的情况，同时对上市公司生产经营产生的影响；第二，是否有足够的措施来避免出现竞业禁止行为，同时能够更好地稳定管理团队和核心技术人员。

1. 是否存在竞业禁止义务情形

标的资产相关董事、高管是否存在违反竞业禁止义务的情形，如存在，对本次交易及交易完成后上市公司生产经营的影响。

竞业禁止规制的本质是不正当竞争行为，在上市公司的重大资产重组交易中，标的资产可能跨领域，也可能同领域。对同一领域的，即使标的公司管理层不作为或者为所欲为，相对来说，上市公司还具备一定的把控能力。最怕的是跨领域的，上市公司很难做深入的渗透。这就导致无法对标的方的管理层做到管理和约束。在一般并购执行过程中，首先要做的是厘清标的公司管理层在外投资情况，包括近亲属的对外投资情况，如果存在业务与标的公司相类似的公司，要么纳入标的公司，要么对外处置。但这个过程中，实际上非常难以做到干净。而且很多情况是难以判断是否必须要并入的资产。比如上下游关系的，但是标的目前的盈利水平又不好的，这类就非常难以处理。态度决绝一点的，就尽量清理，留着的，极有可能是后患。

另外，即使在收购过程中清理得非常干净，在对方实现对赌情况下，或者可能实现不了对赌的情况下，很难保证交易对方不会在外设立一个同业务的马甲公司进行利益输送（含输入和输出），想完全杜绝不太可能做到。

2. 保持团队稳定性措施

本次交易完成后保持核心管理团队和核心人员稳定性的具体措施及竞业禁止的具体约定。

在某些特殊领域的公司，特别是高新技术领域的公司中存在着许多掌握着企业经营所需关键技术的核心管理团队或核心人员，他们往往把握着公司正常运转的命脉，他们的去留对企业的持续经营有着重要的影响，因此，公司通常会与核心管理团队与核心人员签订竞业禁止等约定以保持其稳定性。当上市公司进行重大资产重组时，由于工作环境变化、职位变化、公司经营管理理念变化等，对标的资产的核心管理团队和核心人员产生一些影响，从而可能影响到标的资产未来的持续经营、盈利能力，所以证监会对上市公司有关本次交易完成后保持核心管理团队和核心人员稳定性的具体措施以及竞业禁止的具体约定进行问询。

但是对此目前没有明确的法律规定，只要不违反《公司法》等法律法规的明确限定，怎么安排都不受法律限制。所以具体措施也是各方博弈的结果，要留任多少年合适，赔偿多少合适，多少人来签署竞业禁止协议合适等问题都是根据实际情况提出具体方案，各方博弈后确定。目前大多数并购案例中，其实对这点并不是很重视，且约定非常简单，即没有约定清楚何为竞业，到底哪些属于竞业的内容。如果出现了竞业认知差异的时候，到底谁来判断这个问题，是上法院，还是相互协商？因为判断标准没有说清楚，所以后续可能会出现纠纷。大部分案例也没有设置大额赔偿条款，因此即使是发生赔偿情况，对方的代价也不大，比如，通常的约定都是按照工资的倍数进行赔偿。很多公司以为这是一个形式条款，要求员工签订但不安排竞业禁止补偿金，所以后续如果对簿公堂，可能会被认为竞业禁止协议无效。

三、案例分析

1. 案例一：智慧松德（300173.SZ）并购超业精密

本次交易的计划是，智慧松德拟以发行股份和支付现金的方式收购超源科技、邓斯坦利、绍旭投资、亿航投资、汇邦天河、招远投资、亿源投资和冠宏投资持有的超业精密88%股权。

签署竞业禁止及任期协议及拟采取的稳定措施如下：

超源科技和邓斯坦利承诺就现有同业竞争向上市公司提供真实、完整、有效的材料和信息，并同意按照上市公司的要求进行全面清理。超源科技及邓斯坦利保证其及其关联方（指通过股权、决策管理权、投资关系、协议安排等方式对交易对方的行为产生重大影响的实体）将在交易日起4年内。除因就业或持股需要从事或享受超业精密的业务或权利外，不直接或间接从事与超业精密当前及未来业务构成竞争或潜在竞争的业务和/或其子公司，也不会直接或间接享有与超业精密或其子公司业务存在竞争或潜在竞争的其他公司的权益。

超源科技与斯坦利承诺，保证超业精密创始团队成员自交易交割日起连续任职不少于4年，并与超业精密签订竞业限制协议，接受其承担的义务。不竞争及保证在超业精密任职期间及离职后2年内，创始团队成员不会直接或间接从事超业精密和/或旗下子公司现有和未来业务构成竞争性或潜在竞争性业务，以及不会直接或间接享有与超业精密或其子公司的业务存在竞争或潜在竞争的其他企业的权益。

未经超业精密董事会书面同意，创始人团队任何成员在约定的任期内（因身体健康、丧失部分劳动能力或法律法规、国家、政策等除外），创始人团队成员应按照以下规则向超业精密支付赔偿金：赔偿金＝（48个月－交付后连续数月的整数）/12×200万元。创始团队成员应独立向超业精密承担上述赔偿责任，互不承担连带责任。

2. 案例二：金宇车城（000803.SZ）并购十方环能

上市公司拟向交易对方发行股份并支付现金购买十方环能86.34%的股权。非竞争性安排如下：

履约承诺方承诺在十方环能任期届满后24个月内对十方环能核心员工（核心员工名单由交割日后十方环能新一届董事会确定）进行监督，未经上市公司书面同意，十方环能（含其子公司）、上市公司及其子公司实际控制的人员、近亲属和经营主体不得从事与十方环境能源相同、相近或者类似的活动有竞争力的业务；不得在与十方环能及上市公司存在竞争关系的公司或组织任职，并应与十方环能签署上市公司批准的《竞业禁止协议》。违反前款承诺的，违反本条规定的所得收入归十方环能所有，并向十方环能支付离职前一年年薪2倍的违约金。十方环能将根据行业惯例提供一定的非竞争性补偿。

从以上案例中，可以大致总结出竞业竞争和管理团队稳定的路径。一般来说，主要措施包括：

（1）签订竞业禁止协议。这是基于法律法规的要求。非竞赛人员在任职期间不得参赛，离职后一段时间内不得参赛；

（2）签署一份非常长的任期协议。这是交易的重要条款之一，例如要求创始团队成员在上市公司工作不少于72个月；

（3）赔偿条款的设立更具威慑力，但对需要陪伴的人数没有最终决定权。在国泰集团发行股份收购泰格时代的案例中，相关协议是最为极端的协议。如果擅自不干，那么请把拿了我的按比例还回来。

第四节　并购后利益的分享

一、超额业绩奖励安排的概念

超额业绩奖励是指上市公司重大资产重组方案中，基于相关资产实际盈利数超过利润预测数，而设置对标的资产交易对方、管理层或核心技术人员的奖励对价。超额业绩奖励的对象可以分为两类，一类是交易对方（标的公司的股东），一类是公司员工（管理层或技术人员），这中间可能会有重叠，比如标的公司的大股东也是公司的核心管理人员或者技术人员。

因奖励对象不同，导致超额业绩奖励可以起到的作用有两个，如果是给予交易对方的，就是或有对价，对交易对方来讲实质就是交易对价的调整，如果是给予员工的，则为员工激励。关于重叠的部分，《上市公司执行企业会计准则案例解析（2017）》案例 3 - 09，认为若业绩奖励条款中有如下情形：（1）奖励对象为标的公司原股东且原股东担任标的公司重要职位；（2）业绩奖励与奖励对象在标的公司继续任职相关，若离职则无法获得业绩奖励款项；（3）不考虑可能的业绩奖励，奖励对象获得的薪酬比其他非原股东的关键管理人员低等体现业绩奖励是为了获得奖励对象服务的情况，则该或有支付符合职工薪酬的定义，不属于企业合并中的或有对价。反之，若业绩奖励与上市公司是否取得其服务无关，则该或有支付符合企业合并中或有对价的定义。

二、业绩奖励的相关规定及解读

《关于并购重组业绩奖励有关问题与解答》（2016 年 1 月）

问：上市公司重大资产重组方案中，基于相关资产实际盈利数超过利润预测数而设置对标的资产交易对方、管理层或核心技术人员的奖励对价、超额业绩奖励等业绩奖励安排时，有哪些注意事项？

答：1. 上述业绩奖励安排应基于标的资产实际盈利数大于预测数的超额部分，奖励总额不应超过其超额业绩部分的100%，且不超过其交易作价的20%；2. 上市公司应在重组报告书中充分披露设置业绩奖励的原因、依据及合理性，相关会计处理及对上市公司可能造成的影响。

从《关于并购重组业绩奖励有关问题与解答》（2016年1月）可知，首先奖励的部分必须是超出实际利润的部分的业绩，且不能超过20%。前文也提到，如果是奖励给交易对方的，实质就是对交易对价的调整。那么根据《上市公司监管法律法规常见问题与解答修订汇编》（2015年9月）关于交易作价调整的规定，若拟增加或减少的交易标的的交易作价、资产总额、资产净额及营业收入占原标的资产相应指标总量的比例超过20%的，视为对方案的重大调整，需要重新履行锁价及其他事项的审核程序。

《上市公司监管法律法规常见问题与解答修订汇编》（2015年9月）规定：六、上市公司公告重大资产重组预案后，如对重组方案进行调整，有什么要求？

答：（一）股东大会做出重大资产重组的决议后，根据《上市公司重大资产重组管理办法》第二十八条规定，对于如何认定是否构成对重组方案的重大调整问题，明确审核要求如下：

1. 关于交易对象。（1）拟增加交易对象的，应当视为构成对重组方案重大调整。（2）拟减少交易对象的，如交易各方同意将该交易对象及其持有的标的资产份额剔除出重组方案，且剔除相关标的资产后按照相关规定不构成重组方案重大调整的，可以视为不构成重组方案重大调整。（3）拟调整交易对象所持标的资产份额的，如交易各方同意交易对象之间转让标的资产份额，且转让份额不超过交易作价 20%的，可以视为不构成重组方案重大调整。

2. 关于交易标的。拟对标的资产进行变更，如同时满足以下条件，可以视为不构成重组方案重大调整。（1）拟增加或减少的交易标的的交易作价、资产总额、资产净额及营业收入占原标的资产相应指标总量的比例均不超过 20%；（2）变更标的资产对交易标的的生产经营不构成实质性影响，包括不影响标的资产及业务完整性等。

3. 关于配套募集资金。（1）调减或取消配套募集资金不构成重组方案的重大调整。重组委会议可以审议通过申请人的重组方案，但要求申请人调减或取消配套募集资金。（2）新增配套募集资金，应当视为构成对重组方案重大调整。

（二）上市公司公告预案后，对重组方案进行调整达到上述调整范围的，需重新履行相关程序。

三、业绩奖励的会计处理

1. 业绩奖励计入职工薪酬

业绩奖励对象为交易对方确定的在标的公司任职的主要管理团队，公司为了获取这些人员在未来期间的服务而支付的款项，应作为职工薪酬（利润分享计划）进行相应会计处理。

根据《企业会计准则第 9 号——职工薪酬》的规定：利润分享计划同时满足下列条件的，企业应当确认相关的应付职工薪酬：（1）企业因过去事项导致现在具有支付职工薪酬的法定义务或推定义务；（2）因利润分享计划所产生的应付职工薪酬义务金额能够可靠估计。虽然业绩奖励是约定以现金方式一次性给予管理层，但其支付的现金奖励并非以股份或者其他权益工具作为基础计算，因此该超额奖励计划不属于以现金结算的股份支付。

被收购方应当按照协议约定的绩效奖励金额计算方法，合理确定履约承诺期各期末对绩效奖励金额的最佳估计，扣除本期已计提的绩效奖励金额。前一业绩承诺期，合并计入当期应计提的职工薪酬，同时确认当期管理费用。由于绩效奖励金额实现的不确定性，目标公司应根据承诺期每年年末获得的最新信息对会计估计进行复核，并在必要时进行调整。需要调整会计估计的，会计估计变更按照《企业会计准则第 28 号——会计政策、会计估计变更及差错更正》处理。

2. 业绩奖励计入合并成本调整及或有对价

根据《企业会计准则第 20 号——企业合并》规定：如果合并合同或协议约定了可能影响合并成本的未来事项，如果预计未来事项很可能发生以及影响金额在购买日的合并成本 能够可靠地计量的，购买方将其计入合并成本。

业绩激励条款确认为或有对价的，一般分类为金融负债，指定为以公允价值计量且其变动计入当期损益的金融负债。由于绩效奖励的支付方式一般为现金，奖励金额随着目标公司业绩的波动而变化，不符合权益工具的定义。

在购买日，业绩报酬很可能发生，且对合并成本的影响金额能够可靠计量的，作为合并对价的一部分，按公允价值计入企业合并成本。购买日，同时在财务报表中确认为一项负债。业绩承诺期各期末，根据目标公司的实际业绩测试调整业绩奖励金额，根据测试结果调整负债账面价值，调整后计入当前盈亏。业绩承诺期届满后，最终需要向业绩报酬方提供业绩报酬的，上市公司将超额的业绩报酬一次性支付，借记负债，贷记相关资产账户等。

案例：中际旭创（300308．SZ）收购苏州旭创

2017 年 7 月 3 日，公司以发行股份购买资产方式收购苏州旭创

100%股权。根据中际旭创与刘圣等 18 方签订的《业绩补偿协议》等相关协议，协议约定在业绩补偿期限内（2016～2018 年），苏州旭创扣除非经常性损益后归属于母公司股东的净利润（以下简称扣非净利润）分别不低于 1.73 亿元、2.16 亿元和 2.79 亿元，如果截至业绩补偿期限内第三个会计年度期末苏州旭创实现的累计实际净利润超过承诺净利润之总和，中际旭创将对苏州旭创原股东实施业绩奖励。其中业绩奖励 =（截至业绩补偿期限内第三个会计年度期末的累计实际净利润－业绩补偿期限内承诺净利润之总和）×60%。

（1）合并成本和商誉的调整

2017 年 3 季度合并报表日，公司按对价调整机制对超额预计奖励进行会计处理，将预估的超额业绩奖励作为合并对价，同时确认"商誉"和"其他非流动负债"，首先对 2017 年、2018 年的业绩做预估（2016 年为 2.3 亿元），如 17E、18E，则预估的奖励（2.3 + 17E + 18E－6.68）×60% 放在"商誉"作为合并对价来处理，同时需按一定折现率扣除折现费用确认"其他非流动负债"。未来如果业绩预期有重大变动，则超出合并日预估的部分进入当期利润表的"公允价值变动损益"科目中。比如说，假设 2017 年年报实际业绩为 17A，此时预估 2018 年的业绩为 18E，则（17A－17E + 18E－18E）×60% 部分进入 2017 年利润表的"公允价值变动损益"科目中。

（2）《中际旭创股份有限公司 2017 年年度报告》

2017 年 7 月 3 日，公司基于苏州旭创在业绩补偿期限内的扣非净利润估计，对超出承诺扣非净利润的部分按或有对价确认超额业绩奖励，列入其他非流动负债；对于承诺利润与实际预测利润的差额进行折现，将折现费用列入其他非流动负债；于 2017 年度末，公司根据苏州旭创最新的经营情况，对苏州旭创盈利情况进行重新预测，超出承诺扣非净利润的部分计算超额业绩奖励，计入公允价值变动损益，相应确认其他非流动负债。截至 2017 年 12 月 31 日，上述事项确认其他非流动负债，余额为 484816422.23 元。根据《业绩补偿协议》计算，中际旭创需支付 48481.64 万元用于业绩奖励。

（3）《中际旭创股份有限公司 2018 年年度报告》

2018 年 12 月 31 日，公司根据苏州旭创在绩效补偿期间的实际非净利润调整超额绩效奖励金额，将差额 14206911.28 元计入公允价值变动收益，折现后产生的 21369557.46 元计入财务费用。

四、超额业绩奖励设计

从超额业绩奖励的作用角度，在设计这个条款的时候，主要看需求是什么。在《关于并购重组业绩奖励有关问题与解答》（2016 年 1 月）发布之前，确实有很多案例采用超额业绩奖励的形式，但是考虑到交易对价调整对交易对价整体的影响，后续也限制了用于调价的区间。

1. 作为职工激励的超额业绩奖励安排

仅作为职工激励的业绩奖励都是基于超额业绩部分，根据各方的协商，约定不同的比例。

案例：金宇车城（000803.SZ）收购十方环能 86.34％股权

如十方环能业绩承诺期内累积实现净利润超过人民币 11250 万元但未超过人民币 16875 万元的，则对于超出 11250 万元的部分奖励 20％，即业绩奖励金额 =（十方环能于业绩承诺期内累积实现净利润 – 11250 万元）×20％；如超出人民币 16875 万元但未超过人民币 22500 万元，则对于超出 16875 万元的部分奖励 30％，即业绩奖励金额 =（十方环能于业绩承诺期内累积实现净利润 – 16875 万元）×30％ + 1125 万元；如超过人民币 22500 万元，则超过 22500 万元的部分奖励50%，即业绩奖励金额＝（十方环能于业绩承诺期内累积实现净利润－22500万元）×50%＋1125万元＋1687.5万元，但奖励总额不得超过本次交易金额的20%。

如十方环能业绩承诺方违反其在《购买资产协议之补充协议》项下任职承诺或竞业禁止承诺，则十方环能业绩承诺方均不享有超额业绩奖励；如核心员工违反任职承诺或竞业禁止承诺的，则该员工不享有超额业绩奖励。十方环能应在业绩承诺方与上市公司就《业绩承诺补偿协议》约定的各项业绩补偿均实施完毕后20个交易日内，将超额业绩奖励总额扣除十方环能应代扣代缴的个人所得税后余额（如有）以现金方式一次性支付给奖励对象。

案例：荣科科技（300290.SZ）收购今创信息

盈利补偿期间结束时，如果标的公司在业绩承诺期内累积实现业绩超过累计业绩承诺，上市公司向标的公司的经营团队支付超额业绩奖励。

（1）在超额业绩奖励条件满足的情况下，上市公司向标的公司管理层支付超额净利润的50%作为奖励。超额净利润＝盈利补偿期间标的公司累计实际实现的净利润－盈利补偿期间标的公司累计承诺净利润。

（2）超额业绩奖励部分的金额不超过本次交易中标的资产交易金额的20%，同时不超过标的资产业绩补偿期内经审计的累计经营性现金流净额。

（3）超额业绩奖励方式、名单及实施办法由王功学、石超提出，并经上市公司董事会审议决定。受奖励人员应为盈利补偿期满时仍在标的公司任职人员。

2. 作为或有对价的超额业绩奖励安排

作为或有对价的超额业绩奖励主要是控制规模，不能超过总交易对价的 20%。

案例：中际装备（300308.SZ）收购苏州旭创

如果截至业绩补偿期限内第三个会计年度期末苏州旭创实现累计实际净利润超过承诺净利润之总和，中际装备将对业绩承诺人进行业绩奖励。业绩奖励的计算公式为：

业绩奖励 =（截至业绩补偿期限内第三个会计年度期末的累计实际净利润 - 业绩补偿期限内承诺净利润之总和）×60%。

无论协议是否有任何相反约定，中际装备根据协议向业绩承诺人支付的业绩奖励金额不得超过标的资产总交易对价的 20%。

中际装备应于业绩补偿期限最后一年的专项审计报告披露之日起 45 个工作日内按照协议约定确定业绩奖励金额并以现金方式支付给各业绩承诺人，各业绩承诺人应按照承担的业绩补偿比例为基础分享及取得相应的业绩奖励金额。各业绩承诺人应取得的业绩奖励的计算公式为：

各业绩承诺人取得的业绩奖励 = 协议签署时该方所持有苏州旭创的持股比例×该方承担业绩补偿的调整系数÷协议签署时各业绩承诺人持有苏州旭创的持股比例与各方承担业绩补偿的调整系数之积的总和×业绩奖励。

五、超额业绩奖励审核关注重点

超额业绩奖励因其激励对象不同，导致会计处理不同，对未来上市公司的影响也不一样，因此审核过程中对该条款比较关注。

1. 明确超额业绩奖励的激励对象范围，要求明确是员工激励还是或有对价。

2. 要求明确本次交易设定的业绩奖励条款是否符合《关于并购重

组业绩奖励有关问题与解答》的相关要求。这里主要要明确奖励金额不超过超额业绩部分，且不超过交易对价的 20%。

3. 若存在其他奖励附加条件，会问询相关条款设置的原因和合理性。

4. 关注相关会计处理方式及对上市公司可能造成的影响，不管是业绩奖励还是或有对价，都需要每年进行评估，对每年的利润都会有一定的影响。

超额业绩奖励不仅可以作为交易对价调整工具，也可以作为员工激励的工具。但是如何能更好地发挥超额业绩奖励的作用，应当从各方角度出发，包括交易对方、标的公司高管层、上市公司利益及未来业绩的承受能力。双方博弈的焦点在于到底想要限制谁？多少奖励才能让管理层满意？体现到方案里可能就是一个比例、一句简单的话语，但是后续的影响面可能很大。

六、过渡期间的损益安排

过渡期损益是指拟购买标的资产自评估基准日至资产交割日之间的损益。一般来讲，并购重组中都会存在一个过渡期间。主要涉及评估及审核过程，这个过程一般来讲在 9~12 个月，当然也不是绝对的，跟具体项目有关。从时间跨度来讲，还是有一段时间的，因此由此产生的损益归谁是直接涉及真金白银的事项。关于过渡期损益也是涉及估值等重要条款的事项，相关法律法规也对该事项做了规定。

1. 过渡期损益安排的法律法规

①《关于上市公司监管法律法规常见问题与解答修订汇编》（2015年9月18日）

问：上市公司实施重大资产重组中，对过渡期间损益安排有什么特殊要求?

答:对于以收益现值法、假设开发法等基于未来收益预期的估值方法作为主要评估方法的,拟购买资产在过渡期间(自评估基准日至资产交割日)等相关期间的收益应当归上市公司所有,亏损应当由交易对方补足。

解读:对于以收益现值法、假设开发法作为主要评估方法的拟认购资产的过渡期损益为盈利的,期间盈利原则上全部归上市公司所有。理由是如果以上述方法评估拟购买资产,其评估结果已包含了自评估基准日至资产交割日的收益。如以发行股份购买资产的,期间损益如为亏损,资产出售方应向上市公司以现金补足亏损部分,否则将导致标的公司的实际价值将小于基准日的估值。另外,这里强调了以收益现值法、假设开发法等基于未来收益预期的估值方法作为主要评估方法的情况下的过渡期损益安排,如果不是使用上述评估方法的,可以不遵上述要求。

②国务院国资委相关政策

根据国务院国资委 2009 年 6 月 24 日发布的《关于国资委规范国有股东与上市公司资产重组有关事项的通知》(国资发产权〔2009〕124 号),"二、国有股东与上市公司进行资产重组,应遵循以下原则:(一)有利于促进国有资产保值增值,符合国有股东发展战略;(四)标的资产定价应当符合市场化原则,有利于维护各类投资者合法权益。"

国务院国资委产权管理局工作人员在《中国资产评估》(2012 年第 12 期)发表《评估基准日至产权交易(割)日期间盈亏归属问题初探》,文中提出如下观点:在企业国有产权协议转让行为中,自评估基准日至产权交易(割)日期间的盈亏,如果在此期间未发生资产评估重大期后事项,那么在以市场价值作为评估价值类型的情形下,无论采用哪种资产评估方法的结果作为出资折股或转让价格的依据,期间利润均应归原股东或产权转让方享有；而期间经营亏损也应由原股东或产权转让方承担，并按规定补足或扣减转让价款。

虽然上述意见并非国务院国资委的官方观点，但在一定程度上表达了国资监管机构对过渡期损益的归属的倾向性意见，由于上述观点尚未以法律法规的方式规定下来，当国有上市公司以收益现值法、假设开发法等方法对标的产权进行评估时，仍应按照中国证监会的规定，产权收购方享有标的产权的收益，出售方需承担标的产权的亏损。

2. 过渡期损益的归属

过渡期损益的归属直接影响产权或资产转让的交易价格，在无监管机构其他要求的情况下，交易双方对过渡期损益的归属的约定可能产生五种情况：①评估基准日与交割日期间非常短，损益不计算；②过渡期损益全部由资产购买方承担或享有；③过渡期损益全部由资产出售方承担和享有；④过渡期收益由资产购买方享有，过渡期亏损由资产出售方承担；⑤过渡期收益由资产出售方享有，过渡期亏损由资产购买方承担。

在重大资产重组中，特别是需要行政许可的重组事项，一般来讲，第四类比较常见，即收益归上市公司，亏损资产方补足。过渡期损益全部归资产出售方所有，或者过渡期损益全部归上市公司所有也是有的。在法律的框架下，可以做一些市场化的安排。

3. 过渡期损益的审核关注重点

上市公司拟发行股份购买资产，对于以收益现值法、假设开发法等基于未来收益预期的估值方法作为主要评估方法的，关注拟购买资产在过渡期间（从评估基准日至资产交割日）等相关期间的损益承担安排是否可能损害上市公司和公众股东利益，期间盈利是否归上市公司所有。如期间盈利按约定非由上市公司享有，则关注是否影响标的资产估值作价的合理性，交易双方是否做出了其他对等性安排（例如双方约定资产出售方不享受上市公司在过渡期间的收益，并采取具体措施确保资产出售方不能享有上市公司该项收益）。上市公司拟发行股份购买资产，标的资产作价自始确定不变的，关注标的资产在过渡期间如发生亏损，资产出售方是否向上市公司以现金等合理方式补足亏损部分。

4. 过渡期损益的案例分析

案例1：中国动力（600482.SH）发行股份购买资产：过渡期收益由上市公司享有，亏损交易对方补足

原方案如下：

中船重工集团、中国重工、中国华融、大连防务投资、国家军民融合产业投资基金、中银投资在2019年1月31日对标的资产增资所持股权在标的资产过渡期间所对应的损益归属中国动力；中国信达、太平国发在2018年8月9日对陕柴重工增资所持股权在标的资产过渡期间所对应的损益归属中国动力；中国信达在2018年8月1日对重齿公司增资所持股权在标的资产过渡期间所对应的损益归属中国动力。但如果中国动力本次重组未能在2020年1月31日前通过证券监管机构审核，2019年度的损益由上市公司及交易对方按照对标的公司的持股比例共享或承担；如果中国动力本次重组未能在2021年1月31日前通过证券监管机构审核，2020年度的损益由上市公司及交易对方按照对标的公司的持股比例共享或承担。

修订后方案：

根据与交易对方签署的《发行普通股和可转换公司债券购买资产协议》，标的资产过渡期间损益安排如下：中船重工集团、中国重工、中国华融、大连防务投资、国家军民融合产业投资基金、中银投资在

2019 年 1 月 31 日对标的资产增资所持股权在标的资产过渡期间所对应的损益归属中国动力；中国信达、太平国发在 2018 年 8 月 9 日对陕柴重工增资所持股权在标的资产过渡期间所对应的损益归属中国动力；中国信达在 2018 年 8 月 1 日对重齿公司增资所持股权在标的资产过渡期间所对应的损益归属中国动力。但如果中国动力本次重组未能在 2020 年 1 月 31 日前通过证券监管机构审核，2019 年度的损益由上市公司及交易对方按照对标的公司的持股比例共享或承担；如果中国动力本次重组未能在 2021 年 1 月 31 日前通过证券监管机构审核，2020 年度的损益由上市公司及交易对方按照对标的公司的持股比例共享或承担。

经公司与国家军民融合产业投资基金、中银投资协商并于 2019 年 12 月签署《发行普通股和可转换公司债券购买资产协议之补充协议（二）》，约定："原《发行普通股和可转换公司债券购买资产协议》中'3.9 过渡期间损益归属及利润分配'条款中涉及广瀚动力及长海电推的不符合证券监管相关规定要求的关于过渡期间各方权利义务的约定终止履行，广瀚动力、长海电推过渡期间所对应的收益归属中国动力。如广瀚动力、长海电推在过渡期存在亏损，则由国家军民融合产业投资基金、中银投资承诺按照其各自持有的广瀚动力、长海电推的股权比例以现金形式向上市公司承担补偿责任。原《发行普通股和可转换公司债券购买资产协议》中'3.9 过渡期间损益归属及利润分配'条款中涉及广瀚动力、长海电推以外的约定继续履行。"

解读：

在本案反馈中，询问过渡期损益协议是否符合《上市公司监管法律法规常见问答修改》中的过渡期损益规定，是否有利于保护上市公司和中小投资者利益。

从《重组报告书》可知，本次交易标的资产估值对应的评估方法如下：

根据《上市公司监管法规常见问答修订》，对于以未来收益预期为基础的估值方法，如收益现值法、假设开发法作为主要评价方法，拟购买的资产应在过渡期内（自评估基础）购买。自资产交割日止的相关期间的收益归上市公司所有，亏损由交易对方弥补。因此，在过渡期损益安排中，对收益法涉及的两家公司广汉电力和长海电力的过渡期损益进行了修订。其他标的安排是交易对方平等协商的结果，不存在违反《上市公司监管法律法规常见问答修改》等相关规定的情况。当然，将所得款项全部交给上市公司，也是督促公司尽快推进交易进程。

案例2：哈高科（600095.SH）收购湘财证券，损益全部由上市公司享有

交易双方同意，自湘财证券估值基准日（不含当日）至资产交割日（含当日），湘财证券因其他原因实现盈利或增加相应部分净资产，或出现亏损或因其他原因导致净资产减少的部分，全部由上市公司享有或承担。

由于本次交易标的资产旨在作为本次基于市场化评估结果的评估结论，评估结果不涉及目标公司在评估基准日后实现的损益。因此，目标公司在过渡期内发生的损益将由上市公司享有或承担，不影响目标公司在市场规律下的估值结果，也不影响目标资产的估值。

案例3：彤程新材（603650.SH）发行股份购买资产，损益都由交易对方享有

本次交易的过渡期为评估基准日的次日至标的股权转让至受让方名下之日（以完成工商变更登记为准）。根据《中策橡胶集团有限公司收购资产支付协议》经上海同众与交易对方签署，若本次股权转让相关工商变更登记手续完成后，标的公司在过渡期内的损益由受让方享

有并承担目标公司的股权比例确定。

本次评估采用资产基础法评估结果作为本次交易标的的评估价值。资产基础法是指以被评估企业评估基准日的资产负债表为基础，对公司资产和负债的价值进行合理评估，确定评估对象价值的评估方法。由于资产基础法的结果不包括目标公司估值基准日的实现，因此，目标公司在过渡期内发生的损益，按照原则由受让方享有或承担资产评估的内在要求。过渡期内的损益不影响目标公司在资产基础法下的估值结果，也不影响本次交易的标的资产定价。

案例 4：兴发集团（600141. SH）收购瑞硅材料（收购少数股东权益），收益归交易对方，亏损由交易对方现金补足

标的资产交割完成后，上市公司将聘请具有证券期货业务资格的审计机构对标的资产自评估基准日至资产交割的盈亏进行专项过渡期审核。过渡期内的专项审查应当在标的资产交割完成后 30 个工作日内完成。过渡期内专项审计的审计基准日为交割日上月末的最后一个自然日。若盈利，交易完成后利润归兴瑞硅材料股东所有；若败诉，交易对方应当按照交易对方在交易前持有的标的公司股权的比例向上市公司承担赔偿责任，并在标的资产过渡期专项审计报告出具后 30 日内以现金方式全额赔偿上市公司。

采用资产法、市场法等方法对标的资产进行评估的，证券监管机构对过渡期内的收益归属没有特别规定。因此，对于非国有资产，过渡期内的收益归属可以由交易双方自由约定；标的资产涉及国有资产的，按照国有监管部门的监管理念，标的资产过渡期收益应归国有股东所有。

采用收益法、假设发展法等评估标的资产时，证券监管部门的审查政策与国有监管部门的监管理念存在一定差异。根据《上市公司监管常见问题解答组合》，本案应约定过渡期内的利润归上市公司所有，亏损由交易对方弥补。过渡性损益是市场主体可以自由商定的事项，过度干预未必更有利于确保交易各方的公平和效率。双方对盈亏过渡期的更多约定，应该是双方商业谈判的结果。

结　语

　　并购从来都不是一个人可以完成的事情，而是必须由团队来完成的事业。在并购过程中，最重要的是有一个能够不断前进的团队。这种团队的基本素质是有责任心和成就感。团队想要具备这样的条件，就需要团队中拥有各类人才，由人才组成的并购重组团队是众多优质资本的总和。

　　与一般资本市场行为不同，并购往往涉及政府宏观导向、产业政策实施、国有资产布局、结构优化调整等，交易量巨大，影响深远。但是，上市公司并购重组团队要想团结一致，就必须实行合理的利益分配。利益分配不合理，容易引起团队的分歧和不满。在实施并购之前，必须提前准备科学的收入分配模型，不能忽视团队成员的价值。同时，吸纳高素质人才，做好生态闭环，将他们与公司打造成利益共同体、商业共同体、精神命运共同体。不让团队成员在自己和公司的利益之间做出选择，而是努力创造共同的利益。只有这样，才能从战略高度长远谋划布局，谨慎行事，认真下好并购重组这盘错综复杂的大棋。

第六章　便于分拆原则

——提升企业价值的重要路径

导　读

证监会于 2019 年 12 月 13 日正式发布《上市公司分拆所属子公司境内上市试点若干规定》，明确了分拆试点的条件，规范了分拆上市流程，在政策上为分拆上市铺平了道路。据不完全统计，2020 年，已有超过 60 家上市公司公告披露了有关分拆上市的计划。随着分拆上市热潮兴起，一方面，让不少栖身于上市公司体内的优质资产有了崭露头角的机会；另一方面，也让精明的战略投资者从上市公司"整体"和"局部"的取舍之间寻求最优解。

第一节　分拆上市简介

一、分拆上市的概念

分拆上市是指一个集团的不同项目或子公司在资本市场上分别上市和融资的过程。在境外成熟的资本市场上，分拆上市作为一种金融创新工具，已经成为许多企业快速扩张的重要手段。从广义上讲，分拆包括上市公司或非上市公司将其部分业务与母公司分开，单独上市；从狭义上讲，分拆是指上市公司将部分业务或子公司分拆，单独公开发行上市。

　　上市公司应当结合自身业务发展需要、当地监管政策、分拆子公司的经营情况以及目标市场的发行上市情况等，确定分拆子公司的上市地点。根据上市公司和分拆子公司上市地点，分拆上市主要分为四种类型：（1）境内上市公司分拆子公司在境内上市；（2）境内上市公司分拆子公司并在境外上市；（3）分拆境外上市公司，在境内上市的子公司；（4）境外上市公司分拆子公司并在境外上市。

二、分拆上市的优缺点

1. 分拆上市的优点

　　如果分拆上市实施得当，可以实现母子公司的双赢。对于子公司来说，第一，分拆后单独上市可以扩大其融资渠道，减少对母公司的融资依赖。除了初期 IPO，还可以在上市后进行再融资，以获得更大的融资渠道。第二，子公司独立分拆上市有利于解决信息不对称导致的子公司估值错位问题，使其在资本市场上获得更合理的估值。第三，分拆上市后，子公司可以对管理者实施独立有效的股权激励，从而激发管理者的经营积极性，提高经营管理效率。

　　上市母公司也可通过分拆子公司实现业务聚焦和价值重估。第一，可以提高企业自身的核心竞争力。分拆上市作为一种有效的资产重组形式，可以改善上市公司的治理结构，促进管理层与股东利益的兼容性，同时在多方面为公司股东创造价值。第二，子公司融资渠道拓宽后，母公司的融资负担也将有所减轻，偿债能力有所提高。第三，子公司分拆后，母公司的业务结构将进一步精简，业务更加集中，主营业务发展受非核心约束较少。第四，分拆后母公司仍对子公司拥有控制权，母公司股东可从子公司业务的加速发展中受益。第五，分拆上市会产生二次股权溢价，子公司分拆上市成功后，母公司将获得比以前更多的投资回报，使母公司更强大、抗风险能力更强。

分拆上市作为企业资产重组的重要方式，也可以为资本市场实现更高的分拆市值，增加资本市场的容量。因此，分拆上市对母公司的正面影响更多，上市公司分拆上市意愿更强。分拆上市作为资本市场的一种融资方式、交易方式和创新产品，对资本市场较为有利。上市公司通过分拆子公司上市，实现了"同一资产、两次使用、多次交易"。对于母公司来说，形成了资本市场融资的"连锁反应"。

分拆上市对母公司的影响主要有几方面：第一，可以激发子公司管理层的积极性，显著提升母子公司经营业绩，使其更快更好地发展；第二，使公司财务更加透明，让投资者了解公司的具体情况；第三，给多元化经营的上市公司提供了新的选择，让这些公司对自己的业务有更清晰的定位；第四，分拆上市形成二次股权溢价，子公司分拆上市成功后，母公司将获得比以前更大的投资回报，这使得母公司的抗风险能力越来越强。分拆上市作为企业资产重组的重要方式，也可以为资本市场实现更高的分拆市值，增加资本市场容量。因此，分拆上市对母公司的正面影响更大，上市公司分拆上市意愿更强。

分拆上市新规发布，境内分拆上市通道正式打通。分拆的最终目标是增加股东价值。由于境内上市公司主要在香港市场分拆上市，目前 A 股分拆上市主要集中在科创板，而 A 股整体的估值高于香港，上市公司到科创板分拆上市以及未来到创业板的分拆上市均能得到一定的估值溢价。未来分拆上市还将扩展到创业板。

对于分拆子公司上市的公司而言，核心投资优势是通过在集团体系内将子公司分拆上市，实现子公司价值最大化。上市后，母公司将充分享受子公司上市后的投资收益，自身估值和股价将大幅提升。此外，上市公司的主营业务将更加聚焦和突出，核心竞争力更加突出，有利于向资本市场传递清晰的企业形象，获得投资者的认可和支持。分拆上市后，子公司融资渠道将更加畅通。除了首次公开募股外，上市后还可以进行再融资，以获得更广泛的融资渠道。

2. 分拆上市的缺点

从母子公司所属的产业链关系来看，分拆上市可分为混合分拆（非同一行业且非同一产业链上的分拆）、横向分拆（同行业不同子行业的筹资公司之间）和纵向产业链分拆（产业链上下游之间的分拆），这与并购重组的多元化并购、横向并购、纵向产业链并购相对应。业务关联性和协同性低的混合型和横向母子公司分拆上市更可能带来"1+1>2"的效应。从子公司分拆上市的路径选择来看，如果母子公司在拟分拆后在同一市场上市，则为同一个市场分拆，如香港上市公司分拆子公司在港股上市，A股上市公司分拆子公司在A股上市等。相反则是不同的市场分拆，如香港上市公司分拆其子公司在A股上市，A股上市公司分拆其子公司在港股上市。

由于不同资本市场的体制机制存在较大差异，选择子公司上市市场的差异也会对分拆上市的有效性产生重大影响。例如，一家生产经营活动主要在境内的A股上市母公司选择将其子公司在境外上市，可能有助于其拓展境外市场，但其股票也可能面临较低的流动性和估值水平。

已上市母公司中有分拆上市的，除上市公司外，控股股东仍有大量相关业务留在上市公司之外，这可能会导致上市公司与控股股东发生大量关联交易，不利于集团整体资源的整合和优化。拟分拆上市公司在向证监会提交上市申请材料时要明确，特别是在现阶段制度不健全、监管不力的情况下，不排除部分上市公司分拆至科创板上市，主要是为了追求高市盈率，分拆上市被用作"圈钱"的工具。利益输送、内幕交易、高管腐败、权力寻租等现象，势必会增加分拆上市的道德风险。这些问题正是上市公司分拆上市监管中的难点。拆分上市可能引发以下问题。第一，可能诱发利益输送和违规关联交易等问题，最终损害中小投资者的利益；母公司通过资金占用侵犯拆分子公司利益，子公司为母公司提供担保，转嫁费用负担，母公司与拆分子公司的债务债权相冲抵，增加三角债风险等。第二，由于 A 股市场估值较高，炒作随时可能发生，分拆上市会导致更高的估值泡沫。第三，可能引发必要的政策调整，分拆上市和整体上市的相关政策显然并不一致，允许分拆上市势必引发相关政策的调整。

三、分拆上市的意义

分拆上市使细分行业获得结构性机会，分拆上市的受益公司将呈现出较明显的行业分布特征。属于下游消费品领域和科技板块的上市公司受益明显，而上游和中游制造行业公司受益程度相对有限。这是因为消费、科技等相关行业自身存在着更强的创新动力和能力，因此在 PE 投资方面也具有更高热情，中医药和 TMT 类（数字新媒体）上市公司最值得关注。

科技和生物医药是目前受到投资者追捧的热门概念。第一单中国铁建和第二单上海电气分拆上市公司均在科创板挂牌上市，均为国有企业。近年来，分拆上市的公司应该不会太多：一是由于分拆上市条件仍然较高，只有少部分 A 股公司符合分拆条件；二是子公司分拆上市所需要考量的因素较多。既要平衡母子公司的利益，又要在经营管理和主营业务上进行统筹和分工。总体而言，分拆上市将对公司中长期经营产生积极影响。

分拆上市如果实施得当，能够实现母子公司双赢，加强上市公司的抗风险能力。但需要注意的是，由于分拆上市可能涉及关联交易、大股东利用分拆上市套现、实施利益输送、损害中小投资者利益等问题，监管部门还需要颁布更多监管措施，避免"薅羊毛"，让分拆上市更符合中国资本市场发展的情况，让资本市场更加沉淀和稳健。

　　首先，对于拆分上市公司，上市公司的优质核心资产获得了二次融资机会，有利于公司核心优质业务的快速成长。以往由于固定资产少，没有抵押品，科技公司融资难度较大。许多公司处于亏损状态，不符合银行贷款要求，而分拆上市则有利于科技公司融资。欧美发达国家科技公司股权与债券融资比例为6:4，其中60%为股权融资。优质公司进行转型、分拆和上市是必经之路。其次，对于投资者而言，分拆上市有利于公司估值的提升，二次融资有利于公司促进主营业务的增长。分拆上市显然有利于提升公司业绩，使其做大、做强，继而股价也随之增长。彼得林奇的核心投资方法之一就是找到好公司的母公司或子公司，并持有其股票（因为这家公司的股价低于好公司的股价），从而可以分享优质公司高速奔跑所带来的利润增长。最后，分拆上市有利于维护资本市场的稳定。注册制、红筹架构、分拆上市，代表了A股市场的国际化和制度化。市场逐渐正规化，一二级市场的进退通道越来越完善，有利于资本市场的缓慢上涨。从创业板改革发行条件来看，放宽盈利要求、允许特殊股权结构公司和红筹公司上市来看，创业板更具包容性、覆盖面更广，有利于上市公司拆分他们的子公司并在创业板上市。

第二节　分拆上市的政策及解读

一、分拆上市的政策演进

　　2004年，证监发67号文的出台，标志着A股境外分拆上市启动。2010年至2014年，境内分拆上市迎来窗口指导期，但彼时中兴通信分拆国民技术等个案均为控股变参股形式上市。2019年1月，党中央、国务院发布《关于在上海证券交易所设立科创板并试点注册制的实施意见》明确，达到一定规模的上市公司，可以依法分拆其业务独立、符合条件的子公司在科创板上市。2019 年 8 月 23 日，证监会发布《上市公司分拆所属子公司境内上市试点若干规定》征求意见稿。2019 年 12 月 13 日，《上市公司分拆所属子公司境内上市试点若干规定》（以下简称《若干规定》）正式发布，明确了分拆上市的七大条件、信息披露和决策程序，其中明确了境内分拆上市实质性条件，包括上市时间要求、盈利能力要求、合规性要求、拆出资产要求等七大方面，核心条件在于母子公司的独立性——涵盖财务业绩独立性、经营与管理独立性等，为 A 股上市公司境内分拆提供了制度依据，上市公司控股子公司境内分拆上市拉开序幕，标志着中国分拆上市体系基本建立。

与 2004 年发布的境外分拆上市的条件相比，2019 年的《若干规定》在境内分拆上市条件的规定整体要求明显更高，比如新增了最近 3 个会计年度的净利润要求，控股股东和实控人的合规性等要求。但在同业竞争和子公司董事、高管持股比例的限制上则更加契合 A 股资本市场现状。

1. 分拆上市提高上市公司质量

分拆上市从来都不是一个新鲜事物，在成熟资本市场上与 IPO、并购重组并列，是广泛运用的资本运作手段之一。各种资本运作手段代表了企业不同发展时期的不同运作方式，但目的是相同的——夯实公司高质量发展之路。"明分实合"，即分拆上市以减法的外在表现形式吸引更多的资本进行有效资源配置，显著提高上市公司整体资产质量的总和，有利于实现多类型、多层次的人才激励机制，优化集团整体和个体的公司治理能力，提升上市公司的估值水平。如果说 2005 年股权分置改革破除了流通股与非流通股之间的壁垒，正式拉开了 A 股市场的大幕，15 年来你方唱罢我登场，IPO、并购重组、分拆上市，A 股市场的半径在不断扩大，上市公司治理的边界不断优化，A 股市场在提高证券化率和提升直接融资比重的大路上越走越快。

2007年整体上市是第一次加法。央企和地方国资作为国内经济的支柱，将母公司主营业务装入上市公司推进证券化，起到了A股市场扩容初期"压舱石"的稳定作用。2009年创业板开板是第二次加法。国际金融危机席卷市场，创业板为规模较小但具有高成长性的企业提供了直接融资渠道。2013年鼓励并购重组则是第三次加法。在IPO资源稀缺的背景下，通过鼓励并购重组一定程度上改变了A股市场过分看重"单项冠军"的状态，打破了上市公司行业增长隐形天花板，扩大了上市公司的企业边界。2019年开始的科创板和创业板注册制先行先试是第四次加法，改变过往以利润为标准的核准制，形成以市值为标准的注册制，继续扩容A股市场服务实体经济的边界，提高直接融资比重。

而2020年的分拆上市，表面上是企业聚焦主业、主动缩小边界的减法，实际却是通过分拆上市和注册制低门槛证券化的政策组合，实现二次证券化优化资源配置，有效提升资产质量，进而提升直接融资比重的重要助推剂。上市公司通过分拆上市实现了部分资产二次证券化，为优质、潜力业务配置了专属的资本平台和多元化的融资渠道，顺应了第二曲线发展的客观规律；同时绑定了具体业务的核心团队，解决了线性激励的问题；最后母公司的分拆运作，有助于资本市场对母公司的估值更准确，配置更高效。其实，A股市场早在2010年已有境内上市公司子公司在创业板上市的讨论，10年之后才得以借科创板开板之机在全市场范围内正式实施，这与对资本市场的认知程度提升密不可分。

过往一些观点认为，在长期IPO"堰塞湖"、退市渠道不畅通的状态下，上市仿佛是丹书铁券。如果允许已上市公司继续分拆子公司二次证券化，则会加剧A股市场资源分配不均。但经过实践检验证明，许多分拆子公司境外上市的上市公司在竞争力上获得了先发优势，进而提升了资产的整体质量，母子公司的股东均获得了投资回报。因此，对市场而言，资产质量提升是基础，所谓英雄不问出处，起点或有高低，这不应是一道是非题。同时正面分拆过程中的合规风险和投资者保护问题，通过法规和制度约束上市公司和相关股东行为，切实保护中小投资者利益。此外，随着资本市场基础制度改革的深化，上市和退市通道将逐步打通，上市、并购或分拆、退市均将服务于公司的整体资本战略发展需要，进入或退出资本市场变得常态化和多元化，届时资源分配的问题也将得到有效解决。

2. 热门行业分拆上市动力十足

基于现有 A 股市场分拆上市实践，首批分拆上市的上市公司普遍具有市值在 400 亿元以下、民营企业、行业集中于医疗、TMT 等热门行业的特征：一是沿产业视角，关注医药、TMT、地产等拥有较多符合控股子公司分拆上市相关规定的上市公司的行业；二是沿混改视角，分拆上市是国企改革的重要途径之一，建议关注符合控股子公司分拆上市的央企和地方国企；三是沿类产业基金视角，建议关注类似企业孵化器模式、旗下控股众多子公司且业务大多独立的高新技术园区系和高校系的上市公司；四是券商股，头部券商有望享受估值从 β 向 α 跨越。险资、社保基金等中长期资金可通过股权基金投资潜在分拆上市项目、战略配售、投资上市母公司等途径参与到分拆上市之中。

3. 分拆上市解决利益分配问题

从分拆标的角度看，独立上市能够有效减轻上市公司单一造血压力，使子公司具有直接融资的能力，有利于资本市场有效配置专属资本平台给优质和具有潜力的业务，顺应了第二曲线发展的客观规律。在现有分拆上市实践中，被并购标的再拆分，能够有效解决并购整合的有效性问题。在原有的并购博弈中，业绩承诺期和整合阶段画风迥异，后端效果不佳甚至爆雷，核心原因是上市公司与标的公司进入了存量博弈的负循环。而分拆上市能真正给予整合方和被整合方一致增量预期，用未来的证券化增量来解决整合的利益分配问题。

二、分拆上市的相关规定

1. 分拆上市相关规定

上市公司分拆子公司上市，上市公司、分拆子公司分别需要符合所属监管部门的相关规定和要求，两者缺一不可。

一方面，上市公司作为公众公司，需要符合上市公司所属监管部门的相关要求。上市公司需要履行分拆上市相关的决策、审批、公告等程序。上市公司因分拆上市的类型不同，所需遵循的规定以及需履行的程序也各不相同。例如境内上市公司分拆子公司境外上市的，境内上市企业需符合《中国证券监督管理委员会关于规范境内上市公司所属企业到境外上市有关问题的通知（证监发〔2004〕67号）》等相关规定；香港上市公司分拆子公司的，香港上市企业需符合《香港联合交易所有限公司证券上市规则》第15项应用指引等相关规定。建议上市公司尽早了解所属监管机构关于分拆上市的相关规定，获知关键节点，有效推进工作安排，并与所属监管部门及时、充分沟通，适时完成各项必需程序。

另一方面，分拆的子公司需符合拟上市板的首次公开发行股票并上市交易的相关规定。分拆的子公司作为独立的发行人，在目标市场提交首发及上市申请，就必须满足目标市场所属监管部门所制定的各项发行条件和上市条件，通过其审批，才能成功发行并上市交易。例如分拆子公司拟在香港联交所上市，则需遵循香港联合交易所有限公司的《主板上市规则》《GEM上市规则》《主板上市规则修订》《GEM上市规则修订》和各项应用指引等相关规定；分拆子公司拟在美国纳斯达克证券交易所上市，则需遵循《纳斯达克初次上市规则》等相关规定；分拆子公司拟在中国境内上市，则需遵循《首次公开发行股票并上市管理办法》《科创板首次公开发行股票注册管理办法（试行）》《创业板首次公开发行股票注册管理办法（试行）》《上海证券交易所科创板股票发行上市审核规则》《深圳证券交易所创业板上市公司证券发行上市审核规则》《上海证券交易所股票上市规则》《上海证券交易所科创板股票上市规则》《深圳证券交易所股票上市规则》等相关规定。建议上市公司尽早了解拟上市板的相关上市规则，在分拆子公司、进行资产重组时充分考虑相关上市条件等的要求，避免分拆的子公司在上市审核阶段面临难以解决的致命问题，导致分拆上市可能失败的风险。

2. 分拆上市政策的解读

看点1：听取市场声音，四大关键内容修改

经过三个半月的征求意见、研究论证，证监会发布了《若干规定》。从正式规则和征求意见稿的对比来看，监管部门认真研究了社会各界提出的意见和建议，充分听取了市场意见。修订内容涉及分拆规则的核心条款，也是市场高度关注的一个重要方面。

看点2：强化监管，严防概念炒作、关联交易等问题

利益转移、关联交易、同业竞争加剧、二级市场投机等问题并非分拆带来的独有问题。类似的问题也存在于上市公司的重组或日常运作中，如何在后续过程中解决这些问题是监管关注的重点。因此，与并购一样，分拆应该被理性地视为一种市场化工具。

以市场为导向的工具是中性的，分拆上市是优质企业的良好制度设计。它不仅可以满足公司的需求，也可以为更多的中小股东带来投资机会，但不排除会被别有用心的人利用。这就是监督的意义。明确规则将有助于更多符合条件的企业实施分拆上市，加强监管，从而减少可能产生的负面影响，充分发挥分拆的积极作用。从监管部门以往

的担忧来看，其对相关问题的审查较为严格。例如，分拆在科创板上市的新迈医疗，此前就被上交所就关联交易、经营独立性等问题进行询问。

看点3：对标全球，分拆标准最严

为了避免母公司"空心化"，分拆新规要求母公司必须"大"，必须具备较强的盈利能力和持续经营能力，避免分拆动摇母公司的独立上市地位，包括最低盈利门槛、拟分拆子公司占母公司规模的比例、母子公司的独立性等，证监会从保护中小投资者权益的角度出发，保障母子公司都具备独立面向市场的能力。与境外规则相比较，目前A股设定的标准更为严格，如要求上市公司扣除子公司利润后净利润三年累计不超过6亿元，香港市场只是要求上市公司最近五年中任何三年的合计利润不少于5000万港元；美国、日本等均不存在利润要求。再如，规则要求子公司净利润、净资产占比不超过母公司的一定比例，境外均无此要求。

从侧重点来看，香港市场重点关注以下方面：分拆对母公司的影响、母公司股东权益的保护以及母子公司的独立性问题。为了降低分拆对母公司盈利能力的不利影响，香港市场规则要求母公司扣除其在子公司享有的权益后在分拆前五年中任三年利润不低于5000万港元；为了保护母公司股东的合法权益，香港市场规则赋予股东优先购股权，若分拆资产达到一定标准须提交母公司股东大会批准；为保障母子公司的独立性，香港市场规则要求母子公司之间的业务清楚划分、管理层和管理独立、关联交易应当公允。美国、欧盟、日本等其他成熟市场虽未针对分拆制定具体规则，但都重点关注分拆后两家公司的独立性、治理要求。例如，美国市场将分拆上市的公司作为关联公司监管，须符合关联公司的监管标准；日本市场要求分拆上市后两家公司重要管理人员不存在交叉，不能经营相同或同类业务等。A股的分拆上市，关注点则是方方面面，既有盈利指标，又有监管手段，这与中国资本市场实际相关，A股1.5亿股民中，中小投资者占比较高，为了保护中小投资者的合法权益，证监会制定了与市场现状相适应的规则，从市场化、法治化的角度出发，对A股的分拆上市设立了较高的门槛，这是确保市场健康平稳运行的监管底线。

看点4：允许分拆，更好地服务实体经济

据统计，香港市场从2011年至今已完成分拆上市40余单；2016～2018年三年间，美国市场也有80余单分拆案例。分拆上市有利于价值发现，分拆后原本混同的业务可以被独立评价，避免相互干扰，对原本不透明的子公司，市场可以获得更加全面的财务和业务信息，从而对母子公司的股票机制做出正确评估。同时，分拆上市还有利于开拓融资渠道，分拆后子公司可以直接从外部筹集资本，成长潜力巨大的高科技公司可以直接利用资本市场获得风险投资，并便利了企业的战略聚焦，事实证明，综合性公司市盈率通常低于专业性公司，分拆可以使母子公司各自的发展战略更为清晰，提升专业化经营水平，上市公司可以借助分拆突出优质业务的经营业绩和盈利能力，使核心业务和投资概念更显清晰。不仅如此，分拆上市还有利于完善激励机制，多元化发展的公司中，激励通常基于企业的整体价值，在激励和调动子公司管理层积极性方面并不十分有效，分拆后子公司不仅可以单独利用上市平台实施激励，管理层还要直接接受市场监督，更能减少子公司管理层和股东之间的代理成本，让原来复杂的上市公司主业更加清晰，子公司也将单独编制披露财务报表，披露将更加完整、准确。

另外，分拆上市还可以丰富金融供给，为上市公司提供多元化的资本运作路径，为科创板提供优质上市资源，推动上市公司利用自身优势发展一些新兴的高科技项目，促进创新性战略发展。需要再次强调的是，证监会明确表示将对分拆上市中的违法违规行为加大打击力度，这也警示着相关主体切不可概念炒作，借"分拆上市"之名，行"掏空上市公司"之实。

安永助力多家上市公司成功完成分拆上市，实现了企业价值的跃升。例如，2020 年 5 月，一家在中国云服务市场上的云服务提供商，从 2019 年 12 月 20 日首次秘密提交上市申报材料开始，历时不到 5 个月就成功在美国纳斯达克挂牌上市，发行数量比拟发行量超发 20%，上市首日收涨超 40%，此次分拆上市，是其在香港上市的母公司又一个分拆上市的案例。

三、分拆上市的相关要点

1. 核心员工激励

从核心员工激励和公司治理角度看，分拆促使子公司在其内部建立一套完整的公司治理体系，改变普遍集团子公司在管理、运营上依附于母公司的状态，真正做到法人的独立人格。除了业务团队专业化水平提升外，也有效实现了核心员工的多层次激励和精准激励。分拆上市正式规则发布的一大亮点是将分拆子公司董事、高管及关联方的持股上限提升至 30%，母公司利益相关的董高及关联方持股上限为 10%，制度设计充分体现了对人性的尊重。现有案例实践中，70% 的上市公司安排核心员工持股，未安排员工持股的大部分是国企，1/3 标的公司核心员工持股超过 10%。

核心团队高达 30% 的持股上限制度安排与创业公司多轮稀释下创始团队持股比例相当，使得离职创业的吸引力下降，或将促使创新创业机会大量留在优质的上市公司体系内孕育。较高的股权安排、较低的经营风险、上市公司业务资源加持，以及中后台全面配齐的辅助能力，将充分调动现有的标的资产管理层的积极性和创造性，孵化与上市公司业务相关的创新创业机会，抑制原有离职创业冲动，扼杀外部创业竞争者机会。如此以往，良性循环，必将实现优质上市公司的强者恒强。

2. 上市公司估值

多主业公司在资本市场估值偏低一直是一个大问题。多元化公司内部可能存在的配置效率低下和线性激励不足的问题，同时，在投资者偏好上存在多元化折价，导致多元化上市公司估值多采用单一市盈率法估值，且市盈率相对保守，造成了估值水平的相对保守和折价。通过分拆给原有上市公司估值纠偏是多元化上市公司推进子公司分拆上市的原始冲动。从分拆上市公司主营业务角度看，均为多主业上市公司，具体细分包括不同行业下形成的多主业和产业链不断延伸下形成的多主业两类。

分拆则在不改变业务发展方向、不丧失控制权的前提下，上市公司与子公司各自拥有专业的团队、聚焦于熟悉的领域，厘清业务边界，获得独立和合理的估值。分拆上市有助于原有单一市盈率法估值进化为分部加总估值法，使资本运作与产业发展产生正向的协同效应。

3. 专业机构助力

在上市公司分拆上市中，会引发上市公司的各利益相关者，包括股东、债权人、员工的重大利益变化。影响最为直接的是上市公司股东，因此需要加强股东特别是中小投资者的权益保护，主要的措施包括规范运作、分类表决、关联回避和信息披露。注册制下，监管机构在履行看门人职责时，将规范运作提升到了前所未有的高度。因此，对于拟筹划分拆和正在运作分拆的上市公司而言，也应当特别关注上市公司和子公司在分拆过程中的规范和合规，聘请可信赖的专业机构作为中介，助力实现上市公司高质量发展的目标。

第三节　分拆上市的条件及需要关注的事项

一、分拆上市的条件

1. 上市公司境内股票已上市三年。

2. 上市公司最近三个会计年度连续实现盈利，扣除拟分拆子公司最近三个会计年度净利润后，归属于上市公司股东的累计净利润不低于 6 亿元。

3. 上市公司合并报表中拟股权分拆的子公司最近一个会计年度的净利润不超过归属于上市公司股东的净利润的 50%；股权分置的子公司的净资产不超过归属于上市公司股东的净资产的 30%。

4. 上市公司不存在被控股股东、实际控制人及其关联方占用资金、资产或其他损害公司利益的重大关联交易。上市公司及其控股股东、实际控制人最近 36 个月未受到中国证监会行政处罚；上市公司及其控股股东、实际控制人近 12 个月未受到证券交易所公开谴责。上市公司最近一年及一期财务会计报告经注册会计师审计，出具无保留意见。

5. 上市公司最近三个会计年度发行股份的业务和资产以及募集的资金不得作为公司拟分拆子公司的主营业务和资产，而是作为分拆子公司的主营业务和资产。公司拟分拆使用最近三个会计年度募集资金总额不超过其净资产 10% 的除外；上市公司最近三个会计年度通过重大资产重组收购的业务和资产，不得作为拟分拆子公司的主营业务和资产。子公司主要从事金融业务的，上市公司不得拆分子公司上市。

6. 上市公司董事、高级管理人员及其关联方持有拟分拆子公司的股份，合计不超过分立上市前子公司总股本的 10%；上市公司拟分拆的董事、高级管理人员及其关联方持有被分拆子公司的股份，合计不得超过分立上市前子公司总股本的 30%。

7. 上市公司应充分披露说明，本次分拆有利于上市公司突出主营业务，增强独立性。本次分拆后，上市公司及拟分拆子公司均符合中国证监会和证券交易所关于同业竞争和关联交易的监管要求，资产、财务、机构等相互独立，高级管理人员和财务人员不存在交叉聘用，独立性不存在其他严重缺陷。

分拆境外上市与分拆到创业板上市条件比较。中国证监会于2004年7月发布了《关于规范境内上市公司境外上市有关问题的通知》（证监发〔2004〕67号），明确了分拆子公司境外上市的八项实质性条件。2010年创业板监管业务沟通会和第六届保荐人培训会提到了分拆上市的六项条件，但没有狭义分拆上市的成功案例。

二、分拆上市关注的事项

分拆上市能给上市公司及分拆子公司带来诸多好处，但实际操作过程中，上市公司及分拆子公司面临较多的风险和挑战，涉及业务、组织机构、技术、人员等多个方面。通常而言，在申请首发及上市的审核阶段，分拆上市的相关事项也是监管机构重点审核的领域。

根据安永多年观察以及分拆上市成功案例的审计经验，分拆上市需重点关注的主要事项包括但不限于以下主要事项：分拆上市，是上市公司面临的重大机遇和挑战，可能是优化资源配置、提升企业价值的重要路径。过程中需要大量的专业判断和处理技巧，更早地邀请专业机构参与，将使上市公司更高效地实现此战略目标。据不完全统计，2020年1月至8月中旬，已有32家A股上市公司公告将分拆业务或子公司到A股上市，科创板、创业板成为企业分拆上市的主要选择。其中，医药行业今年分拆上市数量明显增加，最近这股风也吹到了智能制造领域。对于分拆上市，以往大都发生在港股和美股市场，而A股市场对分拆上市一直有着严格限制。在政策制度不完善的情况下开放市场限制，容易导致出现犄角旮旯、利益输送、掏空母公司等问题。2019 年 8 月 23 日，证监会发布了《上市公司分拆所属子公司境内上市若干试点规定》（征求意见稿）；3 个半月征求意见后于 2019 年 12 月 13 日正式出炉。这次分拆规定明确上市分拆实质性条件、程序性要求，很大程度上解决了上述忧患。

那么对于上市公司来说，分拆上市到底是一条怎样的路呢？从对上述公司行为背后的目的来看，增加融资渠道是其主要诉求。那么分拆上市对母公司会带来哪些影响呢？从积极的角度来看，一方面，分拆上市可以增加上市公司的融资渠道，从而增强公司的融资能力。母公司如能有效利用二次融资，可以在一定程度上增厚母公司的业绩。另一方面，分拆上市后，更具潜力的业务将会被给予更高的估值水平，从而一定程度上提高母公司的估值。

从消极角度看，分拆上市可能会摊薄母公司来自子公司的利润，同时在一定程度上会减少母公司对子公司的控股比例。分拆安排合理对子公司、母公司而言是双赢，但实施不当的话，同样将带来一系列的苦果，甚至出现大股东借机套现，利益输送等。分拆上市为企业融资增加了一个渠道以吸引更多的资本，同时被拆分的子公司可以获得更多的资源支持。

第四节　分拆上市案例

一、分拆境外上市案例

早在 2000 年，联想集团（1994 年 2 月 14 日在香港上市）就拆分了核心业务，分别成立了新的联想集团和神州数码。2001 年 6 月 1 日，神州数码的股票在香港上市。从联想集团分拆神州数码，具有一石二鸟的效果。此次分拆不仅解决了事业部层面的激励机制问题，而且由于神州数码的独立上市，联想集团和神州数码的股权结构发生了较大的变化，公司内部的激励机制也发生变化，整体水平也得到进一步的提升。

随着 2001 年中国正式加入世界贸易组织，境内上市公司寻求境外分拆上市开始兴起，同仁堂、TCL、紫江企业、海王生物均拟分拆子公司寻求在中国香港上市。为此，中国证监会于 2004 年 7 月发布《关于规范境内上市公司下属公司境外上市有关问题的通知》，对 A 股市场上市公司下属公司境外分拆上市进行规范。据不完全统计，至今已有 20 余家 A 股上市公司在 H 股完成分拆上市。A 股在 H 股分拆上市分为两种形式，一种为"红筹"形式上市，即需要先"出海"设立境外子公司；另一种方式为 H 股上市，只需把子公司分拆并改为股份有限公司，初期成本较小，但后续被监管审核更为严格。子公司不仅需要满足中国证监会的相关制度规定（详见 2004 年发布的《境外上市有关问题的通知》），还需满足中国香港对于分拆上市公司规定。

二、分拆境内上市案例

1. 港股子公司分拆回归的案例

从严格意义上来看，A 股上市公司在 A 股实现分拆上市一直未有实质性的突破。2009 年创业板成立后，曾于 2010 年和 2011 年两次出现了创业板分拆上市的案例，例如康恩贝（600572.SH）分拆佐力药业、中兴通讯（000063.SZ）分拆国民技术（300077.SZ），但无一例外，都是在上市母公司让出对发行人的控制权后，发行人再实施 IPO，不属于严格意义上的分拆上市。

近年来港股子公司分拆回归 A 股成功案例如下。

随着 2019 年科创板的推出，开始出现港股子公司分拆回归的案例，对红筹企业以及同股不同权包容性较强的科创板，有望吸引越来越多的港股子公司分拆回归。H 股微创医疗（0853.HK）将子公司心脉医疗（688016.SH）分拆至科创板上市，威胜控股（03393.HK）分拆子公司威胜信息科创板上市。总体来看，募资公司经营与决策的独立性是科创板审核交易所关注的焦点。相对于其他上市公司，上交所对分拆上市公司的问询，更加关注持续经营能力、股权结构稳定性和关联交易对独立性的影响。对于威胜信息，上交所的三轮问询重点在于采购与销售渠道独立性、发行人与控股股东共用"威胜"商号的影响；对于心脉医疗，上交所的关注重点则发布在母公司实控人稳定性、子公司决策独立性、采购与销售渠道独立性以及研发和生产独立性上。

2. A 股子公司分拆 A 股案例

（1）中国铁建分拆上市

2019 年 12 月 18 日，中国铁建（601186.SH）发布公告，公司董事会已审议通过其子公司中国铁建重工集团有限公司的科创板上市议案。本次科创板分拆上市，募集资金将用于投资研发应用项目、生产基地建设项目和补充流动资金。因此，本次分拆将进一步巩固中国铁建重工在高端装备制造领域的核心竞争力。

（2）上海电气风电项目分拆上市

2020 年 1 月 6 日，上海电气（601727.SH）发布公告，拟分拆控股子公司上海电气风电集团有限公司在科创板挂牌上市。风电分拆上市后，公司仍将保持对风电的控制，风电的财务状况和盈利能力仍将反映在公司合并报表中。

上海电气表示，此次分拆将有助于公司产业做大做强。本次分拆完成后，公司可利用科创板平台进行产业并购或引入战略投资者，进一步加大对风电产业核心前沿技术的投资开发，保持风电业务的创新活力。本次分拆可以实现风电与资本市场的直接对接，从而拓宽风电融资渠道，增强融资灵活性，提高融资效率。

（3）上海建工分拆子公司主板上市

2020年1月9日，上海建工（600170）全资子公司建工材料及相关主体经过适当的重组后，建工材料整体变更设立股份有限公司，作为拟上市标的，向中国证监会提交上市申请文件。经批准后，将择机公开发行A股并在上海证券交易所主板上市。上海建工是全国第三家拟分拆子公司上市的国有企业，与前两家公司的分拆子公司上海科创板不同，上海建工是全国第一个将分拆目的地确定为上交所主板的公司。

对于分拆原因，上海建工解释称，此举将突出预拌混凝土发展优势，有效提升上海建工可持续盈利能力。特别是近年来，住建部等国家部委相继下发文件，提出发展优质专用水泥，推广高性能混凝土应用，开发预制混凝土建筑和构件；同时，随着我国城市化和建筑工业化水平的不断提高，对预制混凝土和预制构件的需求量不断增长。

（4）计划分拆上市的A股公司

2020年1月5日，岭南股份（002717）发布公告称：子公司上海恒润文化集团有限公司将整体变更为股份有限公司。本次整体变更完成后，岭南股份将持有恒润集团90.03%股份，剩余9.97%股份则由合肥泽恒企业管理咨询合伙企业（有限合伙）等持有，目前正在筹备子公司分拆上市。

2020年1月10日，盈峰环境（000967）发布了关于受让控股子公司浙江上风高科专风实业有限公司部分股权及放弃优先购买权暨关联交易的公告。公告称，本次交易完成后，盈峰环境仍持有专风实业60.20%的股权，专风实业仍为公司控股子公司。

结　语

上市公司分拆大戏的开启，势必将带来一幕幕精彩的财富盛宴。

与传统的新业务发展方式相比，分拆上市对上市公司有诸多积极影响，有利于上市公司利用自身资源优势培育新业务并分拆上市，搭建第二增长曲线、实现平台化发展。分拆上市后，公司的不同业务将被重新估值和定价，有助于防止高价值业务被低价值业务拖累。此外，不同市场存在一定的估值差异。分拆子公司在估值较高的市场上市后，母公司也可以获得资本溢价。但与此同时，分拆上市也存在诸多潜在风险，如子公司与母公司之间的利益转移、违法关联交易等；在分拆过程中也可能存在高估不良资产、低估好资产等虚假操作。为达到转移利润、规避债务等目的，上市公司分拆上市行为受到严格监管。

在这背后，也将不可避免地滋生游离于监管之外的灰色"套利"空间。从当前上市公司分拆的实践来看，拟分拆上市的板块集中在实行注册制的科创板和创业板，监管部门主要关注上市公司分拆上市是否满足分拆条件、同业竞争、关联交易、独立性、信息披露一致性。未来政策需要在防止母公司业务"空心化"、利益转移、保护中小股东利益等方面细化相关规定。

第七章　税收优化原则

——并购收益的必要选择

导　读

在并购重组过程中，产生的税费问题也是决定重组项目成功与否的关键因素。由于方案设计不合理，没有充分考虑提前缴纳税款，交易对方未能在应缴纳税款的时间缴纳税款，导致并购重组失败，这种情况也存在。

税收筹划是通过预先设计和安排，在税法允许的范围内，合理减轻企业税收负担。对于并购交易，税收筹划可以合理降低并购成本，实现交易收益最大化。并购交易的税务筹划与目标公司的税务情况和交易的结构设计有关。因此，企业在找到合适的潜在目标公司时可以考虑税收筹划。

第一节　税务筹划与并购重组

一、税务筹划的概念

税收筹划是通过预先设计和安排，在税法允许的范围内，合理减轻企业税收负担。对于并购重组交易，税收筹划可以合理降低并购成本，实现交易收益最大化。并购交易的税务筹划与目标公司的税务情况，与交易的结构设计有关。因此，企业在找到合适的潜在目标公司时可以考虑税收筹划。公司根据并购目标公司的情况，识别潜在的税务问题，如目标公司税务结构的基本情况、投资退出策略的税务分析等。通过税收结构和投资退出策略的税收分析了解企业的基本情况，公司通过税务尽职调查了解被收购公司的主要税务风险和影响，评估目标公司是否有节税并购计划的可能性。在考虑合理有效的业务安排的前提下，通过一定的税务筹划，合理规划交易结构，寻找可行的解决方案，提高交易效率。

二、企业并购重组税收筹划的界定

2020 年 6 月，为了规范税务师事务所及其具有资质的涉税服务人员（包含税务律师）提供企业重组税收策划业务执业行为，同时提高执业质量、防范执业风险，根据国家税务总局《涉税专业服务监管办法》等有关规定，中税协组织制定了《企业重组税收策划业务指引（征求意见稿）》等四项业务指引，引起了大家对企业重组税收策划业务的关注。

1. 企业重组策划业务的税法界定

企业重组税收策划业务是税务师事务所依法接受委托，在国家税收法律法规及其他相关法律、法规的框架内，为委托人重组事项进行税收规划和安排，以达到管理税收成本，控制纳税风险，提高经营效益为目标的涉税服务业务。

根据《财政部、国家税务总局关于企业重组业务企业所得税处理若干问题的通知》（财税〔2009〕59 号）等相关税收法律法规，重组具体分为公司法律形式变更、债务重组、资产购买、股权收购、企业合并、业务分立、资产（股权）转让、非货币性资产投资。

2. 企业重组策划业务的实践界定

在企业实践中，企业重组业务展现出更为广泛和创新的形式。

在交易结构上，企业重组主要采取资产交易、股权交易以及资产与股权交易相结合的方式。其中，资产交易主要包括以资产出资成立新公司、购买资产、资产置换；股权交易主要包括收购标的公司的股权（含增资）、股权置换、合并、购买股权加期权、购买含权债券、利润分享结构等；股权与资产交易相结合的方式主要包括资本性融资租赁、承担债务、债权换股权等。

在支付方式上，企业重组主要采取以现金购买资产，以股票购买资产，以现金购买股票，以股票购买股票，以承担债务购买资产，以承担债务购买股票。当然对于同一控制下的企业并购，一般会采取非现金支付的方式。

不管企业在实践中采取何种形式进行并购，最终的结果是达到重新整合、优势互补或取得控制权等目标。下面以一个重组案例进行说明。

【案例1】甲公司是一家非房地产企业，甲公司下属分公司拥有一块工业用地性质的土地（2016年4月30日之前取得的土地），且在该地块上建设了厂房等建筑物。乙公司有意向购买甲公司的下属分公司，并将下属分公司变为乙公司的子公司。

要达到上述目标，可以有多个路径进行交易：路径一，甲公司直接将分公司资产销售给乙公司；路径二，甲公司将分公司通过分立方式变为子公司，然后转让股权给乙公司；路径三：甲公司以分公司资产作为投资重新注册一个子公司，然后转让股权给乙公司。不同路径可能涉及的税收也是不同的，此时就需要税务师或税务律师针对这些路径进行充分的企业调研、分析和选择，这就是企业重组策划业务。在《企业重组税收策划业务指引（征求意见稿）》中，根据企业重组策划业务的特性规定了三个原则。

一是特定目标原则：要求承办企业重组税收策划业务，应以与委托人约定的委托目标为核心开展服务。

二是合理商业目的原则：要求承办企业重组税收策划业务，应基于委托人的合理商业目的，服务过程和服务成果不得单纯以减少、免除或者推迟缴纳税款为主要目的，也不得向委托人建议只在形式符合税收法律法规、但与其经济实质不符的方式获取税收利益。

三是诚信及保密原则。其中合理商业目的是企业重组策划业务中最重要的原则。一旦违反该原则，就会导致企业重组策划业务的失败。下面将结合上述【案例1】详细说明什么是合理商业目的。

（1）合理商业目的税法界定

合理商业目的到目前为止并没有非常明确清晰的概念。中国现行的税收法律体系是从反向的视角对合理商业目的进行分析的，《中华人民共和国企业所得税法》第四十七条首先引入了"不具有合理商业目的的安排"的概念——"企业实施其他不具有合理商业目的的安排而减少其应纳税收入或者所得额的，税务机关有权按照合理方法调整"。《中华人民共和国企业所得税法实施条例》第一百二十条对此进行了定义，"不具有合理商业目的，是指以减少、免除或者推迟缴纳税款为主要目的"。

2014年12月，《一般反避税管理办法（试行）》（国家税务总局令2014年第32号）颁布实施，第四条明确，避税安排具有以下特征：以获取税收利益为唯一目的或者主要目的；以形式符合税法规定、但与其经济实质不符的方式获取税收利益。

根据上述规则，结合【案例1】甲公司的实际情况，甲公司首先要有进行企业重组的商业意图，比如想取得控制权，或者扩大再生产等，然后甲公司再通过适度的税收策划采取合适的路径达到这样的目标。如果反过来，仅仅是为了避税而人为制造企业重组行为，则属于不具有合理商业目的。

（2）判定合理商业目的具体考量

企业实施的避税安排不具有合理的商业目的以获取税收优惠有两个特点：一是以获取税收优惠为唯一目的或主要目的；二是以符合税法规定但不符合其经济实质的形式取得税收利益，即判断是否是不合理的业务安排，需要同时考虑结果和动机。

首先，在结果上，考虑在实施某种商业安排后是否获得了税收优惠。目前，对纳税人商业安排税收结果的分析较为清晰。这主要是因为，征税的结果是客观的。即使商业安排并未实际发生，税务机关或涉税服务人员也可以清楚地分析该安排是否导致纳税人减少、免征或延迟纳税。需要注意的是，纳税人在作出具有合理商业目的的安排时，也可能同时获得税收优惠。例如，公司在境外上市或引进海外战略投资者时，可能会在境外设立公司并获得潜在的税收优惠。实践中，这种情况是否属于不合理商业目的的安排，不仅要考虑纳税人获得的税收利益，还要考虑纳税人通过这种安排获得的其他利益，而不仅仅是税收利益是否已经获得来判断其合理性。

其次，在动机上，是否获得税收是实施某种商业安排时考虑的重点。企业实施不合理的商业安排，其唯一目的或主要目的是获取税收优惠。其中，不难理解，获得税收优惠的唯一目的是纳税人实施某种商业安排，除获得税收优惠外没有任何其他商业原因。以获取税收优惠为主要目的，是指纳税人在实施某种商业安排时，既有经营需要，也有获取税收的动机。这时候情况就比较复杂，要分清是否以取得税收为主要目的。

一般来说，不具有合理商业目的的安排应满足三个条件：一是人为设计的 系列行为或交易；另 种是获得税收优惠是行为或交易的唯一或最重要的目的，取决于企业的交易是否主要出于商业目的；三是企业从该行为或交易中获得税收优惠，即通过筹划或交易，可以减少企业的应纳税额或应纳税所得额。只有同时满足这些条件，才能认定经济行为不具有合理商业目的，构成避税事实，面临税务调整。由于交易动机分析的主观性，不同的人对详细信息的了解程度不同，思维角度不同，得出的结论也可能不同。因此，是否具有合理商业目的的判断会受到诸多因素影响。同时，提醒企业在实施重组计划时，应保留相关证据或记录，以证明其符合商业目的。

（3）企业重组策划业务的具体实施要注意合法性

《企业重组税收策划业务指引（征求意见稿）》第二十九条规定，重组税收策划方案应尽可能详细地分步骤设计，并须明确提出方案实施的前置条件、政策依据、步骤顺序、实操要领等。这样要求的主要目的是保证企业重组策划业务的合法性。下面以具体案例说明企业重组策划业务的实施的合法性问题。

【案例2】甲公司拟将下属的子公司——乙公司整体转让出去，乙公司净资产价值为200万元，转让时支付的交换额可以有现金、股票及库存商品三种方式，进行企业整体资产交易所得税筹划，关键是制定合理的转让定价支付方式，将资产转让过程中非股权交易额控制在一定比例之下，享受企业所得税特殊性税务处理的政策。那么如何确定定价方案呢？

在企业重组的交易实践中，资产交易主要包括直接购买资产、以资产出资设立新公司、资产置换三种操作模式。不管是采取哪种资产交易进行并购，只要是纯粹的资产本身而不包括劳动力和债务的交易，均不能免征增值税、印花税、土地增值税、契税。而企业所得税并购在规则上与增值税、印花税、土地增值税、契税不同，企业所得税不是特别看重资产并购交易是否包含劳动力、债务的一并转移，最重要的是看用什么支付。并购实务中的支付方式主要有：现金购买资产、股票换资产、资产换资产。但是，企业所得税最重要的是股份换资产。在满足基本条件的基础上，只要收购方所购买的股权不低于被收购公司全部股权的 50%，且收购方在股权收购发生时的股权支付金额不低于交易支付总额 85%，可享受未确认企业收入的股权支付部分的优惠。

基于以上税法分析，资产交易税务筹划应该遵循的原则有以下几点。

（1）尽量创造条件使资产并购符合"整体资产交易"的要求

首先，要明确企业整体资产交易的条件：《国家税务总局关于纳税人资产重组有关增值税问题的公告》（国税公告〔2011〕13 号）规定："将全部或部分实物资产及相关债权、负债和劳务转移给其他单位和个人的，不属于增值税的征收范围，其中涉及的货物转让，不征收增值税。"

通过以上规定可以总结企业整体资产交易的要件有：①交易主体是企业，而不含非独立核算的企业分支机构；②整体资产交易的内容有企业资产、债权、债务、劳动力的行为，四者缺一不可。因此，企业要创造条件符合整体资产交易。如果标的公司是一个企业独立核算的分支机构，可以先成立一个独立的企业法人达到转让主体的条件。只有符合条件的整体资产交易才能获得增值税、契税、印花税的免征。

（2）创造条件以"股权支付"的方式进行企业整体资产交易

企业所得税的减免条件是比较苛刻的，但基本精神是鼓励股权支付。根据财税〔2009〕59 号文和财税〔2014〕109 号文的规定，企业所得税特殊性税务处理（股权支付部分不确认所得）需同时符合下列条件。

①具有合理的商业目的，且不以减少、免除或者推迟缴纳税款为主要目的；②受让企业收购的资产不低于转让企业全部资产的 50%；③企业重组后的连续 12 个月内不改变重组资产原来的实质性经营活动；④受让企业在该资产收购发生时的股权支付金额不低于其交易支付总额的 85%；⑤企业重组中取得股权支付的原主要股东，在重组后

连续 12 个月内，不得转让所取得的股权。

为了满足这一条件，要在整体资产定价上下工夫，使定价满足条件中的比例要求。企业进行整体资产交易时，根据税法规定，现金交易额不高于一定比例，股权支付部分不确认财产转让所得，不计征企业所得税，这就为企业进行整体资产交易提供了税收筹划的空间，那么如何通过设计交易定价来满足该比例呢？

在税法规定的整体资产转让条件中，"受让公司收购的资产不得低于受让公司总资产的 50%，且受让公司在资产收购时的股权支付金额不得低于总交易支付金额 85%" 是最关键的条件，所以定价时主要满足这个条件。

由于甲集团公司是整体转让乙公司的 100% 的资产，因此 50% 的条件已经满足，只要现金交易额控制在其所取得的交易总额的 15% 以下，乙公司就可以对股权支付部分不确认财产转让所得。因为乙公司的净资产价值为 200 万元，所以非股权交易额控制在 200 万元 × 15% = 30 万元以下，就可享受特殊性税务处理的优惠政策。

总之，中国税务协会组织制定了《企业重组税务筹划业务指引（征求意见稿）》，以规范税务机关及其具备资质的涉税服务人员提供企业重组税务筹划业务实践，提高执业质量、防范执业风险，在执业过程中要特别注意企业重组业务的合理商业目的与合法性的问题，确保企业重组策划业务的健康发展。

第二节　并购重组税务筹划的重点问题

一、如何选择潜在的被收购目标

在满足商业考虑的前提下，从税收筹划的角度，企业可以考虑以下几个方面来选择潜在的收购目标：（1）是否有税收优惠政策，比如被收购公司是否在税收优惠地区或行业；（2）商业安排的优化规划，如销售等主要经营安排是否实现了税收效益最大化；（3）是否存在有价税资产，如未扣除的税收损失；（4）是否存在合理的关联交易和转让定价安排，降低企业并购后整体税负。

但需要注意的是，并购的主要考虑因素仍然是商业目的。如果被收购公司从商业角度来看确实有价值，即使税收整合收益不大，公司仍可以在收购后进行调整，以优化被收购公司的税务效益。

二、针对企业所得税的处理方法

根据《关于企业重组业务中企业所得税处理若干问题的通知》（财税〔2009〕59号），企业重组的税收处理区分了不同的条件，适用于一般税收处理规定和特殊税收待遇规定。一般税务处理是指在重组交易中，按照公允价值确认重组收益或损失，计算缴纳企业所得税。一般而言，重组各方应以公允价值作为重组涉及的股权或资产的计税基础。

特殊税务处理交易的股权支付部分暂未确认相关资产转让或损失，仅当相关股权再次转让且不符合特殊税务处理规定时才会产生当期税务负债。对于非股权支付，转让兴业资产的收益或损失仍应在交易当期确认，并调整相应资产的计税基础。其中，所谓股权支付，是指企业重组中购买、交换资产的一方支付的对价，以公司或其控股公司的股权或股份的形式支付；所谓非股权支付，是指支付公司现金、银行存款、应收账款、股票、存货、固定资产、其他资产以及公司或其控股公司的股权和股份以外的债务用作付款方式。

三、符合重组业务的企业所得税特殊性税务处理

据《关于企业改制业务企业所得税处理若干问题的通知》（财税

〔2009〕59 号）和《关于推进企业改制相关企业所得税处理问题的通知》（财税〔2014〕59 号）、企业改制同时满足以下条件的，适用特殊税收待遇规定：

（1）具有合理的商业目的，主要目的不是减少、免除或推迟缴纳税款；

（2）收购公司在股权收购中购买的股权不得低于被收购公司总股权的 50%，受让公司在资产收购中收购的资产不得低于总资产的 50% 转让企业的；

（3）企业重组后连续 12 个月内未改变重组资产原有的实质性经营活动；

（4）本次重组交易对价所涉及的股权支付金额不得低于交易支付总额的 85%；

（5）在企业重组中获得股权支付的原大股东，在重组后连续 12 个月内不得转让所取得的股权。

此外，企业涉及境内与境外（包括中国港澳台地区）股权和资产的收购，除满足上述五个条件外，还必须符合以下四种情况之一，可享受特殊税收待遇：

（1）非居民企业将居民企业的股权转让给其直接控制的其他非居民企业，未导致股权转让所得的预提所得税负担发生变化，非居民企业转让方致函主管税务机关的承诺在 3 年内（含 3 年）转让受让方拥有的非居民企业股权；

（2）非居民企业将其在另一居民企业中的股权转让给与其具有 100% 直接控制关系的居民企业；

（3）居民企业以其资产或股权投资于其 100% 直接控制的非居民企业；

（4）财政部、国家税务总局批准的其他情形。

关于并购何时向税务机关申报及适用特殊税收待遇问题。根据税法规定，并购业务完成年度企业所得税纳税申报时，交易各方应当向主管税务机关提交书面备案材料，证明其符合特别重组的要求。企业未按照规定进行书面备案的，不作为特殊重组业务进行税务处理。

《关于促进企业改制企业所得税处理有关问题的通知》（财税〔2014〕109 号）规定，100% 直接控制的居民企业之间、同一或多个居民企业直接控制的 100% 居民企业之间，在具有合理商业目的的情况下，按照账面净值转让股权或资产，不减少以免税或延期缴纳税款为主要目的，在股权或资产转让后连续 12 个月不改变所转让股权或资产原有的实质性经营活动，且未确认受让公司或受让公司在会计处理损益时，可以选择按照以下规定进行特殊税务处理：

（1）受让公司和受让公司均未确认收入；

（2）被转让企业拟取得的被转让股权或资产的计税依据，以被转让股权或资产的原账面净值确定；

（3）受让企业取得的转让资产，按原账面净值计提折旧扣除。

《关于非货币性资产投资企业所得税政策有关问题的通知》（财税〔2014〕116 号）规定，居民企业对外投资非货币性资产确认的非货币性资产转让收入，可在不超过 5 年的期限内平均计入当年的应纳税所得额，并按规定计算缴纳企业所得税。

国家税务总局公告 2010 年第 4 号《关于印发〈企业改制业务企业所得税管理办法〉的公告》，合并前被合并企业的相关所得税事项由被合并企业继承，企业分立，与被分立资产对应的所得税事项由被合并企业继承。这些事项包括未确认的资产损失、分期确认的收入的处理以及尚未享受期满的税收优惠政策承继处理问题等。

其中，税收优惠政策的继承和处理，属于《企业所得税法》规定的对整个企业（即所有生产经营所得）的过渡性政策，企业性质合并或分立后适用的税收优惠条件未发生变化的，可以继续享受合并前企业或分立前分立企业剩余期间的税收优惠。合并前各企业剩余税收优惠年限不一致的，按合并时被合并公司资产占被合并公司总资产的比例平均分配被合并公司年度应纳税所得额，然后按相应剩余优惠计算应纳税额。

四、不同并购类型在特殊税务处理时的要求差异

对于非同一控制下的企业合并，企业股东取得股权支付交易支付总额85%以上的情况，可选择特殊税务处理；且处于同一控制下且无须支付对价的企业合并，可选择特殊税收待遇。这里的"同一控制"是指参与合并的企业在合并前后最终受同一方或相同的多方控制，且该控制不是暂时的。

五、划拨方式重组的税务处理

根据《关于推进企业改制相关企业所得税处理问题的通知》（财税〔2014〕109号），对于100%直接控制的居民企业之间，以及受同一或相同多家居民企业100%直接控制的居民企业之间，以及受同一或相同多家居民企业100%直接控制的居民企业之间以账面净值为基础的股权或资产转让。在有合理商业目的的情况下，主要目的不是减少、免除或推迟缴纳税款。如果所转让股权或资产的原实质性经营活动在股权或资产转让后连续12个月未发生变化，且受让公司和受让公司均未在会计核算中确认损益，则可选择继续根据以下规定进行特殊税务处理：

（1）出让公司和受让公司均未确认收入；

（2）被转让企业拟取得的被转让股权或资产的计税依据，以被转让股权或资产的原账面净值确定；

（3）被转让企业取得的转让资产，按照原账面净值计提折旧和

扣除。

第三节　并购重组税务筹划技巧

纳税筹划的实务操作一定要有战略纳税筹划的思想，即要根据企业的整体战略，进行长远和系统性的纳税筹划，科学地选用纳税筹划技巧，以实现并购纳税筹划目标和促进实现企业的战略目标。常用的并购纳税筹划技巧有以下几点。

一、利用投资行业的不同进行并购纳税筹划

中国同其他国家一样，实行产业倾斜政策，国家为了优化产业结构，对符合国家产业政策的投资给予相当多的税收减免优惠。企业在并购前必须明确投资方向，结合税收政策进行税收筹划。如增值税，纳税人销售或者进口粮食、食用植物油等，实行13%的低税率；对于出口货物、销售农业生产者销售的自产农产品、避孕药品和用具等，实行零税率或免税。如营业税，根据行业的不同，分为交通运输业、建筑业等行业，分别设定3%～20%的税率。如消费税，根据消费税税目的不同，分为烟、酒及酒精、化妆品、贵重首饰及珠宝玉石等14个税目和更详细的子税目，规定了不同的税率。如企业所得税，关于行业或经营项目的税收优惠较多。企业从事蔬菜等的种植、农作物新品种的选育等项目的所得，免征企业所得税。企业从事花卉、茶以及其他饮料作物和香料作物的种植海水养殖、内陆养殖项目的所得，减半征收企业所得税。企业经营国家重点扶持的公共基础设施项目、符合条件的环境保护、节能节水项目，第一年至第三年免征企业所得税，第四年至第六年减半征收企业所得税。企业符合条件的技术转让所得

或高新技术企业、创投企业所得等，实行免征或减征等多种方式的企业所得税优惠。

二、利用投资区域的不同进行并购纳税筹划

近几年中国为保证和促进企业的公平竞争，对相关税收的区域优惠进行了大幅度的修改，区域税收优惠基本取消，但利用投资区域的不同进行并购纳税筹划仍然具有一定的可行性。如增值税，《增值税暂行条例实施细则》规定，设有两个以上机构并实行统一核算的纳税人，将货物从一个机构移送其他机构用于销售，移送环节视同销售，但相关机构设在同一县（市）的除外，并购企业可以根据这一规定考虑以行政区域进行纳税筹划的可能性和可行性。如企业所得税，根据《企业所得税法》的规定，民族自治地方的自治机关对本民族自治地方的企业应缴纳的企业所得税中属于地方分享的部分，可以决定减征或者免征。并购企业可以根据这一规定考虑纳税筹划的可能性和可行性。

三、利用不同交易方式并结合融资方式进行筹划

企业并购可以通过多种交易方式实现，大致可以有以下分类：现金购买式、资产购买式、股票换购式、综合证券购买式以及承担债务式。不同的并购类型适用不同的税务处理方法，同时，不同的并购类型需用不同的融资方式来实现，企业在进行并购时，对并购企业来讲，主要影响当期及以后各期的企业所得税，应综合各种情况进行纳税筹划，应至少考虑以下几个因素：

1. 交易费用对并购企业当期财务状况的影响；
2. 融资成本与费用对并购企业当期及以后各期财务状况的影响；
3. 并购企业当期及以后各期的财务状况；

4. 被并购企业当期及以后各期的财务状况;

5. 并购后企业整合的成本费用对并购企业当期及以后各期财务状况的影响,此处的整合,包括业务整合、管理与文化整合、财务整合等。

在充分考虑以上各因素及符合企业战略的前提下,科学地进行纳税筹划,从长远上降低企业的税负,促进企业战略目标的实现。

四、利用并购后不同组织形式并结合亏损情况进行筹划

被并购企业的组织形式也是并购决策中需要考虑的重要因素,被并购企业的组织形式有以下几种情况:股份有限公司、有限责任公司、合伙企业、分公司(分支机构)。仅从税收的角度来看,并购后企业的组织形式与组织机构将会影响到被并购企业的纳税人资格是否消灭,进而影响企业的整体纳税。因此,可利用被并购企业并购后的不同组织形式(包括组织机构)进行并购纳税筹划。被并购企业到底采用何种组织形式(包括组织机构)对企业最有利,除应适应企业战略要求外,还应至少考虑以下几个因素:

(1)并购企业当期及以后各期的财务状况;

(2)被并购企业当期及以后各期的财务状况;

(3)不同组织形式(包括组织机构)下的管理成本、管理效率。

企业应根据实际情况的不同,利用企业的亏损进行企业所得税筹划。利用亏损弥补进行纳税筹划主要有以下几种可能:

(1)并购企业和被并购企业在并购当期及前期无亏损,并购企业和被并购企业在并购后各期有一方亏损。在这种情况下,被并购企业在并购后可能适合采用非法人机构的组织形式,如公司的分支机构,这样总公司和分公司的当期盈亏互抵或亏损后期互相弥补,从而延期

或减少企业所得税。

（2）并购企业在并购当期有亏损或累计亏损，被并购企业在并购当期及前期无亏损。在这种情况下，被并购企业在并购后可能适合采用非法人机构的组织形式，如公司的分支机构，这样总公司和分公司的当期盈亏互抵，从而延期或减少企业所得税。

（3）并购企业在并购当期无亏损或累计亏损，被并购企业在并购当期及前期有亏损或累计亏损。在这种情况下，按照《财政部、国家税务总局关于企业重组业务企业所得税处理若干问题的通知》（财税〔2009〕59号）的规定，企业重组同时符合具有合理的商业目的且不以减少、免除或者推迟缴纳税款为主要目的等五个条件的，同时企业股东在企业合并发生时取得的股权支付金额不低于其交易支付总额的85%或者企业合并属于同一控制下且不需要支付对价的合并，被并购企业在并购后采用公司分支机构的形式，也可以实现亏损企业的部分亏损抵减盈利。

总之，企业并购纳税筹划要注重决策的整体性和战略性，在考虑企业自身条件的基础上，寻求减轻税负与增加企业整体收益的均衡，使纳税筹划在企业并购中起到真正的作用，最后达到企业税负的最小化和利润的最大化，最终实现企业的战略目标。

第四节　企业并购重组税务风险及防范对策

由于信息不对称问题，企业并购重组面临各种风险。除法律风险和财务风险等外，税务风险也是常见风险之一。税务风险主要包括标的公司存续期间因税收违法行为或不合法行为可能导致的补缴税款和滞纳金、加收利息、被处罚款和罚金等法律责任，并购协议未对前述法律责任分担进行约定或虽有约定但约定不明确可能给并购方造成的损失，以及并购架构未采取合理的税务安排可能导致提前或多缴纳税款的不利后果。一般而言，税务风险可以分为并购标的税务风险、并购协议税务风险和并购架构税务风险。税务风险防范一般包括风险识别、风险评估和风险控制三个步骤。税务风险识别可以通过税务尽职调查完成，税务风险控制可以通过涉税条款安排和税务架构设计等措施实现。

一、税务风险识别

并购标的税务风险防范的前提是识别税务风险，税务风险识别主要依靠税务尽职调查。税务尽职调查是对标的公司存续期间可能导致补缴税款和滞纳金、加收利息、被处罚款和罚金等法律责任的税收违法行为和/或不合法行为进行调查，并对前述法律责任进行定性和估值。税务尽职调查有别于法律尽职调查和财务尽职调查，应该独立于法律尽职调查和财务尽职调查。

二、税务尽职调查目标

税务尽职调查的目标是准确披露标的公司存续期间的税务风险。税务尽职调查报告应明确列示标的公司存续期间每个纳税年度每个税种应纳税额、已纳税额和应纳未纳税额。同时，还应区分应纳未纳税额的具体性质，准确界定偷逃税、漏税和避税。此外，税务尽职调查报告还应明确列示标的公司存续期间每个纳税年度相关税种应扣税额、已扣税额、应扣未扣税额和扣而未缴税额。

三、税务尽职调查范围

税务尽职调查时间范围，一般自标的公司成立之日起至并购双方约定的基准日止。考虑到尽职调查的成本及时限等情况，可按委托人的要求确定三年一期作为调查期间。

税务尽职调查税种范围，一般应包括标的公司应税行为所涉及的全部税种，具体而言，主要有增值税、消费税、企业所得税、土地增值税和契税等。此外，考虑到标的公司一般是个人所得税扣缴义务人，税务尽职调查税种还应包括个人所得税。

税务尽职调查业务范围，一般应包括标的公司融资、投资和日常经营活动中全部交易或事项。在确定具体尽调事项范围时，应根据标的公司内部控制规范程度，采取抽样调查或全面调查。一般而言，内控比较规范的标的公司，可以采用抽样调查，反之，则尽量采用全面调查。

四、税务风险定性评估

根据税务风险性质不同，并购标的税务风险可以分为刑事责任风险和行政责任风险，一般而言，刑事责任风险重于行政责任风险。根据税务风险金额不同，税务风险可以分为一般风险和重大风险。一般风险，是指风险发生会导致并购方本次交易没有利润或利润减少；重大风险，是指风险发生会导致并购方本次交易产生亏损或亏损增加。根据税务风险发生概率不同，税务风险可以分为高概率风险、中等概率风险和低概率风险。一般而言，虚开增值税发票相关税务风险为高概率风险，标的公司与其关联方之间不符合独立交易原则的转让定价税务风险为低概率风险。

五、税务风险定量评估

不同金额的并购标的税务风险，并购方会采取不同策略。对并购标的税务风险进行定量评估尤为必要。影响税务风险金额的主要因素是标的公司应缴未缴税款，以及前述违法行为被主管税务机关发现并处理的概率。根据税务尽职调查确认应缴未缴税款以及税务风险被主管税务机关处理的概率，可以计算出并购标的税务风险金额。

六、税务风险控制

一般而言，并购方可以采取主动放弃交易、部分收购、降低交易价格、安排涉税条款和设计和优化税务架构等措施有效控制税务风险。并购方可以采取前述一项或多项措施控制税务风险。

1. 主动放弃交易

如果标的公司涉嫌涉税刑事犯罪，如虚开增值税专用发票、逃税、骗取出口退税等，并购方应考虑放弃股权收购。当然，如果并购方收购重点是标的公司的不动产和知识产权等资产，则可以考虑采用资产收购。

2. 采取部分收购

如果标的公司存在税收违法和/或不合法行为，如偷税、避税等，并购方应考虑部分收购，与交易对方合资经营，共同面对标的公司税务风险。收购比例则要结合控制意愿和税务风险分担整体考虑。在部分收购中，并购方还可以要求交易对方以其剩余股权为其在并购协议中的义务（包括但不限于应承担的税务风险）向并购方提供质押担保。

3. 降低交易价格

如果标的公司存在税收违法和/或不合法行为，还可以考虑降低交易价格以防范税务风险。标的公司存在的税务风险，根据其发生概率，应作为标的公司负债，部分或全部从标的公司资产中扣除，并以扣除税务风险金额后的净资产和并购比例计算确定目标股权价格。如未扣除标的公司税务风险金额，则可能虚增目标股权价格，以致于降低并购方回报率，甚至导致并购方损失。

4. 安排涉税条款

通过税务尽职调查发现的税务风险，应在并购协议中约定如何分担。并购协议除应约定税务风险的分担外，以及涉税陈述与保证条款外，还应根据并购的类型，安排相应的涉税条款。并购协议主要涉税条款包括以下几类。

（1）涉税陈述与保证条款

涉税陈述与保证条款主要用以防范并购标的税务风险。并购相对方及标的公司应对标的公司存续期间涉税事项进行陈述与保证，主要包括以下内容：

①标的公司存续期间涉税实现不违反中国税法及相关税收政策；

②标的公司不会因涉税事项违法和/或者不合法被主管税务机关追缴税款、滞纳金、加收利息和/或被处以罚款及被人民法院判处罚金；

③标的公司的成本、费用、税金及损失等支出具有合法有效的凭证，可以依法在税前扣除；

④标的公司的全部收入已经依法入账，并申报缴纳相应的税费；

⑤标的公司取得的增值税专用发票和普通发票均不存在虚开情形，依法可以抵扣和扣除；

⑥标的公司不存在避税行为；

⑦标的公司无须补缴任何税款和滞纳金等。

如果标的公司因上述 1 至 7 项任一情形被主管税务机关追缴税款、滞纳金、利息和被处以罚款或罚金的，并购相对方应赔偿并购方遭受的损失。损失金额以标的公司因前述税收违法或不合法行为按主管税

219

务机关要求缴纳的税款、滞纳金、利息、罚款和罚金之和为基数，根据并购协议约定的股权转让比例来确定。并购双方对标的公司税务风险分担另有约定的除外。

（2）与价款有关的涉税条款

并购协议应该完整约定并购所涉税务风险，与价款有关的涉税条款是重要组成部分。股权并购协议应明确约定股权转让价款是税前价格还是税后价格，这一点对于并购相对方为自然人时尤其重要。鉴于商业交易中常见买方承担税费的情形，为避免争议，应明确约定股权转让相关税费由哪方承担。资产并购协议应明确约定资产转让价格是含增值税价还是不含增值税价。价格是否含税直接影响并购方的付款义务。如果价格含税，则并购方只需按此价格付款，无须另行支付税款；如果价格不含税，则并购方需要另行支付税款。如果未明确约定价格是否含增值税，交易双方可能会发生争议。考虑到资产并购往往涉及不同种类的资产，不同种类的资产适用税率可能不同，所以不同种类的资产应分别作价，以便适用不同税率。此外，考虑到国家法定税率可能进行调整，还要约定适用新税率的条件。

（3）发票条款

在资产并购中，除法定不征增值税情形外，并购相对方会发生增值税纳税义务，需要开具增值税发票。增值税发票是否依法合规取得，则影响并购方增值税抵扣和/或所得税税前扣除。并购协议应对发票相关问题进行明确的约定，比如开票主体、开票金额、适用税率、发票类型和开票日期。并购相对方还应向并购方保证其开具的增值税专用发票可以用于增值税抵扣和企业所得税税前扣除。此外，并购协议还应约定并购相对方开具的增值税发票不能用于增值税抵扣和企业所得税扣除时，应赔偿并购方因此而受到的损失。为了避免损失金额的相关争议，并购协议还应约定损失金额或者计算损失金额的方法。该发票条款主要用于防范并购协议税务风险。

（4）涉税风险分担条款

涉税风险分担条款主要用于防范并购标的税务风险。在涉税陈述与保证条款中，已经对税务风险的分担做了兜底约定。如果并购双方无法就标的公司全部税务风险由转让方承担达成一致，那么，则应具体约定各类税务风险的分担主体和方式。一般而言，税务风险应在并购双方之间分担，双方应进一步约定所分担的税务风险类别、年度、税种和金额等，以及各方分担比例。分担方式一般是调整交易价款。如果标的公司发生税务风险，则应调低股权转让价款，并按调整后的股权转让价款进行结算。应调低的股权转让价款一般以标的公司因发生税务风险而减少的净资产数额为基数，根据股权转让比例和分担比例计算确定。

（5）扣缴义务条款

转让方系自然人或者非居民企业时，并购方具有扣缴义务。并购方应扣未扣，则可能被处以应扣未扣税款 0.5~3 倍的罚款。为防止并购对方未依法申报纳税给扣缴义务人带来风险，并购方应坚持代扣代缴。并购方代扣代缴需要对方提供计算应纳税额的相关信息和/或资料，为防止并购对方不配合代扣代缴，并购协议应约定并购对方本次并购交易中并购对方应纳税所得额和应纳税额，以便并购方依法直接履行代扣代缴义务。当然，为确保代扣代缴义务的履行，暂扣部分交易价款以备缴税，尤为必要。

（6）其他涉税条款

并购重组交易中，并购方只并购部分目标资产，这一种常见情形。实现这一目的的途径一般有四种，第一种是将目标资产分立到新设公司再收购新设公司，第二种是将非目标资产剥离至新设公司再收购被分立公司，第三种是将目标资产出资到新设公司再收购新设公司，第四种是在标的公司内部将目标资产和非目标资产进行独立经营和独立核算，再收购标的公司股权并按约定比例分配目标资产经营利润。前三种途径都涉及按并购方要求新设公司，不同的新设过程对标的公司税务风险有不同的影响。并购协议应明确约定标的公司因新设产生的税务风险分担。此外，在第四种途径中，标的公司内部目标资产和非目标资产独立经营和核算与标的公司对外作为一个纳税主体存在矛盾，如目标资产与非目标资产增值税可能会互相抵扣，目标资产与非目标资产所得税可能会互相冲抵，这些特殊税务问题都需要在并购协议中安排涉税条款予以明确约定。

5. 设计和优化税务架构

不同的并购重组方式，以及同一种并购重组方式采用不同交易方案，其税负都会不同。通过税务架构设计和优化，实现并购双方所期望的商业目的和税收目的。在税务架构设计和优化时，要考虑并购双方以及标的公司整体的税负，不能只考虑一方税负；要考虑本次并购交易及并购方未来退出两个环节的税负，不能只考虑本次交易这一个环节的税负。设计和优化税务架构时，应从以下几个角度进行考虑。

（1）转让主体

一般而言，转让主体有个人、法人和其他组织。不同的转让主体，所涉税种不一样，适用税率也不一样。在中国现行税制下，个人转让所得适用个人所得税法，税率为20%；企业转让所得适用企业所得税法，税率一般为25%；分配至个人股东，适用个人所得税法，税率为20%。目前，中国个人所得税采取综合与分立相结合的税制，转让所得和其他亏损不能互相冲抵；企业所得税采用综合所得税制，转让所得可以与其他亏损互相冲抵，也可以用于弥补以前年度亏损。此外，转让方不同往往住所地不同，不同住所地当地的优惠政策就可能不同，部分地区有财政返还和核定征收等，这也是优化税务架构应考虑的因素之一。当然，要重点关注财政返还和核定征收的合法性。

（2）转让标的

并购标的主要资产和股权两类，不同的并购标的，所涉及税种不一样，适用税率也不一样。一般而言，资产并购涉及增值税、土地增值税、企业所得税、个人所得税和契税等，股权并购涉及企业所得税和个人所得税。在并购环节，相对于股权并购而言，通常情况下资产并购转让方税负更重。当然，如前所述，并购交易应综合考虑标的公司以及并购方的税负，进行判断，而不能只考虑并购环节转让方的税负。此外，在资产并购中，并购实质经营性资产和非实质经营性资产，其税收后果有可能不同。实质经营性资产需要从资产金额占比和资产种类等方面综合判断。

（3）转让方式

一般而言，非居民转让股权可以分为非居民直接转让和非居民间接转让。非居民直接转让中国境内公司股权，其所得来源于中国境内，中国税务机关具有税收管辖权；非居民间接转让中国境内公司股权，原则上中国税务机关没有税收管辖权，除非中国税务机关重新定性该间接转让交易，确认为直接转让中国居民企业股权。非居民间接转让具有合理商业目的、未规避企业所得税纳税义务的，则不能被重新定性。

（4）支付方式

并购支付方式，一般有股权支付、非股权支付和两者的组合。并购方股权支付达到法定比例，则可能适用特殊性税务处理。转让方不确认转让所得，无须缴纳企业所得税。

（5）特殊税收政策

在企业并购重组中，有（暂）不征税和（暂）免税等特殊税收政策。如增值税不征税政策、土地增值税暂免（不）征收政策、契税免征政策以及企业所得税特殊性税务处理政策。不同的税收政策，适用的条件不相同。并购重组拟争取适用特殊税收政策的，则应按照特殊税收政策规定的条件设计并购重组架构及方案。当然，不同税种之间的特殊税收政策适用条件并不一致，在同一个并购重组交易中如何同时符合不同税种特殊税收政策规定的条件，适用不同税种的特殊税收政策，这是一件极为复杂的事情，需要税法专业人员的协助。设计和优化税务架构，应合法合理，避免构成避税行为，遭到反避税调查和调整。

综上，在企业并购重组过程中，应进行税务尽职调查，以发现标的公司税务风险，并对标的公司税务风险进行评估，在此基础上，通过安排涉税条款等措施控制税务风险，最后，通过设计和优化交易架构，实现商业目的和税收目的。

第五节　案例解析并购重组中的税收筹划问题

一、留存收益的处理

《国家税务总局关于落实企业所得税法若干税收问题的通知》（国税函〔2010〕79 号）第三条：关于股权转让所得确认和计算问题"规定，转让股权收入扣除为取得该股权所发生的成本后，为股权转让所得。企业在计算股权转让所得时，不得扣除被投资企业未分配利润等股东留存收益中，按该项股权所可能分配的金额。另外，《国家税务总局关于企业所得税若干问题的公告》（国家税务总局公告 2011 年第 34 号）第五条规定：投资企业从被投资企业撤回或减少投资，其取得的资产中，相当于被投资企业累计未分配利润和累计盈余公积按减少实收资本比例计算的部分，应确认为股息所得；因为股息所得为"免税收入"，因此，在股权转让前，可以先分配股东留存收益。

案例：A 公司由甲、乙两个股东构成，其中甲占 80% 的股权，乙占 20% 的股权，A 公司注册资本为 2000 万元，目前 A 公司的净资产为 5000 万元，其中未分配利润是 2000 万元，A 公司公允价值是 8000 万元，目前 B 公司拟以 8000 万元收购 A 公司的股权，假设 B 公司以现金收购。请问甲乙如何缴纳企业所得税（假定甲乙均为企业法人）。

根据上述案例，此时适用一般性税务处理。按照目前的交易：

（1）甲、乙公司的股权投资成本 = 2000 万元；

（2）股权转让所得 = 8000 - 2000 = 6000 万元；

（3）股权转让应缴纳企业所得税 = 6000 × 25% = 1500 万元。

1. 假设 A 公司先分配未分配利润，然后进行股权转让，若 A 公司无现金支付可先做利润分配，挂应付股利。分配后 A 公司的净资产和公允价值均会减少 2000 万元，则 B 公司收购 A 公司股权的价值变为 6000 万元。

B 公司将原来的股权收购款分为两部分：6000 万元作为股权收购款，2000 万元做往来挂入 A 公司账内，用于支付甲乙应得的股利。甲乙公司实际获得现金收入 8000 万元，与原来一致。此时甲乙公司缴纳企业所得税时，

（1）甲、乙公司的股权投资成本 = 2000 万元；

（2）股权转让所得 = 6000 - 2000 = 4000 万元；

（3）股权转让应缴纳企业所得税 = 4000 × 25% = 1000 万元。先分配后转让少缴纳企业所得税 500 万元。

2. 假设 A 公司先分配、再增资然后再转让。A 公司进行上述利润分配后，注册资本变为 2000 万元，净资产为 3000 万元。现 A 公司由 B 公司增资 5000 万元，甲乙不增加投资，增资后 A 公司的股权结构为：B 公司股权比例 71.43%，甲公司股权比例为 22.86%，乙公司股权比例 5.71%。目前公司的净资产为 8000 万元（3000 + 5000），公允价值 11000（6000 + 5000）。甲乙股东股权的公允价值（22.86% + 5.71%）× 11000 = 3142.70 万元。

B 公司以 3142.70 万元收购甲乙的股权：

（1）甲、乙公司的股权投资成本 = 2000 万元；

（2）股权转让所得 = 3142.70 - 2000 = 1142.7 万元；

（3）股权转让应缴纳企业所得税＝1142.7×25%＝285.68万元。

这种方式较第二种方式少交企业所得税714.32万元。

需要注意的是，先分配留存收益再转让股权的筹划方式不适用于自然人股东。

二、"过桥资金"的引入

"过桥资金"是一种短期融资，期限为六个月以内，是一种与长期资金挂钩的资金。提供过桥资金的目的是通过"过桥资金"的融资，达到与长期资金对接的条件，进而以长期资金替代过桥资金。"过桥"只是暂时的状态。中国香港庞鼎文家族信托案，是使用"过桥资金"进行税收筹划的成功案例。通过上述案例可以发现，这起成功的税收筹划中，一个关键点是向澳门渣打银行贷款1.39亿美元充当"过桥资金"，从而成功规避各类风险。

诸如房地产等近年来快速发展的行业在股权转让过程中，面临的一个突出问题就是企业的资产增值过大，相比较而言，账面的"原值"过小，从而股权转让过程中税负较重，甚至迫使并购重组交易的终止。实践中，为了提高被转让股权的"原值"，可以通过引入"过桥资金"，变债权为股权，从而实现转让收益的降低，减少税负成本。

通常使用"过桥资金"需要第三方的积极配合，如能合理运用，可以发挥重要作用；另外，"过桥资金"的使用需要关注其中的税务及相关法律风险，运用不当，不但不能实现降低税负的目的，甚至引发相关的债务纠纷以及政府机关的行政处罚。

三、打包转让

依据现行税法规定，资产转让应按规定缴纳增值税，而资产重组则无须缴纳增值税。因此，如果采取"打包转让"方式将资产转让转化为资产重组，则可以免除应缴纳的增值税。

案例：一家集团公司旗下有多家子公司。子公司A因经营不善已连续多年亏损。2016年12月31日总资产1200万元，负债1205万元，净资产5万元。集团公司决定注销A公司，A公司全部资产被集团另一子公司B以资本金1261.9万元收购，并清偿A公司债务，A公司原员工全部调到B公司。

分析：A公司资产总额1200万元，如果A公司单独进行资产转让，按照增值税税率17%估算，A公司面临较大的增值税负担。但本例中涉及的业务不是单独的资产转让，A公司资产转移至B公司的同时，A公司相关的债权债务、员工一并转移。《国家税务总局关于纳税人资产重组有关增值税问题的公告》（国家税务总局公告2011年第13号）（以下简称国家税务总局公告2011年第13号）规定：纳税人在资产重组过程中，通过合并、分立、出售、置换等方式，将全部或者部分实物资产以及与其相关联的债权、负债和劳动力一并转让给其他单位和个人，不属于增值税的征税范围，其中涉及的货物转让，不征收增值税。A公司此次资产重组符合国家税务总局公告2011年第13号文的规定，对本次资产重组不征收增值税，企业税负明显降低。

总结：本例中"打包转让"固然比单独的资产转让税负低很多，但也不能绝对认为"打包转让"就一定是企业最明智的选择，企业应根据自身实际情况综合考虑，选择最优的税收筹划方案。

结　语

非上市公司股权转让一般只涉及印花税和企业所得税，但转让包含土地使用权、房地产等的资产，还涉及增值税和土地增值税，受让方还涉及契税。部分上市公司未能统筹处理转让涉及的各项税费，例如在本案中，A公司在将其房地产无偿转让给母公司时，没有充分考虑土地增值税的影响，导致政策的错误适用。

转移税政策的适用门槛较低，适用范围较广。但从上市公司的实践来看，部分公司在政策适用上存在明显缺陷，给公司带来了税务风险。作为上市公司，建议在政策适用前透彻理解税法精神，既要合理运用税收政策，又要避免滥用税收政策，防范不必要的税收风险。

由于我国现行转移税政策仍存在政策不明确或缺失等问题，建议企业充分了解当地政策执行口径，加强与税务机关的沟通。例如，如果将股票等金融产品纳入企业资产重组过程中，税法原则应争取适用不征收增值税的政策。

当前，我国国有企业的混合所有制改革正在进行中，更多是一种非市场化的内部行政行为，应在税收上予以支持。从鼓励企业改革发展的角度，建议国家有关部门完善转让中的税收政策，对国资委与政府关联企业之间的转让给予特殊的税收待遇。

第八章 凡是过往，皆为序章

导　读

　　并购重组是企业由弱变强的有力推手，更是强者更强的必由之路。在注册制逐步推行的新时代，并购重组成为资本市场的主旋律，既要创新进取，更要蹄疾步稳；在经济由增量过渡到存量的新形势，并购重组对资源整合意义重大，需要转变投资逻辑。在资本市场建设步入纲举目张的新阶段，需要从时代视角出发做好投资布局。

第一节　在新时代，并购投资既要创新进取，更要蹄疾步稳

　　美国著名经济学家、诺贝尔经济学奖获得者乔治·约瑟夫·斯蒂格勒（George Joseph Stigler）曾说："综观世界著名的大公司和企业集团，几乎没有哪一家在一定程度上不是通过并购重组等资本运作方式发展起来的，也几乎没有一家公司是完全靠内部积累发展起来的。"可见，并购对企业的发展意义重大。通过上下游相关企业的纵向并购，可以控制大量关键原材料和销售渠道，有效控制竞争对手的活动，增加公司在该领域的进入壁垒和差异化优势，通过横向并购，可以形成规模效应，成为市场领导者，优势企业可以实施并购战略规模效益，从而扩大规模，增加市场份额，提高盈利能力，增强竞争力。通过减

少竞争对手来增加对市场的控制力，成为市场领导者。

当今社会，人力、物力、财力资源日益稀缺，资源的排他性和企业资源管理的长期性，加上自然资源的不可再生性，造成这种短缺变得越来越突出。这就要求企业通过企业并购的形式，充分利用社会存量资源，利用关联企业拥有的资源，提高资源的使用效率和产出效率，实现资源的优化配置，企业之间的资源共享，从而实现强强联合。通过并购，企业可以在保持原有业务领域的同时，拓展新领域。对于大型企业集团来说，如果要进入一个新的领域，面对激烈的市场竞争和瞬息万变的市场，投资建厂（包括新产品技术的开发或引进、招聘新员工等）是不经济的。因此，企业集团在进入新行业或新业务时，更倾向于通过并购来快速实现企业多元化经营。

上市公司要树立新时代高质量发展的典范，在建设现代经济体系中发挥重要作用。既要创新进取，又要稳扎稳打，努力寻求在更大的空间、更高的层次以及更广的范围内寻找机会。全球新常态下，原有产业链面临重构。结合中国经济产业的发展阶段，中国经济增速正在放缓，逐步进入存量经济阶段，尤其是传统产业发展和创新机会较少。并购重组作为重要的市场化资源配置工具，对于提升中国企业在全球产业链中的话语权将发挥重要作用。同时，随着 A 股注册制的逐步实施，股票供应量不断增加，市场分化也在加剧。合理利用并购将成为企业扩大市场份额、能力圈、朋友圈的重要途径。基于当前时代背景，并购有望迎来蓬勃发展机遇。

第二节　中国经济由增量逐渐过渡到存量，要转变投资逻辑

中国进入存量经济后，很多行业都走向集中化，逐渐向头部集聚。

然而，在行业集中的过程中，许多龙头企业实际上已经上市。所以在一级市场投不到，在二级市场才可能投到。既然看好这个行业的集中度，龙头企业就会在这个过程中聚集市场份额，还能带来盈利能力的提升。那么，投资人就会投资二级市场，然后将产业资源和能力嫁接到上面，这种模式将成为未来的趋势。VC投资在很大程度上是一种价值的发现，但这种模式的投资是基于发现价值来创造价值。

在从增量经济向存量经济转型的过程中，年度市场份额开始下降，市场无法容纳大量新进入者，市场供应逐渐出现供过于求的问题。本来可以靠增量消化的产能，现在则需要靠占领竞争对手的市场消化，竞争变得日趋激烈。

关于未来的发展规划，可以总结成以下"六好"。

第一，寻找好的投资项目。如何发现好项目？一方面，我们要坚持自己的定位，做符合自己需求的项目。当然，随着产业结构和经济结构的调整，定位也在不断提升和完善。以往以能源、基建为主的项目可能符合定位，但在产业结构调整后，特别是新经济时代，新经济、科技等领域的项目发展可能更符合。另一方面，还要完善全球布局，把握"一带一路"倡议带来的投资机会，在坚持自身定位的前提下，不断地拓展项目来源，这样才能发现优质的投资项目，让好的投资项目得以落地。

第二，发挥好并购优势。并购的优势可以概括为四个方面：立足于长期投资，资金来源稳定；以促进合作共赢为重点的金融投资；熟悉国内外市场，投资经验丰富；广泛的合作网络和具有全球业务。

第三，运用好中国因素。中国的优势是支撑并购业务的基本因素。如何在境外投资中利用好中国因素，主要任务是做好三个好结合：（1）把境外投资与"一带一路"倡议和国家对外开放战略相结合；（2）走出去与引进来相结合；（3）境外投资与国内企业走出去相结合。

第四，寻找好的合作伙伴。并购的核心资产有两个方面，一是并购人才，二是合伙人。并购的定位和性质决定了寻找好的合作伙伴的必要性，主要包括以下三个方面的关系合作：（1）巩固和扩大国际商业伙伴之间的关系；（2）培育和发展与投资目的地的伙伴关系；（3）加强和深化国内合作伙伴关系。

第五，参与好投后管理。许多外国投资项目是在决策过程结束后投资的，很多项目资金都投入了，但并购后半途而废。这就是投后管理做得不好，所以一定要参与投后管理。这主要包括以下三个方面：（1）更加注重投后管理；（2）不断提升投后管理能力；（3）努力提高投资项目的价值。

第六，实现好投资目标。并购投资活动以商业为目的，并购投资必须有合理的回报。但同时，我们不仅要着眼于自身的回报，还要推动投资目的地国的发展，体现企业的社会责任，让并购投资更具可持续性。

第三节　投资需要思考未来，从时代视角出发做好投资布局

2021年即将结束，中国资本市场至此正式走过了30个春秋。经过30年的发展，中国资本市场来到了而立之年，已经颇具规模，这几年更是受到了国家前所未有的重视。中央政治局会议多次指出，金融是国家重要的核心竞争力，包括股票市场在内的资本市场是国家重要核心竞争力的组成部分。这意味着，具有国家战略意义的资本市场将得到更多的政策支持，国家将用更强的政策深化资本市场改革发展，从顶层设计推动资本市场建设步入纲举目张的阶段。

经过30年的发展，A股市场市值已超过73万亿元，一直是我国直

接融资的主战场。近年来，在 A 股的带动下，我国直接融资占比有所提升。但与发达国家相比，我国直接融资的比重仍处于较低水平。美国的直接融资比例接近80％，而中国只有30％左右。目前，中国仍以间接融资为主，形成了庞大的信贷市场，并催生了信托产品等各类熟悉的固定收益金融产品。这与中国经济发展阶段有关。30 年来，我国大力发展基础设施建设和房地产业。这些行业通常风险相对较低，项目完成周期相对较短，项目利润可预测，且房地产量可观。这些特点都符合信贷资金的要求，所以优先选择间接融资。

随着我国经济结构开始调整，发展重点向高新技术产业调整，信贷资金已不能满足需求。高新技术产业产品开发周期长，项目风险高，通常没有大型房地产可以作为抵押。这些特征都不能满足银行的要求，但这些特征与资本市场能够提供的资金非常吻合。推动 A 股持续发展改革为高科技企业赋能，已经是国内经济结构调整的重大推动力，关系到科技强国和国家复兴计划。因此，大力发展资本市场已成为不可逆转的趋势，近期资本市场利好政策力度空前。

在回顾 2021 年和中国资本市场 30 年发展的同时，相信大家也会思考未来市场将如何发展，展望下一个 10 年，机会在哪里？

1. 注册制改革开创了资本市场新的征程

2018 年 11 月 5 日，关于设立科创板并试点注册制的重大决定的发布，标志着注册制改革正式启动。2020 年 3 月，《证券法》进行了修订，明确登记制度全面实施。2020 年 10 月，证监会推动形成从科创板到创业板再到整个市场的"三步走"注册制改革布局，预计 1～2 年内，注册制的全面推广将取得重大进展。

科创板率先实行注册制，从 2019 年 7 月科创板挂牌至今，已有 207 家企业落地，总市值3.7 万亿元。虽然 A 股上市公司数量和市值还比较少，但科创板创造了 A 股历史上的许多第一。中芯国际、君实生物、康希诺等一批技术先进但尚未盈利的公司在科创板挂牌，开创了无盈利公司注册 A 股的先河；红筹公司可以在不拆除架构的情况下重返国内进行融资。科创板的成功，造福了企业，也造福了员工。在科创板成立一周年之际，科创板员工持股资产管理计划已完成一年，浮盈 70 亿元。跟随投资的券商也跟着赚得盆满钵满，其中，中金公司目前的浮动利润最高，已接近 28 亿元。

2. 退市制度完善

虽然近两年退市企业数量有所增加，但目前国内的退市率仍明显低于境外市场。从 2007 年以来全球主要市场的退市率来看，深交所和上交所的退市率分别为 0.1% 和 0.3%，而同期纽交所和纳斯达克的退市率分别为 6.6% 和 7.6%，伦敦证券交易所最高为 9.5%。我国退市率低于发达市场，这与制度设计有关，必须从制度上加以改进和完善。同时，退市制度和上市制度是相辅相成的。审批制期间，发行审核权在中国证监会，由证监会全面检查企业质量。登记制实施后，证监会不再对公司质量进行审查，仅对公司信息披露情况进行正式审查。因此，为了保证上市公司的质量，允许尾部公司退出 A 股市场，退市制度也必须进行改革。

我国现行退市制度主要依据 2018 年中国证监会《关于修改〈关于改革完善并严格实施上市公司退市制度的若干意见〉的决定》。科创板和创业板在试点注册制时也修改了退市制度。2020 年，新《证券法》将退市制度权限下放给交易所。12 月 14 日，上海、深圳证券交易所分别发布退市新规及配套制度征求意见稿，与原制度相比，新制度在退市标准、退市程序、退市监管等方面都有明显改进。

3. 新《证券法》的执行

新《证券法》系统总结了中国证券市场改革发展、监管执法、风险防控等方面多年的实践经验。在深入分析证券市场运行规律和发展阶段特点的基础上，完善登记制度，改善证券违法行为。在成本、完善投资者保护制度、加强信息披露等十个方面进行了一系列新的制度改革和完善。

此次证券法修改的一大亮点是违法违规成本大幅增加。具体体现在以下几个方面。增加罚款倍数，从原来的一到五倍增加到一到十倍；对欺诈发行最高可处 2000 万元罚款，对操纵市场和信息披露违法行为最高可处 1000 万元罚款。加大对责任人的处罚力度，例如发行人弄虚作假，最高可处 1000 万元罚款，违反信息披露行为，可处最高 500 万元罚款。与旧《证券法》相比，违法违规成本大幅增加。另一个亮点是压缩中介机构的责任。新《证券法》将欺诈发行定为性质最恶劣、处罚最严厉的违法行为。同时，建立新的股份回购制度，要求欺诈发行人或其控股股东、实际控制人回购其发行的证券，有效发挥市场"看门人"的作用。最后是设立投资者保护专章，创新多项具体制度。例如，规定举证责任倒置，即普通投资者与证券公司发生纠纷时，证券公司应当证明其不存在误导、欺诈情形。不能证明的，则应承担相应的赔偿责任，解决了普通投资者举证困难的弊病。

不可否认，近两年 A 股传出如此多的利好消息，大大增强了投资者对 A 股的信心。基金入市踊跃，均获得了不错的回报。自 2019 年 1 月 1 日以来，创业板指数翻了一番多。沪深 300 指数和上证 50 指数涨幅均超过 50%；基金范围内收益率超过 100% 的开放式基金约有 1200 只。

回顾 A 股几轮牛市，每一次牛市的诞生都伴随着政策改革。1999 年 5 月，国务院批准了《关于进一步推进和规范证券市场发展若干政策的请示》，即"搞活市场六项政策"，引发了一波牛市。牛市一直持续到 2001 年 6 月，历时 25 个月，增幅翻番。2004 年国务院印发了

《关于促进资本市场改革开放和稳定发展的若干意见》，即老"国九条"，引发 2005～2007 年的牛市，涨幅 5 倍。2014 年 5 月，国务院印发《关于进一步促进资本市场健康发展的若干意见》，即新"国九条"，带动了 2014～2015 年的牛市，涨幅 2.5 倍。抓住改革的关键时刻，A 股未来可期。

附：杨仁贵应用金融博士论文

机构投资者、管理者能力与并购绩效
——来自中国上市公司的经验证据

摘要

随着资本市场不断完善，机构投资者开始在公司治理过程中扮演着越来越重要的角色，频繁参与到上市公司并购重组活动之中。基于此，本研究以 2011 年至 2016 年中国 A 股上市公司境内并购重组事项为研究样本，考察机构投资者持股比例对上市公司并购绩效的影响，并探索管理者能力在机构投资者持股比例与上市公司并购绩效之间的关系中可能存在的影响作用。研究发现，机构投资者持股比例越高，上市公司并购绩效越好；管理者能力增强了机构投资者持股比例与上市公司并购绩效之间的显著相关关系。这一结果表明，机构投资者参与上市公司并购重组具有积极作用，管理者能力在上市公司并购重组过程中不可或缺。进一步研究发现，相比于国有企业，在非国有企业样本中，机构投资者持股比例与并购绩效之间的正相关关系更为显著；对于机构投资者进行分类考察后发现，相比于压力敏感型的机构投资者，压力抵制型的机构投资者在公司治理活动中会更加积极地监督管理层，参与上市公司的并购重组决策，从而对上市公司的影响作用更为显著。研究结论不仅为有关上市公司并购绩效的影响因素提供了新的证据，也为上市公司并购重组决策以及具体执行提供了借鉴。

关键词：机构投资者；管理层能力；并购绩效

一、引言

以沪、深交易所的成立为标志，中国资本市场建立至今已近30年，在促进企业结构完善以及经营机制转变等诸多方面发挥了重要作用，逐渐成为资源配置的重要桥梁。在中国资本市场不断发展的进程中，机构投资者开始扮演着越来越重要的角色。特别是证监会于2000年提出"超常规发展机构投资者"的战略构想以来，中国机构投资者的数量不断增多、规模不断壮大、类型不断丰富，引发学术界的广泛关注。在此背景下，学术界围绕着中国情境下机构投资者的治理效应，分别从公司价值（石美娟和童卫华，2009；唐跃军和宋渊洋，2010；李蕾和韩立岩，2014）、IPO表现（邵新建和巫和懋，2009；王俊飚等，2012）、融资约束（张纯和吕伟，2007；张高擎和廉鹏，2009；甄红线和王谨乐，2016）、股价崩盘风险（许年行等，2013；曹丰等，2015；吴晓晖等，2019）、信息质量（程书强，2006；王咏梅和王亚平，2011；杨海燕等，2012；陈新春等，2017）、权益资本成本（雷倩华等，2012；李祎等，2016；代昀昊，2018）、内部控制（李越冬和严青，2017）、投资者保护（姚颐等，2007；刘志远和花贵如，2009）、企业社会责任（王海妹等，2014；黎文靖和路晓燕，2015）、会计信息以及披露质量（杨海燕等，2012；陈信元等，2016）、盈余管理（高雷和张杰，2008；薄仙慧和吴联生，2009；梅洁和张明泽，2016；汪玉兰和易朝辉，2017）、费用黏性（梁上坤，2018）、公司避税（蔡宏标和饶品贵，2015；李昊洋等，2018）等方面进行了广泛的探讨。虽然上述研究都各自得出了相应的经验证据，但却都较少关注到机构投资者参与上市公司并购重组决策的治理效应，特别是对机构投资者可能对上市公司并购绩效存在影响作用的考察更是鲜有涉及。

作为实现公司战略目标和进行资源优化配置的有效手段，并购重组是公司治理效果的重要体现之一（周绍妮等，2017）。随着中国逐渐步入产业转型升级的关键时期，上市公司实施并购重组活动的积极性越来越高，无论是并购次数还是交易金额，都已经达到了相当大的规模。根据 Wind 资讯统计，2011 年至 2017 年中国资本市场中涉及上市公司的并购交易占比约 78.37%。证监会的统计数据显示，2017 年中国并购重组交易金额达 2.39 万亿元，年均增长率为 41.14%。在这一过程中，机构投资者参与上市公司并购重组决策日渐频繁，因而对于机构投资者参与并购重组决策效果的检验，成为探讨中国情境下机构投资者治理效应的一个新视角。在目前已有少数关于机构投资者在并购重组中效用的研究中，往往都以国有企业的并购重组事项为研究样本，仅从制度政策和政治目标影响（曾庆生和陈信元，2006；王凤荣和高飞，2012；逯东等，2012）等体制因素，以及机构投资者异质性（周绍妮等，2017）等特征因素两方面进行探讨，但尚未有研究从全样本角度探讨机构投资者对于上市公司并购绩效的影响，以及分析管理层能力在其中可能存在的影响作用，这就为本文的研究提供了契机。

在前人研究的基础上，本文以 2011 年至 2016 年中国 A 股上市公司并购重组事项为研究样本，对上述问题进行了大样本实证检验，分析了机构投资者持股比例对上市公司并购绩效的影响，进一步探索了管理层能力在机构投资者持股比例与上市公司并购绩效之间关系中可能存在的影响作用。研究发现，机构投资者持股比例越高，上市公司并购绩效越好；管理层能力对机构投资者持股比例与上市公司并购绩效之间关系存在调节作用，即管理层能力增强了机构投资者持股比例与上市公司并购绩效之间的显著相关关系。在替换并购绩效测量指标以及采用工具变量进行检验下，结果依然保持稳健。本文还根据企业性质进行分组检验，发现在非国有企业样本中，机构投资者持股比例与并购绩效之间的正相关关系更为显著，并探讨了不同机构投资者类型下的影响差异，发现相比于压力敏感型机构投资者，压力抵制型机构投资者会更加积极地监督管理层，参与上市公司的并购重组决策，从而对上市公司的影响作用更为显著。

与以往的研究相比，本文的创新及贡献主要体现在以下三个方面：首先，深入考察了机构投资者持股比例与上市公司并购绩效之间的关系，不仅丰富了中国资本市场不断发展情境下机构投资者治理效应的认识，也为有关上市公司并购绩效影响因素的研究提供了新的证据。其次，深化了在中国当前的资本市场中，管理层能力对机构投资者与上市公司并购绩效之间的差异的影响，为管理层参与上市公司并购重组决策、具体执行并购重组事项以及在并购重组过程中可能存在作用给出了新的解释。最后，考察了在不同产权性质以及不同机构投资者类型下的影响差异，从而有助于更为精确地理解机构投资者对上市公司并购绩效产生影响的机制，并探讨了不同作用机制下存在的可能差异。

二、文献回顾与假设提出

1. 机构投资者与并购绩效

并购绩效是上市公司治理效果的一种重要体现，学者们对其前置影响因素的探讨，主要从交易特征、企业特征以及管理者特征等三个方面展开。在交易特征方面，分析了并购动因（Brouthers 等，1998；谢亚涛，2003）、并购类型（Grossman 和 Hart，1986；AI－Khasawneh，2013；李哲和何佳，2007；刘笑萍等，2009）、支付方式对上市公司并购绩效的影响（Myers 和 Majluf，1984；葛结根，2015），发现交易特征中各种因素交互影响的不同，会导致上市公司并购绩效的差异。在企业特征方面，考察了产权性质（李广子和刘力，2009；韩宏稳和唐清泉，2017）、内部控制对并购绩效的影响（Jensen，1989；Doyle 等，

2007；Malmendier 和 Tate，2008；Skaife 和 Wangerin，2013；Skaife 等，2013；杨德明等，2009；陈丽花等，2010；杨道广等，2014），发现公司特征中的各种因素对交易特征存在直接影响，进而影响并购绩效。在管理者特征方面，探讨了过度自信对并购绩效的影响（Roll，1986；Lys 和 Vincent，1995；Hayward 和 Hambrick，1997；Malmendier 和 Tate，2005；Brown 和 Sarma，2007；傅强和方文俊，2008；吴超鹏等，2008；姜付秀等，2009），发现过度自信管理者实施的非理性并购行为将会导致并购方股东不仅无法获得显著的正向超额收益，甚至还会由于出具过高定价而遭受财务损失（Jensen 和 Ruback，1983），并会进一步造成公司价值的毁损（Bradley 等，1988；Malmendier 和 Tate，2011）。

作为资本市场中一直不容忽视的重要力量，机构投资者在资本市场中发挥着越来越重要的作用。随着中国资本市场不断健全完善以及制度法规对其限制的逐渐放宽，同时凭借着在专业知识、信息和资金等方面的优势，机构投资者在过去 30 年的时间里取得了飞速发展，其数量不断增多、规模不断壮大、持有上市公司股权比例不断提高，并开始参与到公司治理活动之中，扮演着越来越重要的角色。并购重组作为上市公司一项重要的公司治理活动，在近年来被视为实现公司战略目标和进行资源优化配置的有效手段，而由此产生的并购绩效便被视为衡量公司治理效果的重要体现之一，受到学术界的广泛关注。虽然围绕机构投资者的治理效应存在不同的观点，但通常都认为机构投资者对公司治理存在影响，即机构投资者有意愿或者有能力参与公司治理（高雷和张杰，2008；魏明海等，2013；李胜楠等，2015；周绍妮等，2017；梁上坤，2018）。那么，机构投资者对并购绩效的影响，可能存在以下两种路径。

第一种，随着机构投资者持有上市公司股份比例逐渐增多，其在上市公司中的角色就逐渐由"投机者"转变为"投资者"（张敏等，

2011）。与此同时，随着中国资本市场的不断发展和公司治理制度的不断完善，机构投资者更加倾向于积极参与公司治理。在具体的参与形式上，机构投资者不仅可以凭借股东身份出席董事会，增强董事会的独立性（吴晓晖和姜彦福，2006），缓解可能存在的"一股独大"等股权结构上的弊端以及大股东与中小股东之间潜在的利益冲突（王琨和肖星，2005），而且还可以通过选聘管理层以及制定管理层薪酬等方式（张敏和姜付秀，2010）表达意见，将"用脚投票"和"用手投票"联合运用，修正管理层的无效行为以及降低盈余管理程度（薄仙慧和吴联生，2009），从而能够充分实践"股东积极主义"，对大股东和管理层实施监督，有效发挥机构投资者的内在监督效应（Shleifer 和 Vishny，1986；Hartzell 和 Starks，2003；Ferreira 和 Mastos，2008；Aggarwal 等，2011；王俊飚等，2012；张馨艺，2015）。

第二种，机构投资者持有上市公司股份的主要目的，是在可接受的风险范围以及规定期限内，追求较高的投资回报。机构投资者的这种特性，就决定其投资行为也会呈现出与其特性相适应的特征：首先，相比于个人投资者，机构投资者不仅具有更加专业的知识、更多的信息来源渠道以及更强的信息处理与分析能力（Jiambalvo 等，2002），这就决定了其投资决策更为理性，从而压缩了上市公司与标的公司的合谋空间和可能性（杨超等，2018）；其次，只有当被投资企业预期发展前景良好时，机构投资者才会做出相应的投资决策。当机构投资者最终做出投资于被投资企业的决策时，就通常意味着被投资企业具有良好的成长性和发展前景，而一旦这种信息被资本市场所获取，就会被视为"利好"消息，进而会引起公司股价上升，充分体现机构投资者的外部信号效应（Myers 和 Majluf，1984；Sias 等，2006；Baik 等，2010）。

基于机构投资者对并购绩效可能存在的上述内部监督效应和外部信号效应等两种作用机制，本文提出如下假设。

假设 1：机构投资者持股比例越高，上市公司并购绩效越好。

2. 管理者能力的影响作用

在所有权与经营权相分离的现代公司制企业中，管理者在经营管理以及战略决策等各方面发挥着举足轻重的作用。与管理层背景特征对企业经济后果产生的间接影响不同，管理者能力能够直接影响公司日常经营管理活动以及重大战略决策行为，进而可能会影响经营管理成效与重大决策绩效（许宁宁，2017；杨旭东等，2018；姚立杰等，2018；张铁铸和沙曼，2014；张敦力和江新峰，2015；何威风和刘巍，2015；何威风和刘巍，2018）。这是因为，一方面，管理者能力越强，意味着其能够在更大程度上减轻公司内部人和外部投资者之间的信息不对称程度。而较低的信息不对称程度是优质标的特征之一，对于机构投资者而言，管理者具有较强的能力本身就是一种信号，这是因为，管理者的能力代表着一种声誉，管理者的能力越强，意味着其声誉就越好，从而使得机构投资者更有意愿参与公司治理活动和重大决策过程之中，进而使其内部监督效应和外部信号效应得到进一步发挥，最终更加有效地促进并购效率的提升。另一方面，不同能力的管理者会对公司面临的投资项目做出不同的判断，从而采用不同的并购策略。管理者能力越强，意味着其会更加追求并购效率，就意味着能力较强的管理者能够在较短时间内，更能选择投资回报较大的并购项目，最终使得机构投资者对投资项目以及并购标的认可程度就越高，进而更加愿意参与到并购重组决策以及其他相关事项之中，能够充分发挥其治理效应，最终会对并购绩效产生影响（Andreou 等，2013；Bill 等，2014）。基于此，本文提出如下假设：

假设 2：管理者能力越强，可以增强机构投资者与上市公司并购绩效之间的显著性关系。

三、研究设计与描述性统计

1. 数据来源与样本选择

由于上市公司的并购重组事项自 2011 年《上市公司重大资产重组管理办法》修订之后开始逐渐增多，因此，综合前人研究的样本类型、分布范围以及政策影响区间，本文选择 2011 年至 2016 年中国 A 股上市公司的境内并购重组事项作为初始研究样本，考察机构投资者对上市公司并购绩效的影响以及管理者能力可能在其中存在的影响作用。上市公司并购重组数据以及机构投资者数据来源于 Wind 数据库，其他数据均来源于 Wind 数据库和 CSMAR 数据库。

本文对于初始研究样本筛选标准如下：（1）剔除股权收购比例小于 51% 的样本；（2）剔除并购双方有一方属于金融行业的样本；（3）剔除并购未完成或失败的样本；（4）剔除交易目的为借壳上市的样本；（5）剔除其他相关数据缺失的样本。筛选完成之后共得到 3310 个观测值。同时，为了避免极端值的影响，本文在后续的实证检验中还对连续变量进行了 1% 水平上 Winsorize 的缩尾处理。

2. 模型构建与变量定义

为检验前述的研究假设，本文构建回归模型如下：

$$AP = \alpha + \beta_1 INST + \sum \beta_i Controls + YR + Ind + \varepsilon \qquad (1)$$

$$AP = \alpha + \beta_1 INST \times Mability + \sum \beta_i Controls + YR + Ind + \varepsilon \quad (2)$$

在回归模型中，主要包括以下变量：

被解释变量 AP 代表上市公司并购绩效（Acquisition Performance），在借鉴 Cai 等（2012）、姚益龙等（2014）以及杨超等（2018）做法的基础上，采用事件研究法，通过构建市场模型计算上市公司并购交易首次公告日前后累计超常收益率进行衡量。超常收益率指的是股票收益与市场收益之差，累计超常收益为上市公司并购首次公告日前后一段时期内的超常收益率之和。为准确客观地检测上市公司并购绩效可能存在的变化，本文分别选取首次公告日前后 1 个交易日［－1，＋1］、3 个交易日［－3，＋3］和 10 个交易日［－10，＋10］等多个窗口期进行衡量。

最主要的解释变量 *INST* 代表机构投资者的持股比例，借鉴周绍妮等（2017）、梁上坤（2018）以及代昀昊（2018）的做法，采用年末机构投资者持股比例占上市总流通股本的比例进行衡量。

交互变量中的 Mability 代表管理者能力，反映的是管理层有效率地利用公司各种资源的能力。相对于低水平的管理者，高水平的管理者能够在既定的投入水平下创造更多的产出。在对管理者能力的度量上，借鉴 Demerjian 等（2012）的做法，在以营业收入（Sales）度量公司产出，与以营业成本（COGS）、销售和管理费用（SG&A）、固定资产（PPE）、无形资产（Intangible）和商誉（Goodwill）表示公司投入的基础上，首先采用数据包络分析（DEA）来估计行业内公司的效率，取值为 0 和 1。

$$\max_v \theta = Sales/(v_1 COGS + v_2 SG\&A + v_3 PPE + v_4 Intangible$$
$$+ v_5 Goodwill + v_6 R\&D)$$

由于基于 DEA 得出的公司效率，不仅受到公司因素的影响，也受到管理者能力的影响。因此，为准确剥离不同因素的影响，在 DEA 得出的公司效率的基础上，采用公司规模（Size）、市场份额（MS）、自由现金流（FCF）、成立年限（Age）和业务复杂性（BHHI）数据，通过以下 Tobit 回归模型分行业测算公司管理者能力指标，进一步分离公司固定效应和管理层固定效应，从而更准确地检测管理者能力对公司效率的影响。

$$Firm\_Efficiency = \partial_0 + \partial_1 Size + \partial_2 MS + \partial_3 FCF + \partial_4 Age$$
$$+ \partial_5 BHHI + YR + \varepsilon$$

Controls 概括了变量定义表中的控制变量，本文分别从公司层面和交易层面对影响上市公司并购绩效的因素进行了控制。在公司层面，主要控制了上市公司性质（Nature）、规模（Size）、资产负债率（Lev）、成长性（Growth）、总资产报酬率（ROA）、第一大股东持股比例（Top1）、董事长是否两职合一（Power）以及筹资活动现金流量净额（Finac）；在交易层面，则主要控制了交易对价支付方式（Pay）。YR 和 Ind 分别为年度和行业虚拟变量。具体变量定义表见表1。

表1 变量定义

变量类型	变量名	变量含义	计算方法
被解释变量	CAR	累计超常收益率	事件日前后若干交易日内的累计超常回报
解释变量	INST	机构投资者持股比例	机构投资者持股占上市公司总流通股的比例
调节变量	Mability	管理层能力	根据 DEA – Tobit 两阶段分析估计，得出的管理者能力数值大于行业中位数取1，否则取0
控制变量	Size	公司规模	上市公司总资产的自然对数
	Lev	资产负债率	上市公司的总负债/总资产
	Director	独立董事占比	独立董事数量占董事会成员的比例
	ROA	总资产报酬率	上市公司的净利润/总资产
	Power	是否两职合一	上市公司 CEO 和董事长同一人取1，否则为0
	Freecash	自由现金流	上市公司自由现金流占总资产的比例
	Top1	第一大股东持股比例	上市公司第一大股东持有公司股份的比例
	Pay	交易对价支付方式	虚拟变量，"股份支付"取1，否则取0
	Related	关联交易	虚拟变量，并购为关联交易时取1，否则取0
	Major	是否重大资产重组	虚拟变量，并购为重大资产重组时取1，否则取0

3. 描述性统计与相关性分析

表 2 显示了变量的描述性统计结果。可以发现，各窗口期 CAR 的均值均为正值，这表明在并购重组首次公告日前后的 1 个（CAR1）、3 个（CAR3）和 10 个（CAR10）交易日内，上市公司均取得了正向的超额收益。机构投资者持股比例（INST）的均值为 4.6%、最大值为 37.30%，这表明，尽管中国机构投资者虽然仍比不上机构投资者在西方资本市场上的规模，但发展非常迅速，已经成为中国上市公司一支重要的持股主体。在部分上市公司中，机构投资者甚至占据主要的持股地位，这也就意味着，机构投资者对公司治理和决策的影响不容忽视。管理者能力（Mability）的均值为 0.503、最大值为 1、最小值为 0，这表明，不同上市公司的管理者能力之间存在一定的差异。上述变量的统计值均与以往文献相吻合（周绍妮等，2017；梁上坤，2018；杨旭东等，2018），其余控制变量的统计值未发现异常。

表 2　　　　　　　　　变量的描述性统计

变量	平均值	最小值	最大值	标准差	中位数	样本量
CAR1	0.043	−0.224	0.294	0.108	0.019	3310
CAR3	0.062	−0.349	0.500	0.172	0.021	3310
CAR10	0.054	−0.374	0.509	0.183	0.020	3310
INST	0.046	0.000	0.373	0.046	0.033	3310
Mability	0.503	0.000	1.000	0.500	1.000	3310
Size	21.890	19.210	26.160	1.284	21.740	3310
Lev	0.425	0.045	0.953	0.220	0.415	3310
ROA	0.051	−0.154	0.221	0.057	0.046	3310
Top1	0.366	0.092	0.750	0.154	0.350	3310
Director	0.373	0.300	0.571	0.053	0.333	3310
Freecash	−0.006	−0.501	0.260	0.124	0.016	3310
Power	0.272	0.000	1.000	0.445	0.000	3310
Related	0.401	0.000	1.000	0.490	0.000	3310
Major	0.206	0.000	1.000	0.405	0.000	3310
Pay	0.729	0.000	1.000	0.444	1.000	3310

表 3

变量 Pearson 相关系数矩阵

变量	CAR1	CAR3	CAR10	Institute	Mability	Size	Lev	ROA	Top1	Director	Freecash	Power	related	major	pay
CAR1	1														
CAR3	0.880***	1													
CAR10	0.806***	0.890***	1												
Institute	0.0210***	0.0300***	0.0100***	1											
Mability	0.00700	0.0140	0.0230	-0.044***	1										
Size	-0.120***	-0.112***	-0.118***	0.094***	0.030*	1									
Lev	0.00300	-0.00600	0.0110	0.032*	0.190***	0.486***	1								
ROA	-0.113***	-0.116***	-0.139***	0.138***	-0.065***	-0.0260	-0.401***	1							
Top1	-0.054***	-0.053***	-0.062***	-0.098***	0.052***	0.284***	0.052***	0.141***	1						
Director	0.00300	0.0130	0.0200	-0.00500	-0.0190	-0.029*	-0.035**	-0.035**	0.035**	1					
Freecash	0.0140	0.00800	0.00400	-0.076***	-0.036**	0.062***	0.037**	0.0240	0.076***	-0.0130	1				
Power	-0.0100	-0.0140	-0.00500	-0.035**	-0.044***	-0.209***	-0.195***	0.062***	-0.050***	0.040**	-0.037**	1			
Related	0.129***	0.157***	0.151***	-0.040***	0.088***	0.193***	0.222***	-0.145***	0.132***	-0.0260	0.050***	-0.163***	1		
Major	0.299***	0.336***	0.310***	-0.076***	0	-0.158***	0.0180	-0.151***	-0.038***	0.043**	0.0240	0	0.333***	1	
Pay	-0.347***	-0.374***	-0.341***	0.075***	0.0110	0.140***	0.00400	0.125***	0.0270	-0.036**	-0.0280	0.00700	-0.327***	-0.646***	1

注：*、**、***分别表示在10%、5%和1%水平上显著，下同。

表3显示了本文被解释变量、解释变量以及控制变量之间的 Pearson 相关系数矩阵。可以发现，机构投资者持股比例 INST 与 CAR1、CAR3、CAR10 显著正相关。这表明，机构投资者能够对上市公司并购绩效产生重要的影响，可能的解释在于，机构投资者持有上市公司股票的比例越高，其参与公司治理以及重大决策的程度就越高，从而其治理效应和监督效应就越能得到充分发挥，上市公司并购绩效因此就越好。

四、实证检验与结果分析

1. 回归分析

表4显示了本文研究假设进行检验的回归结果。其中，从对假设1的回归结果中可以发现，INST 与 CAR1 在 1% 水平上显著正相关，与 CAR3 和 CAR10 均在 5% 水平上显著正相关。这表明，给定其他因素影响，机构投资者持股比例越高，上市公司并购绩效越好。从对假设2的回归结果中可以发现，交互变量 INST * Mability 与各窗口期 CAR 值均在 1% 水平上显著正相关，这一结果意味着，管理者的能力越强，能够进一步增强了机构投资者持股比例与上市公司并购绩效之间的显著正相关关系。回归结果不仅与前述相关性分析结果保持一致，而且与前人对机构投资者以及管理者能力相关探讨的结果也相吻合。

表4 对研究假设进行检验的回归结果

变量	对假设1的回归结果			对假设2的回归结果		
	（1）	（2）	（3）	（1）	（2）	（3）
VARIABLES	CAR1	CAR3	CAR10	CAR1	CAR3	CAR10
INST	0. 1535 ***	0. 1580 **	0. 1534 **	0. 2000 ***	0. 2265 **	0. 1945 *
	(3. 4969)	(2. 2977)	(2. 0246)	(3. 3723)	(2. 4708)	(1. 8836)

续表

变量	对假设 1 的回归结果			对假设 2 的回归结果		
	（1）	（2）	（3）	（1）	（2）	（3）
VARIABLES	CAR1	CAR3	CAR10	CAR1	CAR3	CAR10
Mability				0.0027	0.0015	0.0032
				（0.4102）	（0.1433）	（0.2908）
INST＊Mability				0.2635 ***	0.3717 ***	0.4091 ***
				（2.9677）	（2.6327）	（2.6920）
Size	−0.0069 ***	−0.0080 **	−0.0126 ***	−0.0076 ***	−0.0087 **	−0.0132 ***
	（−2.8420）	（−2.0759）	（−3.1726）	（−3.1388）	（−2.2706）	（−3.3358）
Lev	0.0049	−0.0052	0.0130	−0.0009	−0.0161	0.0007
	（0.3666）	（−0.2364）	（0.5497）	（−0.0687）	（−0.7394）	（0.0284）
ROA	−0.1192 **	−0.1587 *	−0.2104 **	−0.1382 ***	−0.1848 **	−0.2330 ***
	（−2.4085）	（−1.8556）	（−2.3921）	（−2.7998）	（−2.1692）	（−2.6672）
Top1	−0.0040	−0.0169	−0.0177	0.0030	−0.0073	−0.0087
	（−0.2652）	（−0.7041）	（−0.6776）	（0.2037）	（−0.3033）	（−0.3346）
Director	−0.0253	−0.0076	0.0277	−0.0299	−0.0155	0.0189
	（−0.5540）	（−0.1041）	（0.3646）	（−0.6705）	（−0.2186）	（0.2571）
Freecash	−0.0009	−0.0116	−0.0128	0.0042	−0.0039	−0.0048
	（−0.0447）	（−0.4061）	（−0.4478）	（0.2177）	（−0.1378）	（−0.1674）
Power	−0.0029	−0.0053	−0.0014	−0.0031	−0.0055	−0.0018
	（−0.5198）	（−0.6422）	（−0.1739）	（−0.5625）	（−0.6806）	（−0.2176）
related	0.0036	0.0101	0.0129 *	0.0034	0.0096	0.0122
	（0.7598）	（1.3863）	（1.6836）	（0.7188）	（1.3241）	（1.6121）
major	0.0269 ***	0.0535 ***	0.0474 ***	0.0273 ***	0.0541 ***	0.0480 ***
	（3.3397）	（3.7771）	（3.2264）	（3.4445）	（3.8566）	（3.3009）
pay	−0.0564 ***	−0.0972 ***	−0.0923 ***	−0.0560 ***	−0.0966 ***	−0.0916 ***
	（−7.6859）	（−8.0770）	（−7.4375）	（−7.7497）	（−8.0334）	（−7.3971）
Constant	0.1890 ***	0.2407 ***	0.3146 ***	0.1866 ***	0.2287 **	0.2981 ***
	（3.5317）	（2.6575）	（3.2775）	（3.4733）	（2.5315）	（3.1177）
Year/Industry	Yes	Yes	Yes	Yes	Yes	Yes
Observations	3310	3310	3310	3310	3310	3310
R^2	0.178	0.201	0.179	0.196	0.215	0.191
Adjusted R^2	0.169	0.193	0.170	0.187	0.206	0.183

2. 稳健性检验

（1）替换并购绩效衡量指标的检验

由于公司绩效的变化最终会反映到公司的会计报表中，因此，本文借鉴冯根福和吴林江（2001）、Beckman 和 Haunschild（2002）、Martin 等（2015）、张雯等（2013）、葛结根（2015）、刘健和刘春林（2016）等人的研究，采用并购后上市公司总资产回报率的变化（ΔROA）和净资产回报率的变化（ΔROE）来度量上市公司在并购后的会计收益情况。同时，借鉴 Barber 等（1997）以及陈仕华等（2013）的研究，以购买并持有超常收益来衡量股票的长期投资收益，该指标主要考察投资者购买股票并持有至检验时间结束这一期间内公司股票收益率超过市场组合或者控制组合收益率的大小。为准确衡量上市公司股票的长期收益情况，本文采用并购完成后的 12 个月（BHAR1）作为检验期间来进行度量。

表 5 显示了采用上市公司并购绩效替代变量后的回归结果。可以看出，INST 与 ΔROA 在 5% 水平上显著正相关，与 ΔROE 和 BHAR1 均在 1% 水平上显著正相关。这一结果意味着，给定其他因素影响，无论是从会计收益的角度还是长期投资收益的角度，机构投资者的持股比例越高，上市公司并购绩效就越好，前述假设检验结果保持稳健。

表 5 　　　　　　　　上市公司并购绩效替代变量的回归结果

VARIABLES	（1）	（2）	（3）
	ΔROA	ΔROE	BHAR1
INST	0.1063 **	0.3790 ***	0.0892 ***
	(2.4047)	(3.0459)	(3.1843)
Size	− 0.0070	0.0103	0.0300
	(− 1.1701)	(1.4727)	(1.2019)
Lev	0.0028	− 0.2512 ***	0.0721
	(0.0549)	(− 2.7922)	(0.5642)

续表

VARIABLES	(1) ΔROA	(2) ΔROE	(3) BHAR1
ROA	- 0. 7930 ***	- 1. 2019 ***	- 0. 9539 **
	(- 6. 3585)	(- 4. 9827)	(- 1. 9823)
Top1	0. 0362 ***	0. 0899 **	- 0. 1266
	(3. 2299)	(2. 2266)	(- 0. 7817)
Director	0. 0175	- 0. 1950 *	0. 4885
	(0. 2918)	(- 1. 7544)	(1. 0933)
Freecash	- 0. 0656	0. 0955 *	0. 0204
	(- 0. 7304)	(1. 8491)	(0. 1174)
Power	0. 0118	- 0. 0219	- 0. 0109
	(1. 0932)	(- 1. 0451)	(- 0. 2202)
Related	0. 0030	- 0. 0104	0. 0047
	(0. 6667)	(- 1. 1714)	(0. 1000)
Major	- 0. 0062	- 0. 0216	- 0. 1345 *
	(- 0. 8231)	(- 1. 3577)	(- 1. 7530)
Pay	- 0. 0079	- 0. 0063	- 0. 2066 ***
	(- 1. 6418)	(- 0. 5727)	(- 2. 6924)
Constant	0. 1531 *	0. 0254	0. 8828
	(1. 9091)	(0. 2071)	(1. 5933)
Year/Industry	Yes	Yes	Yes
Observations	3309	3309	3223
R^2	0. 079	0. 040	0. 068
Adjusted R^2	0. 0694	0. 0303	0. 0579

（2）工具变量（IV）检验

由于机构投资者和管理者能力对并购绩效的影响，可能存在着互为因果的内生性问题，为了解决这一内生性问题可能对假设检验结果存在的影响，在借鉴唐松莲等（2015）、周绍妮等（2017）、梁上坤（2018）等人做法的基础上，本文使用 t - 1 期机构投资者持股比例的行业均值作为工具变量 IVINST，进行二阶段回归，以控制可能存在的内生性问题。

表6　考虑内生性影响的工具变量检验结果

第一阶段 VARIABLES	INST	第二阶段 VARIABLES	(1) CAR1	(2) CAR3	(3) CAR10	(4) CAR1	(5) CAR3	(6) CAR10
IVINST	1.0876*** (9.7431)	IVINST	0.8787*** (4.6109)	1.1985*** (4.2233)	1.0692*** (3.5391)	1.1106*** (3.7180)	1.3426*** (2.9838)	1.2389** (2.5708)
Size	0.0045*** (3.8041)	Mability				0.0215 (1.3574)	0.0195 (0.8093)	0.0262 (1.0032)
Lev	0.0137** (1.9863)	IVINST*Mability				0.3011** (2.9155)	0.0663** (2.1316)	0.1371** (2.2503)
ROA	0.1557*** (6.5351)	Size	-0.0099*** (-4.9773)	-0.0123*** (-3.9585)	-0.0164*** (-5.0522)	-0.0056** (-2.3628)	-0.0062* (-1.6738)	-0.0108*** (-2.7761)
Top1	-0.0449*** (-5.6675)	Lev	-0.0058 (-0.4951)	-0.0206 (-1.0872)	-0.0006 (-0.0311)	0.0018 (0.1327)	-0.0126 (-0.5795)	0.0037 (0.1588)
Director	0.0143 (0.7629)	ROA	-0.2380*** (-4.6580)	-0.3291*** (-4.1821)	-0.3604*** (-4.2826)	-0.1005** (-2.0715)	-0.1395* (-1.6649)	-0.1904** (-2.2359)
Freecash	-0.0190* (-1.7862)	Top1	0.0295* (1.9442)	0.0310 (1.3156)	0.0245 (0.9577)	-0.0105 (-0.7060)	-0.0240 (-1.0097)	-0.0249 (-0.9666)
Power	-0.0019 (-0.8370)	Director	-0.0379 (-1.0740)	-0.0258 (-0.4680)	0.0117 (0.2028)	-0.0258 (-0.5758)	-0.0111 (-0.1585)	0.0240 (0.3275)
Related	-0.0015 (-0.6872)	Freecash	0.0146 (0.8880)	0.0106 (0.4243)	0.0067 (0.2599)	-0.0016 (-0.0815)	-0.0109 (-0.3817)	-0.0120 (-0.4238)

续表

第一阶段 VARIABLES	INST	第二阶段 VARIABLES	(1) CAR1	(2) CAR3	(3) CAR10	(4) CAR1	(5) CAR3	(6) CAR10
Major	-0.0003	Power	-0.0013	-0.0030	0.0005	-0.0030	-0.0053	-0.0015
	(-0.0933)		(-0.2930)	(-0.4352)	(0.0739)	(-0.5377)	(-0.6493)	(-0.1792)
	0.0042	Related	0.0051	0.0123*	0.0148**	0.0034	0.0097	0.0123
	(1.4209)		(1.2025)	(1.8548)	(2.1266)	(0.7169)	(1.3243)	(1.5971)
Pay		Major	0.0276***	0.0545***	0.0483***	0.0273***	0.0542***	0.0480***
			(3.7509)	(4.4934)	(3.9300)	(3.4562)	(3.9031)	(3.3264)
		Pay	-0.0588***	-0.1007***	-0.0953***	-0.0551***	-0.0955***	-0.0907***
			(-9.1603)	(-9.7692)	(-8.9369)	(-7.5246)	(-8.0134)	(-7.3529)
Constant	-0.1035***	Constant	0.2100***	0.2708***	0.3411***	0.1001*	0.1172	0.1935*
	(-3.9669)		(5.1345)	(4.1600)	(4.9279)	(1.8167)	(1.2499)	(1.9241)
Year/Industry	Yes	Year/Industry	Yes	Yes	Yes	Yes	Yes	Yes
Observations	3310	Observations	3310	3310	3310	3310	3310	3310
R^2	0.153	R^2	0.090	0.131	0.130	0.182	0.206	0.183
Adjusted R^2	0.144	Adjusted R^2	0.081	0.123	0.121	0.173	0.198	0.174
Under identification test	0.00							
Weak identification test	16.38							

表 6 显示了考虑内生性影响的工具变量检验结果。可以发现，在第一阶段检验中，Weak identification test 得出的值为 16.38，该数值大于 10，表明本文对工具变量的选择是合理的；在第二阶段检验中，工具变量 IVINST 和交互变量 IVINST * Mability 均与各窗口期 CAR 值在1% 水平上显著正相关，这意味着在控制可能存在的内生性问题之后，假设检验结果依然保持稳健。

五、进一步研究

1. 根据企业性质的检验

由于在不同性质的企业中，机构投资者在并购重组决策中的治理效应可能存在较大的差异，这种差异最直接体现在上市公司的并购绩效上。因此，借鉴周绍妮等（2017）的做法，本文还探讨了不同性质企业中，机构投资者对上市公司并购绩效的影响差异，以及管理者能力对机构投资者持股比例与上市公司并购绩效之间关系的调节作用。

表 7 显示了对企业性质分组的回归结果。可以发现，在国有企业组内，INST 与各窗口期 CAR 均不存在显著相关关系，而在非国有企业组内，INST 与各窗口期 CAR 均在 1% 水平上显著正相关。这一结果表明，与国有上市公司相比，机构投资者对非国有上市公司的并购绩效的影响更为显著，更能发挥出治理效应和监督作用。这一现象可能的解释在于，由于国有企业的特殊性，机构投资者持股比例较低，难以在国有企业并购重组事项中发挥其治理效应和监督效应，进而难以对国有上市公司并购重组绩效带来显著影响。

表7　　　　　　　　　　根据企业性质的分组回归结果

变量	国有企业			非国有企业		
	(1)	(2)	(3)	(1)	(2)	(3)
VARIABLES	CAR1	CAR3	CAR10	CAR1	CAR3	CAR10
INST	0.0476	−0.0247	−0.0229	0.2544 ***	0.3331 ***	0.3088 ***
	(0.7065)	(−0.2368)	(−0.1988)	(4.5515)	(3.9573)	(3.2430)
Size	−0.0035	0.0018	−0.0043	−0.0135 ***	−0.0223 ***	−0.0224 ***
	(−0.9239)	(0.3316)	(−0.7727)	(−4.0498)	(−3.9006)	(−3.7996)
Lev	0.0094	−0.0045	0.0343	0.0059	0.0085	0.0079
	(0.4351)	(−0.1360)	(0.9151)	(0.3468)	(0.2942)	(0.2586)
ROA	−0.0869	−0.1184	−0.2595 *	−0.1289 **	−0.1744 *	−0.1984 *
	(−1.0106)	(−0.7820)	(−1.8007)	(−2.1825)	(−1.7695)	(−1.8714)
Top1	0.0214	0.0268	0.0337	−0.0186	−0.0447	−0.0411
	(0.8358)	(0.6674)	(0.8111)	(−1.0249)	(−1.5151)	(−1.2233)
Director	−0.0197	−0.0050	−0.0160	−0.0574	−0.0608	−0.0000
	(−0.3211)	(−0.0507)	(−0.1355)	(−1.0084)	(−0.7194)	(−0.0001)
Freecash	0.0142	−0.0151	0.0232	−0.0005	−0.0037	−0.0156
	(0.3888)	(−0.2746)	(0.4139)	(−0.0251)	(−0.1149)	(−0.4822)
Power	0.0141	0.0032	0.0135	−0.0080	−0.0105	−0.0081
	(0.9140)	(0.1857)	(0.7575)	(−1.4187)	(−1.1743)	(−0.8760)
Related	0.0041	0.0064	−0.0004	0.0034	0.0111	0.0206 **
	(0.5243)	(0.5901)	(−0.0303)	(0.5746)	(1.1377)	(2.0106)
Major	0.0345 **	0.0734 ***	0.0659 ***	0.0213 **	0.0423 **	0.0383 **
	(2.3426)	(3.3000)	(2.8192)	(2.2325)	(2.4401)	(2.1571)
Pay	−0.0529 ***	−0.0811 ***	−0.0708 ***	−0.0564 ***	−0.1018 ***	−0.1002 ***
	(−3.8856)	(−4.4474)	(−3.9572)	(−6.3604)	(−6.6063)	(−6.1622)
Constant	0.1021	0.0027	0.0991	0.3328 ***	0.5588 ***	0.5437 ***
	(1.3996)	(0.0233)	(0.7798)	(4.4214)	(4.3771)	(4.1600)
Year/Industry	Yes	Yes	Yes	Yes	Yes	Yes
Observations	1121	1121	1121	2189	2189	2189
R^2	0.221	0.251	0.200	0.189	0.208	0.193
Adjusted R^2	0.198	0.229	0.177	0.177	0.197	0.181

表 8 显示了管理层能力对机构投资者与上市公司并购绩效在根据不同企业性质进行分组检验下的回归结果。可以发现，在国有企业组内，交互项 INST ＊ Mability 与各窗口期 CAR 均不存在显著相关关系，而在非国有企业组内，与各窗口期 CAR 均在 1% 水平上显著正相关。这一结果意味着，与国有上市公司相比，在非国有企业样本中，管理者能力增加了机构投资者持股比例与并购绩效之间的显著性关系。对这一现象可能的解释在于，在非国有企业并购重组决策过程中，机构投资者更加倾向参与其中，并且随着管理者能力越强，机构投资者更能发挥出治理效应和监督作用，最终促进并购绩效的提升。

表 8 　　　　　　　　　　　　　　根据企业性质的分组回归结果

变量	国有企业			非国有企业		
	（1）	（2）	（3）	（1）	（2）	（3）
VARIABLES	CAR1	CAR3	CAR10	CAR1	CAR3	CAR10
INST	0. 1754 *	0. 1770	0. 1656	0. 2624 ***	0. 3343 ***	0. 2967 **
	(1. 7660)	(1. 1318)	(0. 9720)	(3. 4565)	(2. 9225)	(2. 2273)
Mability	0. 0181	0. 0197	0. 0337	0. 0136 *	0. 0110	0. 0120
	(1. 6144)	(1. 0480)	(1. 6348)	(1. 6830)	(0. 8756)	(0. 8982)
INST ＊ Mability	0. 0894	0. 0680	0. 1167	0. 3408 ***	0. 5127 ***	0. 5042 ***
	(0. 6800)	(0. 3213)	(0. 4981)	(3. 0514)	(2. 9937)	(2. 6535)
Size	− 0. 0040	0. 0012	− 0. 0051	− 0. 0146 ***	− 0. 0230 ***	− 0. 0232 ***
	(− 1. 0874)	(0. 2185)	(− 0. 9381)	(− 4. 3690)	(− 4. 0050)	(− 3. 9373)
Lev	− 0. 0054	− 0. 0212	0. 0093	0. 0058	0. 0029	0. 0033
	(− 0. 2506)	(− 0. 6273)	(0. 2420)	(0. 3447)	(0. 1035)	(0. 1082)
ROA	− 0. 1020	− 0. 1444	− 0. 2762 *	− 0. 1441 **	− 0. 1952 **	− 0. 2168 **
	(− 1. 1606)	(− 0. 9276)	(− 1. 8805)	(− 2. 4992)	(− 2. 0363)	(− 2. 0868)
Top1	0. 0302	0. 0384	0. 0471	− 0. 0123	− 0. 0363	− 0. 0334
	(1. 1924)	(0. 9558)	(1. 1338)	(− 0. 6910)	(− 1. 2457)	(− 0. 9999)
Director	− 0. 0161	− 0. 0017	− 0. 0111	− 0. 0613	− 0. 0698	− 0. 0084
	(− 0. 2651)	(− 0. 0174)	(− 0. 0974)	(− 1. 0921)	(− 0. 8380)	(− 0. 1014)

续表

变量	国有企业			非国有企业		
	（1）	（2）	（3）	（1）	（2）	（3）
VARIABLES	CAR1	CAR3	CAR10	CAR1	CAR3	CAR10
Freecash	0.0080	－0.0193	0.0097	0.0037	0.0054	－0.0071
	(0.2168)	(－0.3494)	(0.1712)	(0.1743)	(0.1714)	(－0.2206)
Power	0.0125	0.0015	0.0113	－0.0080	－0.0104	－0.0080
	(0.8163)	(0.0891)	(0.6498)	(－1.4655)	(－1.1831)	(－0.8833)
Related	0.0030	0.0056	－0.0024	0.0029	0.0102	0.0198 *
	(0.3930)	(0.5172)	(－0.2072)	(0.4923)	(1.0549)	(1.9481)
Major	0.0334 **	0.0720 ***	0.0643 ***	0.0230 **	0.0446 ***	0.0405 **
	(2.3197)	(3.2588)	(2.7704)	(2.4652)	(2.6091)	(2.3053)
Pay	－0.0530 ***	－0.0813 ***	－0.0712 ***	－0.0557 ***	－0.1007 ***	－0.0991 ***
	(－4.0156)	(－4.4721)	(－3.9764)	(－6.4052)	(－6.6042)	(－6.1544)
Constant	0.0812	－0.0217	0.0627	0.3471 ***	0.5529 ***	0.5406 ***
	(1.1145)	(－0.1915)	(0.5050)	(4.5425)	(4.2598)	(4.0931)
Year/Industry	Yes	Yes	Yes	Yes	Yes	Yes
Observations	1121	1121	1121	2189	2189	2189
R^2	0.238	0.258	0.213	0.211	0.226	0.206
Adjusted R^2	0.214	0.235	0.188	0.198	0.213	0.194

2. 根据机构投资者类型的检验

由于不同类型机构投资者对公司治理效应以及监督作用存在差异，从而可能导致只有与上市公司存在投资关系的机构投资者，才会拥有足够动机发挥其治理效应和监督作用，而与上市公司业务存在依赖关系的机构投资者，其利益的实现可能更多依靠其对上市公司管理层决策的支持。借鉴 Brickley 等（1988）、伊志宏等（2011）、杨海燕等（2012）、梁上坤（2018）的做法，本文将基金、社保基金、QFII、企业年金归为压力抵制型机构投资者，将其持股比例之和记为 INST1；将保险公司、信托公司、券商理财产品、财务公司归为压力敏感型机构投资者，将其持股比例之和记为 INST2，将模型（1）和模型（2）的机构投资者区分这两种类型，进而探讨不同类型机构投资者对上市公司并购绩效的影响差异，以及在管理者能力对这一特定关系的影响差异。

表 9 显示了不同机构投资者类型下对研究假设进行检验的回归结果。可以发现，INST1 与各窗口期上的 CAR 值至少在 10% 水平上显著正相关，而 INST2 与各窗口期上的 CAR 值均未呈现显著相关关系。这表明，相比于压力敏感型机构投资者，压力抵制型机构投资者会更加积极地监督管理层，参与上市公司的并购重组决策，从而对上市公司的影响作用更为显著。这一结果意味着，不同类型的机构投资者对上市公司并购绩效的影响存在异质性，印证了不同类型机构投资者存在的治理效应差异，从而与 David 等（1988）的推断保持一致。

表 9　　　　　　　　　　不同机构投资者类型下的回归结果

变量	（1）	（2）	（3）	（4）	（5）	（6）
VARIABLES	CAR1	CAR3	CAR10	CAR1	CAR3	CAR10
INST1	0.2162 ***	0.2473 **	0.2212 *			
	(2.9399)	(2.2660)	(1.9484)			
INST2				0.0260	0.0530	0.0727
				(0.4345)	(0.5313)	(0.6894)
Size	−0.0065 ***	−0.0076 **	−0.0122 ***	−0.0062 **	−0.0071 *	−0.0117 ***
	(−2.7207)	(−2.0011)	(−3.1015)	(−2.5505)	(−1.8657)	(−2.9521)
Lev	0.0055	−0.0048	0.0135	0.0073	−0.0026	0.0156
	(0.4123)	(−0.2175)	(0.5764)	(0.5469)	(−0.1173)	(0.6649)
ROA	−0.1335 ***	−0.1779 **	−0.2255 **	−0.0947 **	−0.1341	−0.1870 **
	(−2.6180)	(−2.0168)	(−2.5235)	(−1.9748)	(−1.6124)	(−2.2079)
Top1	−0.0059	−0.0183	−0.0195	−0.0117	−0.0256	−0.0267
	(−0.3920)	(−0.7623)	(−0.7489)	(−0.7895)	(−1.0815)	(−1.0311)

续表

变量 VARIABLES	（1） CAR1	（2） CAR3	（3） CAR10	（4） CAR1	（5） CAR3	（6） CAR10
Director	− 0. 0221	− 0. 0043	0. 0308	− 0. 0221	− 0. 0038	0. 0317
	（ − 0. 4867）	（ − 0. 0592）	（0. 4072）	（ − 0. 4821）	（ − 0. 0524）	（0. 4162）
Freecash	− 0. 0076	− 0. 0189	− 0. 0196	− 0. 0050	− 0. 0168	− 0. 0185
	（ − 0. 3923）	（ − 0. 6623）	（ − 0. 6835）	（ − 0. 2534）	（ − 0. 5745）	（ − 0. 6360）
Power	− 0. 0033	− 0. 0057	− 0. 0019	− 0. 0033	− 0. 0058	− 0. 0020
	（ − 0. 6009）	（ − 0. 7003）	（ − 0. 2271）	（ − 0. 5926）	（ − 0. 7021）	（ − 0. 2393）
Related	0. 0037	0. 0103	0. 0130 *	0. 0033	0. 0098	0. 0126
	（0. 7786）	（1. 4038）	（1. 6930）	（0. 6955）	（1. 3449）	（1. 6421）
Major	0. 0263 ***	0. 0529 ***	0. 0468 ***	0. 0266 ***	0. 0532 ***	0. 0471 ***
	（3. 2606）	（3. 7303）	（3. 1836）	（3. 3168）	（3. 7668）	（3. 2137）
Pay	− 0. 0564 ***	− 0. 0972 ***	− 0. 0923 ***	− 0. 0559 ***	− 0. 0966 ***	− 0. 0917 ***
	（ − 7. 6362）	（ − 8. 0659）	（ − 7. 4198）	（ − 7. 5833）	（ − 8. 0523）	（ − 7. 4063）
Constant	0. 1795 ***	0. 2304 **	0. 3050 ***	0. 1830 ***	0. 2329 **	0. 3057 ***
	（3. 3880）	（2. 5590）	（3. 1889）	（3. 3887）	（2. 5603）	（3. 1691）
Year/Industry	Yes	Yes	Yes	Yes	Yes	Yes
Observations	3310	3310	3310	3310	3310	3310
R^2	0. 179	0. 202	0. 179	0. 174	0. 200	0. 178
Adjusted R^2	0. 171	0. 194	0. 171	0. 165	0. 192	0. 169

表 10 显示了管理者能力对不同类型机构投资者与上市公司并购绩效之间关系的影响作用。可以发现，交互项 INST1 ＊ Mability 与各窗口期 CAR 值均在 1% 水平上显著正相关；交互项 INST2 ＊ Mability 与 CAR1 和 CAR3 均在 5% 水平上显著正相关，与 CAR10 在 1% 水平上显著正相关。这表明不同类型的机构投资者在管理者能力较强的情况下，压力敏感型机构投资者也能发挥出治理效应和监督作用，从而对上市公司并购绩效存在显著的积极影响。

表 10   不同机构投资者类型下的回归结果

变量	（1）	（2）	（3）	（4）	（5）	（6）
VARIABLES	CAR1	CAR3	CAR10	CAR1	CAR3	CAR10
INST1	0. 1986 ***	0. 3122 ***	0. 3580 ***			
	(2. 5825)	(2. 6026)	(2. 8209)			
INST1 * Mability	0. 9407 ***	1. 2859 ***	1. 3390 ***			
	(7. 8639)	(6. 8737)	(6. 9601)			
INST2				0. 1485	0. 2300	0. 2423
				(1. 5979)	(1. 5812)	(1. 5874)
INST2 * Mability				0. 2853 **	0. 4687 **	0. 5241 ***
				(2. 4121)	(2. 5527)	(2. 6399)
Mability	0. 0154 ***	0. 0154 *	0. 0136	0. 0129 **	0. 0250 ***	0. 0296 ***
	(2. 7172)	(1. 7085)	(1. 4159)	(2. 4578)	(2. 9751)	(3. 2745)
Size	− 0. 0069 ***	− 0. 0078 **	− 0. 0124 ***	− 0. 0057 **	− 0. 0062	− 0. 0106 ***
	(− 2. 9314)	(− 2. 1463)	(− 3. 2599)	(− 2. 3615)	(− 1. 6366)	(− 2. 6998)
Lev	0. 0029	− 0. 0112	0. 0055	0. 0021	− 0. 0131	0. 0031
	(0. 2239)	(− 0. 5311)	(0. 2421)	(0. 1603)	(− 0. 6042)	(0. 1326)
ROA	− 0. 1073 **	− 0. 1424 *	− 0. 1888 **	− 0. 0949 **	− 0. 1336	− 0. 1862 **
	(− 2. 1964)	(− 1. 6782)	(− 2. 1884)	(− 1. 9752)	(− 1. 6069)	(− 2. 2124)
Top1	− 0. 0081	− 0. 0215	− 0. 0229	− 0. 0124	− 0. 0270	− 0. 0284
	(− 0. 5498)	(− 0. 9150)	(− 0. 8972)	(− 0. 8301)	(− 1. 1423)	(− 1. 1032)
Director	− 0. 0290	− 0. 0146	0. 0197	− 0. 0226	− 0. 0052	0. 0299
	(− 0. 6589)	(− 0. 2089)	(0. 2730)	(− 0. 4964)	(− 0. 0721)	(0. 4001)
Freecash	− 0. 0020	− 0. 0110	− 0. 0112	− 0. 0036	− 0. 0143	− 0. 0157
	(− 0. 1090)	(− 0. 4002)	(− 0. 4041)	(− 0. 1851)	(− 0. 4953)	(− 0. 5472)
Power	− 0. 0038	− 0. 0064	− 0. 0026	− 0. 0028	− 0. 0050	− 0. 0012
	(− 0. 7064)	(− 0. 8009)	(− 0. 3197)	(− 0. 5096)	(− 0. 6119)	(− 0. 1401)
Related	0. 0028	0. 0088	0. 0114	0. 0027	0. 0086	0. 0112
	(0. 5945)	(1. 2194)	(1. 5017)	(0. 5664)	(1. 1805)	(1. 4543)
Major	0. 0268 ***	0. 0535 ***	0. 0475 ***	0. 0267 ***	0. 0534 ***	0. 0473 ***
	(3. 4581)	(3. 8968)	(3. 3331)	(3. 3261)	(3. 7896)	(3. 2353)

续表

变量	(1)	(2)	(3)	(4)	(5)	(6)
VARIABLES	CAR1	CAR3	CAR10	CAR1	CAR3	CAR10
Pay	− 0.0552 ***	− 0.0956 ***	− 0.0906 ***	− 0.0560 ***	− 0.0968 ***	− 0.0919 ***
	(− 7.7049)	(− 8.1325)	(− 7.4733)	(− 7.5832)	(− 8.0716)	(− 7.4084)
Constant	0.1780 ***	0.2187 **	0.2885 ***	0.1646 ***	0.1959 **	0.2615 ***
	(3.3727)	(2.4869)	(3.0980)	(3.0091)	(2.1414)	(2.7062)
Year/Industry	Yes	Yes	Yes	Yes	Yes	Yes
Observations	3310	3310	3310	3310	3310	3310
R^2	0.207	0.224	0.201	0.176	0.203	0.182
Adjusted R^2	0.199	0.216	0.193	0.167	0.195	0.173

六、研究结论与启示

本文以 2011 – 2016 年中国 A 股上市公司 3310 起境内并购重组事件为研究样本，考察了机构投资者对上市公司并购绩效的影响，并探讨了管理者能力在机构投资者持股比例与上市公司并购绩效之间的关系中可能存在的影响作用。研究发现，机构投资者持股比例越高，上市公司并购绩效越好；管理者能力增强了机构投资者持股比例与上市公司并购绩效之间的显著相关关系。这一结果表明，机构投资者持股比例越高，机构投资者越愿意参与到上市公司并购重组决策以及活动之中，从而发挥其治理效应和监督作用；管理者能力在上市公司并购重组过程中不可或缺，管理者的能力越强，机构投资者越愿意参与到上市公司并购重组决策以及活动之中，其治理效应和监督作用能够得到更为充分的发挥，从而进一步提高上市公司的并购绩效。同时，本文也对不同所有权性质的企业分别进行了研究，发现相比于国有企业，在非国有企业样本中，机构投资者持股比例与并购绩效之间的正相关关系更为显著，并且管理者能力对两者之间关系的影响也更为显著。

此外，本文对机构投资者类型进行划分后发现，相比于压力敏感型机构投资者，压力抵制型机构投资者会更加积极地监督管理层，参与上市公司的并购重组决策，从而对上市公司并购绩效的影响作用更为显著；并且在管理者能力越强的情况下，压力敏感型机构投资者也能发挥出治理效应和监督作用，从而进一步增强对机构投资者和上市公司并购绩效之间关系的显著性。

本文的研究为有关上市公司并购绩效的影响因素提供了新的证据，实证结果佐证了机构投资者在上市公司治理过程中的重要作用，明确了管理者能力对机构投资者与并购绩效之间关系产生影响的作用机制，同时发现了企业性质和机构投资者类型对机构投资者参与公司治理以及管理者能力发挥的影响差异。研究结论对当前资本市场改革以及上市公司并购重组决策与具体执行提供了如下的参考建议：（1）相较于西方国家资本市场，中国资本市场中机构投资者的规模仍然较小、参与程度较低、效用发挥有限，因此在资本市场改革进程中，应继续完善资本市场基础制度，积极引导和规范机构投资者的发展；（2）机构投资者需要更加积极地参与公司治理特别是并购重组决策与执行的具体过程之中，改善信息不对称现象，缓解其中可能存在委托代理问题，进而促进并购绩效的提升；（3）对于上市公司而言，一方面既可以适当引入机构投资者，不断改善及优化资本结构和股东机构，另一方面也需要不断提升管理者能力。

论文参考文献

［1］陈仕华，姜广省，卢昌崇. 董事联结，目标公司选择与并购绩效——基于并购双方之间信息不对称的研究视角［J］. 管理世界，2013（12）：117－132.

［2］杜兴强，杜颖洁，周泽将. 商誉的内涵及其确认问题探讨［J］. 会计研究，2011（1）：11－16.

［3］冯根福，吴林江. 我国上市公司并购绩效的实证研究［J］. 经济研究，2001（1）：54－61.

［4］高闯，孙宏英，胡可果. 并购重组中大股东补偿承诺与中小股东权益保护——基于苏宁环球与世荣兆业的比较案例研究［J］. 经济管理，2010（11）：55－63.

［5］葛结根. 并购支付方式与并购绩效的实证研究——以沪深上市公司为收购目标的经验证据［J］. 会计研究，2015（9）：74－80.

［6］何威风，刘巍. 商业信用中的管理者效应：基于管理者能力的视角［J］. 会计研究，2018（2）：49－55.

［7］何威风，刘巍. 企业管理者能力与审计收费［J］. 会计研究，2015（1）：82－89＋97.

［8］姜付秀，张敏，陆正飞，陈才东. 管理者过度自信，企业扩张与财务困境［J］. 经济研究，2009（1）：131－143.

［9］李丹蒙，叶建芳，卢思绮，曾森. 管理层过度自信、产权性质与并购商誉［J］. 会计研究，2018（10）：11－17＋95.

［10］李姝，柴明洋. 董事会决策权配置与并购效率研究——基于商誉减值的事后证据［J］. 中国会计评论，2017（3）：255－288.

[11] 梁上坤. 机构投资者持股会影响公司费用黏性吗？[J]. 管理世界，2018，34（12）：133 – 148.

[12] 刘健，刘春林. 不确定性下关联股东网络的并购经验与并购绩效研究 [J]. 南开管理评论，2016，19（3）：4 – 17.

[13] 吕长江，韩慧博. 业绩补偿承诺、协同效应与并购收益分配 [J]. 审计与经济研究，2014，29（6）：3 – 13.

[14] 毛谢恩，崔国. 对赌协议的企业所得税处理 [J]. 税务研究，2017（6）：125 – 127.

[15] 潘爱玲，邱金龙，杨洋. 业绩补偿承诺对标的企业的激励效应研究——来自中小板和创业板上市公司的实证检验 [J]. 会计研究，2017（3）：46 – 52.

[16] 潘婉彬，陶利斌. 机构持股，股改对价调整与市场反应[J]. 经济管理，2011（1）：112 – 120.

[17] 饶艳超，段良晓，朱秀丽. 并购业绩承诺方式的激励效应研究 [J]. 外国经济与管理，2018，473（7）：74 – 84 +99.

[18] 谢纪刚，张秋生. 股份支付、交易制度与商誉高估——基于中小板公司并购的数据分析 [J]. 会计研究，2013（12）：47 – 52 +97.

[19] 叶建芳，何开刚. 不可核实的商誉减值测试估计与审计费用 [J]. 审计研究，2016（1）：76 – 84.

[20] 易靖韬，张修平，王化成. 企业异质性、高管过度自信与企业创新绩效 [J]. 南开管理评论，2015，18（6）：101 – 112.

[21] 姚益龙，刘巨松，刘冬妍. 要素市场发展差异、产权性质与异地并购绩效 [J]. 南开管理评论，2014，17（5）：102 – 111.

[22] 杨超，谢志华，宋迪. 业绩承诺协议设置、私募股权与上市公司并购绩效 [J]. 南开管理评论，2018（6）：198 – 209.

[23] 杨威，宋敏，冯科. 并购商誉、投资者过度反应与股价泡沫及崩盘 [J]. 中国工业经济，2018，363（6）：158 – 175.

[24] 张敦力，江新峰. 管理者能力与企业投资羊群行为：基于薪酬公平的调节作用 [J]. 会计研究，2015（8）：41 – 48.

［25］张铁铸,沙曼.管理层能力、权力与在职消费研究［J］.南开管理评论,2014,17（5）：63－72.

［26］张婷,余玉苗.合并商誉的本质及会计处理：企业资源基础理论和交易费用视角［J］.南开管理评论,2008,11（4）：105－110.

［27］张新民,卿琛,杨道广.内部控制与商誉泡沫的抑制——来自我国上市公司的经验证据［J］.厦门大学学报（哲学社会科学版）,2018,247（3）：59－69.

［28］张雯,张胜,李百兴.政治关联、企业并购特征与并购绩效［J］.南开管理评论,2013,16（2）：64－74.

［29］赵立新,姚又文.对重组盈利预测补偿制度的运行分析及完善建议［J］.证券市场导报,2014（4）：4－8.

［30］郑海英,刘正阳,冯卫东.并购商誉能提升公司业绩吗？［J］.会计研究,2014（3）：11－17.

［31］郑春美,李晓.并购商誉与审计服务定价［J］.审计研究,2018（6）：113－120.

［32］Barber,B. M.,Lyon,J. D..Detecting Long－run Abnormal Stock Returns：The Empirical Power and Specification of Test Statistics［J］.Journal of Financial Economics,1997,43（3）：341－372.

［33］Beckman C M,Haunschild P R.Network Learning：The Effects of Partners´Heterogeneity of Experience on Corporate Acquisitions.Administrative Science Quarterly,2002,47（1）：92－124.

［34］Cai,Y.,Sevilir,M..Board Connections and M&A Transactions［J］.Journal of Financial Economics,2012,103（2）：327－349.

［35］Chauvin K W,Hirschey M.Goodwill,profitability,and the market value of the firm［J］.Journal of Accounting and Public Policy,1994,13（2）：159－180.

［36］Demerjian P,Lev B,McVay S.Quantifying managerial ability：A new measure and validity tests［J］.Management Science,2012,58（7）：1229－1248.

［37］Demerjian P R,Lev B,Lewis M F,et al.Managerial ability and earnings quality [J]. The Accounting Review, 2012, 88 (2): 463 – 498.

[38] Godfrey J, Koh P S. The relevance to firm valuation of capitalising intangible assets in total and by category [J]. Australian Accounting Review, 2001, 11 (24): 39 – 48.

[39] Gu F, Lev B. Overpriced shares, ill – advised acquisitions, and goodwill impairment [J]. The Accounting Review, 2011, 86 (6): 1995 – 2022.

[40] Hayn C, Hughes P J. Leading indicators of goodwill impairment [J]. Journal of Accounting, Auditing and Finance, 2006, 21 (3): 223 – 265.

[41] Henning S L, Lewis B L, Shaw W H. Valuation of the components of purchased goodwill [J]. Journal of Accounting Research, 2000, 38 (2): 375 – 386.

[42] Jennings R, Robinson J, Thompson R B, et al. The relation between accounting goodwill numbers and equity values [J]. Journal of Business Finance and Accounting, 1996, 23 (4): 513 – 533.

[43] Jensen M C. Agency costs of free cash flow, corporate finance, and takeovers [J]. The American Economic Review, 1986, 76 (2): 323 – 329.

[44] Kohers N, Ang J. Earnouts in mergers: Agreeing to disagree and agreeing to stay [J]. The Journal of Business, 2000, 73 (3): 445 – 476.

[45] Li K K, Sloan R G. Has goodwill accounting gone bad? [J]. Review of Accounting Studies, 2017, 22 (2): 964 – 1003.

[46] Li Z, Shroff P K, Venkataraman R, et al. Causes and consequences of goodwill impairment losses [J]. Review of Accounting Studies, 2011, 16 (4): 745 – 778.

[47] Malmendier U, Tate G, Yan J. Overconfidence and early – life experiences: the effect of managerial traits on corporate financial policies [J]. The Journal of Finance, 2011, 66 (5): 1687 – 1733.

[48] Martin G, Gözübüyük R, Becerra M. Interlocks and firm performance: The role of uncertainty in the directorate interlock – performance relationship [J]. Strategic Management Journal, 2015, 36 (2): 235 – 253.

[49] Ramanna K, Watts R L. Evidence on the Effects of Unverifiable Fair –

Value Accounting [J]. Review of Accounting Studies, 2012 (17): 749 – 780.

[50] Shalev R O N, Zhang I X, Zhang Y. CEO compensation and fair value accounting: Evidence from purchase price allocation [J]. Journal of Accounting Research, 2013, 51 (4): 819 – 854.

[51] Song D, Su J, Yang C, et al. Performance commitment in acquisitions, regulatory change and market crash risk – evidence from China [J]. Pacific – Basin Finance Journal, 2018.

参考文献

［1］杨超，谢志华，宋迪．业绩承诺协议设置、私募股权与上市公司并购绩效［J］.南开管理评论，2018，21（6）：198－209.

［2］杨超．上市公司并购重组业绩承诺协议设置：动因与经济后果［D］.北京：中央财经大学博士论文，2021.

［3］张波，费一文，黄培清．"对赌协议"的经济学研究［J］.上海管理科学，2010（1）：6－10.

［4］姚铮，王笑雨，程越楷．风险投资契约条款设置动因及其作用机理研究［J］.管理世界，2010（2）：127－141.

［5］谢海霞．对赌协议的法律性质探析［J］.法学杂志，2010（1）：73－76.

［6］胡晓珂．风险投资领域"对赌协议"的可执行性研究［J］.证券市场导报，2011（9）：68－73.

［7］杨宏芹，张岑．对赌协议法律性质和效力研究——以"海富投资案"为视角［J］.江西财经大学学报，2013（5）：123－128.

［8］杨明宇．私募股权投资中对赌协议性质与合法性探析——兼评海富投资案［J］.证券市场导报，2014（2）：61－71.

［9］刘浩，杨尔稼，麻樟城．业绩承诺与上市公司盈余管理——以股权分置改革中的管制为例［J］.财经研究，2011（10）：58－69.

［10］吕长江，韩慧博．业绩补偿承诺，协同效应与并购收益分配［J］.审计与经济研究，2014（6）：3－13.

［11］潘爱玲，邱金龙，杨洋．业绩补偿承诺对标的企业的激励效应研究——来自中小板和创业板上市公司的实证检验［J］.会计研究，2017（3）：

46 – 52.

［12］谢纪刚，张秋生．上市公司控股合并中业绩承诺补偿的会计处理——基于五家公司的案例分析［J］．会计研究，2016（6）：15 – 20.

［13］王竞达，范庆泉．上市公司并购重组中的业绩承诺及政策影响研究［J］．会计研究，2017（10）：71 – 77.

［14］屠光绍．努力探索新时代对外投资的创新之路——在第三届中国并购基金年会上的演讲［R］. 2017.

［15］闫绪奇．控股股东对上市公司并购重组行为及效果的影响研究［D］. 北京：中央财经大学，2018.

［16］严聪．基于财务视角下神州数码并购重组审核未通过案例研究［D］. 哈尔滨：哈尔滨商业大学，2020.

［17］李嘉星．内部人控制下企业并购中的大小股东利益冲突研究［D］. 杭州：浙江大学，2019.

［18］闫相杉．我国上市公司并购重组股票定价合理性研究［D］. 长沙：湖南大学，2015.

［19］赛斌．资产注入型定向增发中的大股东掏空行为研究——基于盛屯矿业的案例分析［D］. 西南财经大学，2016.

［20］成红波．企业集团战略管理控制应用研究［D］. 天津大学，2009.

［21］温日光．风险观念、并购溢价与并购完成率［J］. 金融研究，2015（8）：191 – 206.

［22］周瑜胜，宋光辉．公司控制权、资本流动性与并购绩效——基于交互视角的中国上市公司股权收购的研究［J］. 经济理论与经济管理，2015（10）：67 – 87.

［23］王艳．"诚信创新价值观"文化差异度与并购绩效——基于2008—2010年沪深上市公司股权并购事件的经验数据［J］. 会计研究，2014（9）：74 – 80.

［24］王凤荣，高飞．政府干预、企业生命周期与并购绩效——基于我国地方国有上市公司的经验数据［J］. 金融研究，2012（12）：137 – 150.

［25］傅颀，汪祥耀，路军．管理层权力、高管薪酬变动与公司并购行为

分析［J］. 会计研究，2014（11）：30 – 37.

　　［26］张娟，李培馨，陈晔婷. 地理距离对企业跨国并购行为是否失去了影响？［J］. 世界经济研究，2017（5）：51 – 61.

　　［27］吴超鹏，吴世农，郑方镳. 管理者行为与连续并购绩效的理论与实证研究［J］. 管理世界，2008（7）：126 – 133.

　　［28］张金鑫，张艳青，谢纪刚. 并购目标识别：来自中国证券市场的证据［J］. 会计研究，2012（3）：78 – 84.

　　［29］葛结根. 并购支付方式与并购绩效的实证研究——以沪深上市公司为收购目标的经验证据［J］. 会计研究，2015（9）：74 – 80.

　　［30］高闯，孙宏英，胡可果. 并购重组中大股东补偿承诺与中小股东权益保护——基于苏宁环球与世荣兆业的比较案例研究［J］. 经济管理，2010（11）：55 – 63.

　　［31］翟进步. 并购双重定价安排、声誉约束与利益输送［J］. 管理评论，2018（6）：212 – 226.

　　［32］姜新录，吴健. 从一起案例看划转税收政策在上市公司并购重组中的运用［J］. 注册税务师，2020（11）：28 – 32.

　　［33］薄昇伟. 基于企业战略的并购纳税筹划［J］. 商业会计，2011（10）：69 – 70.

　　［34］陈洁，徐聪. 上市公司分拆上市的利弊分析及监管要点[J]. 证券法苑，2017，19（1）：28 – 47.

　　［35］上市公司分拆上市政策、路径与案例解读［EB/OL］. http：//ipo. shangpu – china. com/m/news/981. html.

　　［36］丽华谈并购技术帖之十五——并购重组交易结构设计（业绩补偿及减值补偿执行）［EB/OL］. https：//xueqiu. com/8107591852/ 149227239.

　　［37］丽华谈并购技术帖——并购重组交易结构设计之九（竞业禁止及稳定管理团队的安排）［EB/OL］. https：//xueqiu. com/81075918 52/143158614.

　　［38］丽华谈并购技术帖之五——并购重组交易结构设计（业绩承诺及补偿安排）［EB/OL］. https：//xueqiu. com/8107591852/140823500.

　　［39］丽华谈并购技术帖——并购重组交易结构设计（配套募集资金）

［EB/OL］. https：//xueqiu. com/8107591852/140637407.

［40］丽华谈并购技术帖——并购重组交易结构设计（支付方式）［EB/OL］. https：//xueqiu. com/8107591852/140459290.

［41］丽华谈并购技术帖之七——并购重组交易结构设计（超额业绩奖励）［EB/OL］. https：//xueqiu. com/8107591852/141353480.

［42］丽华谈并购技术帖之八——并购重组交易结构设计（过渡期损益安排）［EB/OL］. https：//xueqiu. com/8107591852/141551529.

［43］并购重组漫谈：上市公司重大资产重组中的配套融资［EB/OL］. http：//agugou. com/1/952. html.

［44］上市公司并购重组方案设计实务［EB/OL］. https：//www. sohu. com/a/324343959＿479036.

［45］上市公司并购重组的交易方案设计［EB/OL］. https：//www. sohu. com/a/432940531＿120056563.

［46］一文读懂上市公司并购重组的交易方案设计［EB/OL］. https：//new. qq. com/omn/20210128/20210128A07PIZ00. html.

［47］企业收购：上市公司并购交易支付方式梳理［EB/OL］. http：//agugou. com/1/1994. html.

［48］由高增长向高质量转型！金螳螂：并购重组迎来蓬勃新机遇［EB/OL］. https：//wap. stockstar. com/detail/IG2020121200000153.

［49］达晨财智丁传明：并购投资的机会在哪里［EB/OL］. https：//zhuanlan. zhihu. com/p/190103735.

［50］未来十年，投资机会在哪里？［EB/OL］. https：//cj. sina. com. cn/articles/view/6024229012/16712709401901ea51？sudaref＝cn. bing. com&display＝0&retcode＝0.

［51］全面推行注册制、提高证券违法违规成本！看新《证券法》十大要点［EB/OL］. https：//new. qq. com/omn/20191229/20191229A0K34W00. html.

［52］划转税收政策在上市公司并购重组中的运用［EB/OL］. https：//www. taxshield. cn/index. php/Show/index/cid/20/id/310. html.

［53］打包出售：变资产转让为资本转让［EB/OL］. https：//www. gaodun. com/guoshui/639767. html.

［54］企业并购重组 9 大税务筹划方案 ［EB/OL］. https：//
zhuanlan. zhihu. com/p/130372516.

［55］股权交易税收问题 ［EB/OL］. https：//wenku. baidu. com/view/
fa0a9423a5e9856a5612603f. html.

［56］关于贯彻落实企业所得税法若干税收问题的通知 [EB/OL].
http：//www. chinatax. gov. cn/n810341/n810765/n812161/n812579/c1085948/
content. html.

［57］文化长城两家教育子公司接连失控，2019 年业绩直降 9 成 ［EB/
OL］. https：//www. jiemian. com/article/3998646. html.

［58］关于上市公司并购交易备忘录范本及核心交易条款史上最全解析！
［EB/OL］. https：//www. sohu. com/a/403796652 _ 270543.

［59］一文读懂上市公司并购重组的交易方案设计 [EB/OL]. https：//
xueqiu. com/3410678413/162638109.

［60］并购技术帖——并购重组交易结构设计 ［EB/OL］. https：//www.
sohu. com/a/376800224 _ 339308.

［61］案例解析并购重组的税收筹划问题（一）——特殊性税务处理
［EB/OL］. https：//bbs. esnai. com/thread－5115242－1－1. html.

［62］企业上市前并购重组案例操作实务（方式/案例/税务筹划）［EB/
OL］. https：//www. shui5. cn/article/41/104883. html.

［63］硬核 一文看懂并购重组 收并购模式的运营及涉税筹划指引与股
权 并 购 合 理 避 税 途 径 ［EB/OL］. http：//www. 360doc6. net/wxarticlenew/
843963567. html.

［64］企业并购特殊性税务处理的筹划思路 ［EB/OL］. http：//ctax.
org. cn/sssw/swch/201806/t20180629 _ 1078085. shtml.

［65］企业并购重组税收筹划案例分析课件 ［EB/OL］. https：//www.
doc88. com/p－5863806937340. html.

［66］并购必须知道的十条税务筹划 ［EB/OL］. https：//www. 163. com/
dy/article/FQE2URBQ0531AI06. html.

［67］汇总！拟上市和并购重组可享这些税收优惠政策！［EB/OL］. https：//zhuanlan. zhihu. com/p/48973378.

［68］"不具有合理商业目的"的判定及应对［EB/OL］. https：//www. swubu. com/25325. html.

［69］企业并购重组的税收政策梳理与汇总（收藏版）［EB/OL］. https：//www. docin. com/p－1284911172. html.

［70］再融资政策修订回顾及本次修订解读（附修订对照表）［EB/OL］. https：//www. sohu. com/a/380322043＿355066.

［71］首次公开发行股票并上市管理办法（证监会令第122号）【实务解读版二】［EB/OL］. http：//blog. sina. com. cn/s/blog＿9b13f 5da0102xhp3. html.

［72］证监会关于上市公司重大资产重组的问答汇编（截至2017年11月17日）［EB/OL］. https：//www. sohu. com/a/205788660＿463951.

［73］上市公司并购重组最新案例及财务要点与重组配套融资解读［EB/OL］. https：//www. sohu. com/a/272851968＿99913655.

［74］关于上市公司发行股份购买资产同时募集配套资金的相关问题与解答（2018年修订）［EB/OL］. http：//www. csrc. gov. cn/pub/Newsite/ssgsjgb/ssbssgsjgfgzc/ywzx/201810/t20181012＿345213. html.

［75］46个上市公司重大资产重组的监管法规最全解答［EB/OL］. https：//wenku. baidu. com/view/113861fcdc88d0d233d4b14e852458fb760b386a. html.